spirit of learning

Andreas Müller

Wenn nicht ich, ...?

Und weitere unbequeme Fragen zum Lernen in Schule und Beruf

hep

Bildung
Medien
Kommunikation

www.hep-verlag.ch
der bildungsverlag

Andreas Müller
Wenn nicht ich, ...?
ISBN-10 3-03905-311-6
ISBN-13 978-3-03905-311-7

Gestaltung: Roland Noirjean, Beatenberg
Fotos: Dominic Müller, Beatenberg

Bibliografische Information der Deutschen Bibliothek
Die Deutsche Bibliothek verzeichnet diese Publikation in der Deutschen Nationalbibliografie; detaillierte bibliografische Angaben sind im Internet unter http://dnb.ddb.de abrufbar.

2. Auflage 2007

h.e.p. verlag ag
Brunngasse 36
CH-3011 Bern

www.hep-verlag.ch

Inhaltsverzeichnis

Irrtümer schwimmen wie Stroh auf der Oberfläche. Wer nach Perlen sucht, muss tief tauchen.

John Dryden

Die Frösche sonnen sich gemütlich auf den Blättern der Seerosen. Der Wind streift sanft das Wasser und kräuselt die Oberfläche. Wie jeden Tag um diese Zeit spaziert der alte Mann dem Weiher entlang. Es ist, als nickten die Frösche ihm respektvoll zu. Und er grüsst mit der gleichen Achtung, die ihm entgegengebracht wird, zurück.

Plötzlich unterbricht ein hässliches Geräusch die Idylle. Und noch einmal. Blankes Entsetzen packt die Frösche. Angstvoll tauchen sie ab und versammeln sich auf dem Grunde des Teiches. Panik macht sich breit, Ratlosigkeit auch, und Trauer. Unvermittelt entfernt sich einer aus der Gruppe und schwimmt, zuerst zaghaft, dann immer dezidierter, dem Ufer zu. Mutig und selbstbewusst hebt er den Kopf aus dem Wasser. Mit fester Stimme ruft er der Gruppe von Menschen am Ufer zu:

«Auch wenn ihr nur aus Spass Steine nach uns werft, sterben wir Frösche nicht aus Spass ...»

1

Unter der Oberfläche

kurz & bündig

- *Dieses Buch will zum Nachdenken anregen. Es will – zugegebenermassen – auch ein bisschen provozieren. Und es will Hinweise liefern dafür, dass Lernen eigentlich etwas ganz anderes sein könnte, als das, was (zu) häufig darunter verstanden und daraus gemacht wird.*

- *Es ist ein Buch für Menschen, die das kalte Wasser nicht scheuen, die bereit sind abzutauchen und einen kritischen Blick zu werfen unter die Oberfläche von Schule und Unterricht.*

- *Und es ist ein Buch, das Anregungen geben will. Es fordert zugleich auf, eingefahrene Denkrinnen zu verlassen. Und es will Mut machen, ab und zu die Perspektive zu wechseln.*

Unter der Oberfläche

Es ist alles eine Frage der Perspektive. – «Für alle Fische muss die Sintflut ein Fest gewesen sein» (Franz Hohler). – Wahrlich, es ist alles eine Frage der Perspektive. Jene der Menschen ist üblicherweise die vom sicheren Ufer aus. Der Blick schweift über die Oberfläche des Wassers. Was nicht herausragt und damit nicht offen zutage tritt, entzieht sich der Wahrnehmung. Der Eisberg ist ein Sinnbild dafür: Gesamthaft gesehen ist unbedeutend, was der oberflächlichen Betrachtung zugänglich ist. Denn jene acht Neuntel, die den Eisberg letztlich ausmachen, liegen im Verborgenen.

Mit dem Lernen, dem schulischen im Speziellen, verhält es sich ebenso. Die Bedeutung dessen, was über die Oberfläche hinausragt, gehört in die Kategorie der Marginalien. Und dennoch: Gegenstand roter Köpfe und flatternder Nerven sind just diese Unbedeutsamkeiten. Denn eben: Sie liegen vom sicheren und trockenen Ufer aus in bequemer Reichweite oberflächlicher Betrachtung. Prüfungen, Noten, Lehrpläne, Zeugnisse, Lektionen, Stundenpläne, Fächer und eine Menge anderer Nebensächlichkeiten prägen aus dieser Perspektive das Bild des Lernens.

Mit der Zeit gerinnen die Bilder zu Denkmustern. Schule ist halt so! Eine Zeit, die es zu überstehen gilt, ohne Schiffbruch zu erleiden. Und als Folge davon wird Lernen als Aktivität wahrgenommen, bei der die erwarteten Anworten Lob und Anerkennung verheissen. Tue dies, dann kriegst du das, heisst das Motto, das sich gleichsam zur universellen Gesetzmässigkeit schulischen Lernens entwickelt hat. Was wunder, wenn Faszination, Neugier und Leistungsfreude auf der Strecke bleiben und die Lernenden sich in die innere Emigration begeben. Den pädagogischen Applikationen auf der Spitze des Eisberges ist ein davonlaufender Erfolg beschieden.

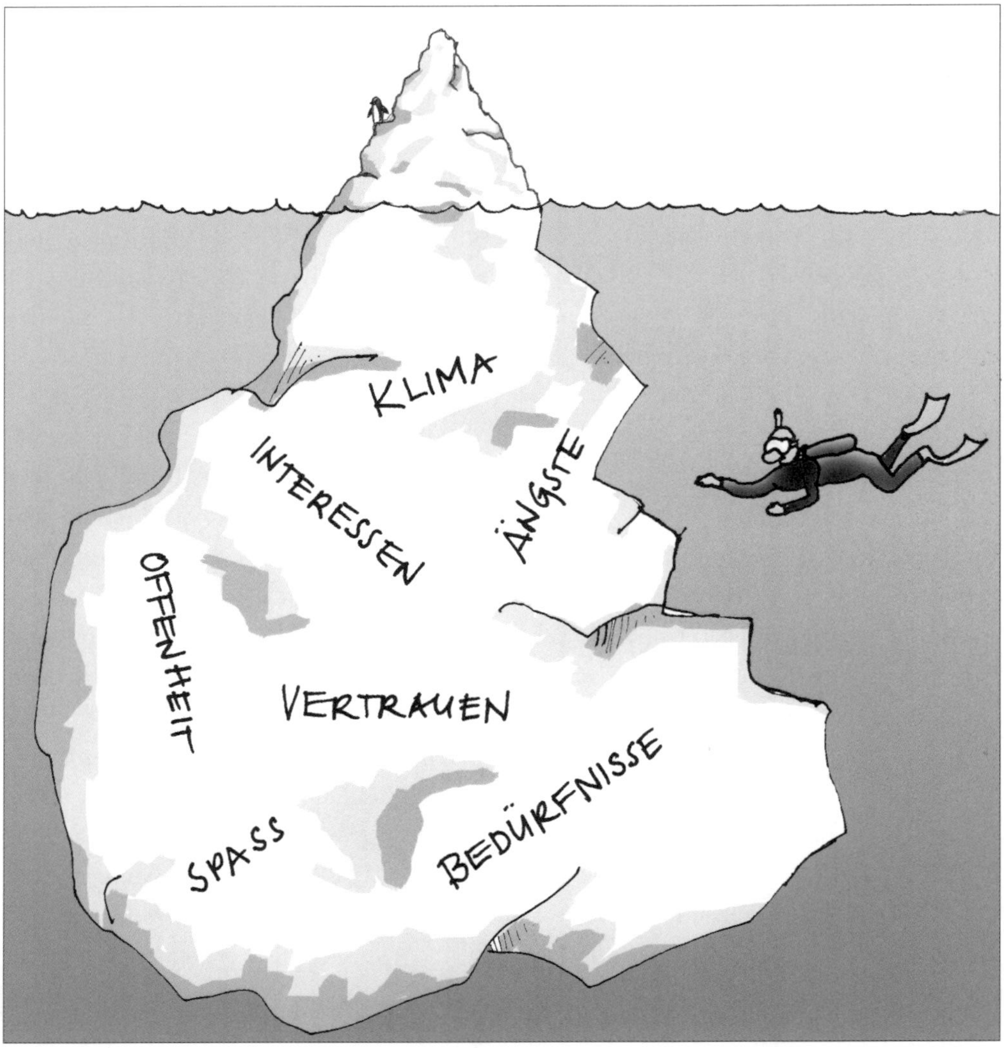

Das Wesentliche seiner Gestalt liegt unter dem Wasserspiegel und bleibt dem oberflächlichen Blicke verborgen. Wer den Eisberg in seiner ganzen Fülle wahrnehmen will, muss das sichere Ufer verlassen und hinabtauchen. Erst unter der Oberfläche kann man der essenziellen Dinge gewahr werden. Natürlich, dort unten wird man nass. Es ist unbequem. Aber die Mühe wird belohnt. Faszinierende Welten tun sich auf. Spannende Entdeckungen lassen sich machen.

Auch die Annäherung an menschliches Lernen im Kontext der stürmischen gesellschaftlichen und wirtschaftlichen Veränderungen macht ähnliche Tauchgänge erforderlich. Und auch hier tun sich faszinierende Welten auf. Lernen ist – unter der Oberfläche von Schule und Unterricht – ein endloser Prozess der Selbstentdeckung und damit ein mitreissender Bereich menschlicher Lebensgestaltung. Kurz: «Lernen ist die Vorfreude auf sich selbst» (Peter Sloterdijk).

Andreas Müller

Unsere
Möglichkeiten
sind begrenzt
– von dem, was
wir für unmöglich
halten.

Ernst Ferstl

Einem Dompteur gelingt es, einen Elefanten mit einem ganz einfachen Trick zu beherrschen: Er bindet das Elefantenkind mit einem Fuss an einen grossen Baumstamm. So sehr es sich auch wehrt, es kann sich nicht befreien. Ganz allmählich gewöhnt es sich daran, dass der Baumstamm stärker ist als es selbst. Wenn der Elefant erwachsen ist und ungeheure Kräfte besitzt, braucht man nur eine Schnutr an seinem Bein zu befestigen und ihn an einen Zweig anzubinden, und er wird nicht versuchen, sich zu befreien. Denn er erinnert sich daran, dass er diesen Versuch unzählige Male vergebens unternommen hat. Wie beim Elefanten stecken auch unsere Füsse nur in einer dünnen Schlinge. Doch weil wir von Kindsbeinen an die Macht jenes Baumstammes gewohnt sind, wagen wir nicht, uns zu wehren. Und vergessen darüber, dass es nur einer einfachen mutigen Tat bedarf, um unsere Freiheit zu erlangen.

Aus: Coelho, Paulo: Der Wanderer

Der Weg ins Jammertal

kurz & bündig

- *Vermeintliche Grenzen führen zu einem weit verbreiteten Phänomen: Erlernte Hilflosigkeit. Daraus entwickelt sich eine passive Haltung, die noch verstärkt wird durch eine Erziehung zur Unmündigkeit. Verantwortlich sind immer «die anderen».*

- *Wer heutzutage pädagogisch etwas auf sich hält, holt die Schüler dort ab, wo sie stehen. Aber warum zum Teufel stehen sie? Warum bewegen sie sich nicht? Warum warten sie, bis sie abgeholt werden?*

- *Ausreden prägen den schulischen Alltag. Die dahinter stehenden Muster gilt es zu erkennen und zu knacken. Out of the Box heisst die Devise. Gemeint ist damit: Vermeintliche Grenzen des Denkens und Handelns sprengen.*

Traurige Geschichten

Er ist der schnellste Jäger im Korallenriff, bewaffnet mit tödlichen Zähnen: der Barracuda. Bei seinen Angriffen beschleunigt er schneller als ein Formel-1-Bolide. Wenn also ein solcher Kerl zusammen mit einer Seebarbe im selben Aquarium herumschwimmt, wird das Badevergnügen der Seebarbe von beschränkter Dauer sein. Normalerweise. Denn Barracudas fressen Barben fürs Leben gern. Das Woods Hole Oceanografic Institute hat ein spezielles Aquarium herstellen lassen, eine Art Fischdoppelhaus mit einer dazwischenliegenden Glasscheibe. Auf der einen Seite drehte ein Barracuda gelangweilt seine Runden. Auf der anderen Seite wurde eine Seebarbe ausgesetzt. Nun war aber etwas los! Der Barracuda ging im Tempo eines geölten Blitzes auf die Barbe los. Und prompt knallte er – booiinng! – mit der Nase gegen die Glaswand. Noch einmal. Mit Anlauf. Booiinnng! Wieder nichts. Und noch einmal. Und noch einmal. Mit der Zeit erkannte der Barracuda: Wer auf Seebarben losgeht, kriegt eine blutige Nase.
Die Geschichte ist aber damit nicht zu Ende. Denn nun wird die Glaswand herausgenommen. Und was passiert? Der Barracuda wagt sich nicht an die Barbe heran. Er stirbt einen qualvollen Hungertod, auch wenn sein Futter direkt vor der Nase herumschwimmt. (25)

Flöhe sind winzige Tierchen. Sie können aber vergleichsweise grosse Sprünge machen. Bringt man einen Floh in ein Glas, schwups ist er draussen. Ein Sprung, und weg ist er. Also, noch einmal. Der Floh kommt in ein Glas. Aufs Glas wird ein Deckel gelegt. Natürlich wird nun der Floh versuchen, sich mit einem Sprung ins Freie zu retten. Und er wird mit dem Kopf gegen den Deckel knallen. Booiinng! Noch einmal: Booiinng! Und noch einmal: Booiinng! Der Floh erkennt: Grosse Sprünge verursachen Kopfschmerzen.
Jetzt kann der Deckel entfernt werden. Der Floh wird schön im Glas bleiben und seine Sprünge beschränken. Ein Gefangener seiner selbst.

Sind das nicht traurige Geschichten?

Denkfallen

Noch einmal: Sind das nicht verdammt traurige Geschichten, die Geschichte vom Barracuda, jene der Flöhe? Doch, sie sind trist. Sie sind zum Heulen. Und noch trauriger: So verlaufen (auch) die Geschichten von Menschen, vieler Menschen. Freilich, es sind weniger Glasscheiben oder Deckel, gegen die sie knallen. Aber sie treffen auf Menschen, die ihnen sagen, wohin sie passen, was sie tun dürfen, was gut und – vor allem – was nicht gut ist. Es sind Systeme und ihre Repräsentanten, also andere Menschen, die die vermeintlichen Grenzen setzen. Daraus entstehen Überzeugungen: Schule ist halt so. Arbeit ist halt so. Ich bin halt so!

Die Menschen erschaffen sich quasi ihren eigenen Käfig. Und mit der Zeit glauben sie an diese Grenzen. Sie wandeln als Fleisch gewordenes Bild vermeintlicher Hilflosigkeit durch die Gegend. Ich bin halt so! Ich kann das nicht! Das ist zu schwierig! Das geht nicht! Ihre Glasscheiben-Erfahrungen sind ein Vorgriff auf die Zukunft – und determinieren so die Gegenwart. Mit anderen Worten: Die vermeintlichen Grenzen der Vergangenheit sind der innere Massstab für die Zukunft. Das führt zu einer Selbstbeschränkung bei dem, was wir tun, bei dem, was wir denken.

Nur eben: Die Welt ist keineswegs so, wie sie zu sein scheint. Sie ist immer so, wie wir sie sehen. Wie *wir* sie sehen. Und wie wir sie sehen *wollen*. Mit anderen Worten: Wir haben die Möglichkeit, sie anders zu sehen. Es liegt an uns. Das geht absolut ohne Gehirnoperation! Denn da ist gar keine Glasscheibe! Da ist gar kein Deckel! Da sind gar keine Grenzen! Ich setze sie mir selbst! Und das heisst: Ich kann sie auch ändern. Jederzeit und überall. Und vor allem hier und jetzt. In den *«Dämonen»* gibt Dostojewski zu bedenken: «Alles ist gut … alles. Der Mensch ist unglücklich, weil er nicht weiss, dass er glücklich ist. Nur deshalb. Das ist alles, alles! Wer das erkennt, der wird gleich glücklich sein, sofort, im selben Augenblick …» Klingt ja easy. Ist es auch – im Prinzip. Nur eben: im Prinzip! Denn wir sind häufig Gefangene unserer selbst, Gefangene unserer selbst konstruierten Denkgebäude. Wir sind kleine Barracudas oder grosse Flöhe.

Von Mal zu Mal stolpern wir mehr oder weniger unbeholfen in die Fallen unserer Denkmuster. Ohne uns dessen bewusst zu sein. Wie sollten wir auch. Zwar mag hin und wieder der eine oder andere Zweifel aufkommen: Es kann doch nicht sein, dass Französisch so schwierig ist? Kann es sein, dass der Nachbar gar nicht so unfreundlich ist? Kann es sein, dass … Vielleicht hat der Barracuda auch ab und zu überlegt, ob die leckere Mahlzeit vor seiner Nase nicht einen weiteren Versuch wert sei. Wir wissen es nicht.

Aber was wir wissen, ist: Die meisten Menschen gehen mit einer Schere im Kopf durchs Leben. Mit dieser Schere werden Muster zurechtgeschnitten – Denkmuster. Ein anderer Ausdruck wäre: Denkrinnen. Diese Rinnen werden immer ausgetretener und tiefer, je mehr wir darin hin und her gehen. Und je tiefer sie werden, desto weniger sehen wir über den Rand hinaus. Der Blick nach aussen ist verstellt, die Sicht der Dinge beschränkt. Das Fatale daran: Wir leben im Glauben, so sei die Welt eben: Wie der Barracuda, der beim Anblick einer Barbe an seine blutige Nase denkt. Erlernte Hilflosigkeit hat Martin E.P. Seligman dieses Phänomen genannt. Seine Experimente mit Hunden (Mitte der Sechzigerjahre) brachten ihn zu dieser Erkenntnis. Die Hunde einer ersten Gruppe wurden in einen Käfig gesetzt, über dessen Bodenrost sie während Stunden Stromstösse erhielten. Die Hunde einer zweiten Gruppe wurden in einen so genannten Pendelkäfig gebracht. Dieser hatte ebenso wie der Käfig der anderen Hundegruppe einen Bodenrost, über den Stromstösse abgegeben werden konnten. Der Unterschied: In der Mitte des Käfigs befand sich eine Barriere, die die Hunde überspringen konnten. Dort, auf der anderen Seite, waren die Hunde vor Stromstössen erst einmal sicher. Eine Lampe zeigte ihnen jeweils an, wann der nächste Stromstoss erfolgen würde, so dass sie in dem Pendelkäfig ständig von der einen zur anderen Seite springen und sich damit vor den Stromstössen in Sicherheit bringen konnten. So weit so gut. Aber das dicke Ende kommt erst: Wurden nun die Hunde der ersten Gruppe in den Pendelkäfig gebracht, zeigten sie überhaupt kein Fluchtverhalten. Sie reagierten auf die schmerzhaften Stromstösse mit einem Winseln. Sie mussten quasi mit Gewalt in Sicherheit gebracht werden. Denn sie hatten gelernt, hilflos zu sein. Erlernte Hilflosigkeit. (34)

Ein drastisches Experiment unternahm C. P. Richter (1957). Er hielt wilde Ratten so lange fest, bis sie nicht mehr zappelten. Dann setzte er sie in einen Wasserbehälter. Sie ertranken innert kürzester Zeit. Ratten, die vorher nicht festgehalten worden waren, konnten über sechzig Stunden (!) schwimmen. Hilflosigkeit lähmt, nicht nur Hunde und Ratten, auch Katzen, Fische und sogar Küchenschaben. Weshalb nicht auch Menschen? Natürlich, auch bei Menschen liess sich die erlernte Hilflosigkeit in Experimenten ebenso nachweisen wie in realen Lebenssituationen. Nicht die Dinge selbst sind demzufolge das Problem, sondern die Vorstellung, die wir von den Dingen haben. Eine Situation ist einfach eine Situation. Zum Problem wird sie erst dann, wenn ich es als Problem wahrnehme und als Problem bezeichne.

«Wir sind Gefangene unserer selbst konstruierten Denkgebäude.»

Und mit Problemen stehen wir ja gut heute. Wir lieben sie geradezu. Unsere Sprache ist geprägt von diesem Wort. Alle Welt spricht von Problemen. Wer Probleme hat, ist in. Es gehört mithin zum guten Ton, sich mit Problemen zu schmücken.

WIE LÖSE ICH EIN PROBLEM?

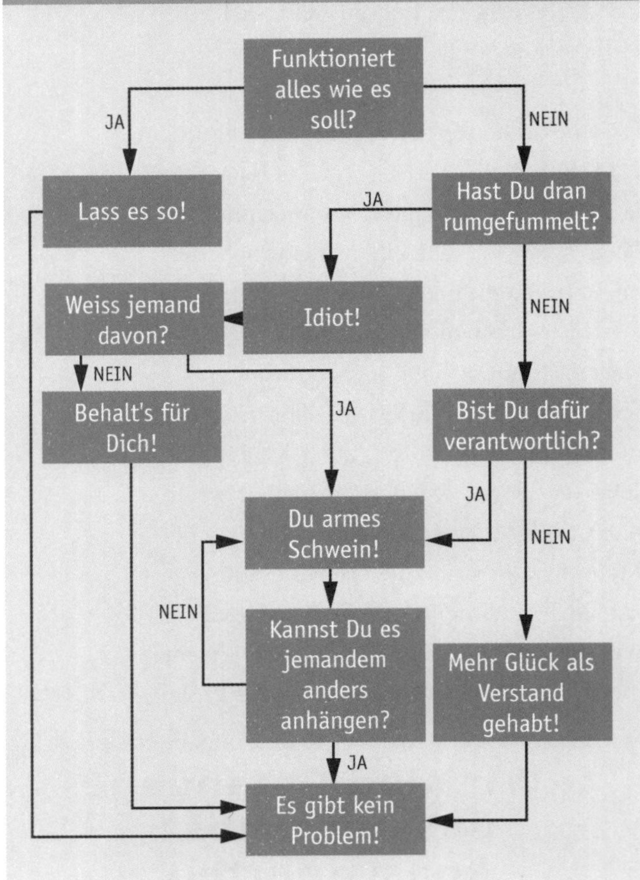

Wer dazu noch einen nobel leidenden Gesichtsausdruck aufsetzen und damit seiner Wichtigkeit in dieser Welt Ausdruck verleihen kann, ist des Ansehens vollends sicher.

Nur mal angenommen, wir sprächen weniger von Problemen und mehr von Lösungen. Oder von Herausforderungen. Das Wort hat einen ganz anderen Charakter. Es spricht an. Mich. Direkt. Ich bin gefordert. Herausgefordert eben. Deshalb spricht selten jemand von Herausforderungen. Probleme sind bequemer. «Die Verführung, das eigene Leben im Licht von Benachteiligungen zu beschreiben, ist inzwischen so stark, dass schon junge Leute dieses rentnerhafte, resignierte Verhalten in Verbindung mit aggressivem, moralischem Fordern wie eine neue Selbstverständlichkeit entwickelt haben», ärgert sich Peter Sloterdijk. «Man müsste im Gegenteil versuchen, ihnen die Idee des unternehmerischen Lebens nahe zu bringen, damit sie nicht mit zwölf Jahren schon wie Sozialversicherungsnehmer dastehen. Die Opferhysterie knüpft ohnedies bei kindlichen Mustern an – an schauspielerischen Übertreibungen von kleinen Verletzungen.» (35)

In der Tat: «Die Schweiz wird immer invalider», stellt die Sonntags Zeitung (09.09.01) fest. «Im letzten Jahr bezogen 7,1 Prozent der Bevölkerung eine Leistung der Invalidenversicherung (IV). 1992 waren es erst 5,5 Prozent. Der Trend zur Rente ist ungebrochen: Auch für dieses Jahr wird ein markanter Anstieg der Zahl der IV-Bezüger erwartet.» In einzelnen Kantonen sind es heute schon gegen acht Prozent der Bevölkerung – fast jeder Zwölfte! Eine Gesellschaft an Krücken: Die Kosten des Gesundheitswesens in der Schweiz haben sich zwischen 1985 und 1998 mehr als verdoppelt und erreichten 1998 knapp 40 Milliarden Franken. Ihr Anteil am Bruttoinlandprodukt (BIP) stieg in dieser Zeit sprunghaft an, von 8,1 auf 10,5 Prozent. Wen wundert's? Schon nur der Gedanke, vielleicht nächste Woche einmal einen leichten Anflug von Kopfschmerzen kriegen zu können, führt flugs zum Griff in die Medikamentenkiste. Mehr als 20 Millionen Deutsche greifen täglich zu Medikamenten. Gegen die Missbefindlichkeiten aller Art verbraucht statistisch gesehen jeder Mensch in Deutschland 1'250 Dosierungen. Pro Jahr, wohlverstanden! 1997 gaben 19,5 Prozent der Frauen und 11,5 Prozent der Männer an, im letzten Monat mindestens einmal pro Woche auf die Psyche wirkende Medikamente (psychoaktive oder psychotrope Stoffe) eingenommen zu haben. Die chemische Krücke wird zum ständigen Begleiter.

Wen wundert's, dass immer mehr Kinder und Jugendliche versuchen, Unwohlsein mit Hilfe von Medikamenten wegzubeamen und wegzuschlucken. «Schon Kinder im Grundschulalter greifen», so Klaus Hurrelmann, «angeregt und unterstützt durch die Eltern oder aus eigener Entscheidung, zu Schmerz-, Aufputsch- und Beruhigungsmitteln, wenn sie sich nicht gut fühlen. Besonders bei Leistungsanforderungen klettern die Werte in die Höhe. Wir müssen damit rechnen, dass insgesamt ein Drittel der Kinder und Jugendlichen regelmässig wöchentlich in den Arzneimittelschrank der Familie greift. Dieses Verhalten ist suchtfördernd.» (13)

Das Ergebnis: Pharma-Kids, von denen schon ein Drittel der Zwölfjährigen ganz nebenher auch noch regelmässige oder gelegentliche Alkoholkonsumenten sind. Und wohl niemand kann sich ernsthaft wundern, wenn der Konsum von Rauschmitteln sprunghaft ansteigt. Ein Blick ins Telefonbuch zeigt: in Biel gibt es 27 Bäckereien. Genauso gut gesorgt ist für einen anderen Artikel des täglichen Bedarfs:

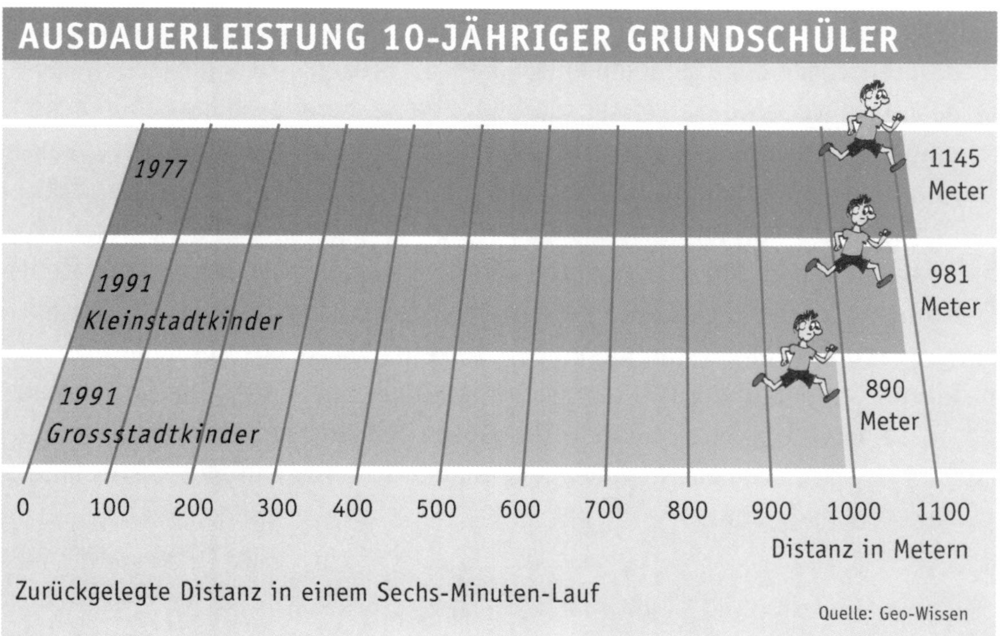

Cannabis. Rund zwei Dutzend Hanfläden florieren in der knapp 50'000 Einwohner grossen Stadt. Was stimmt hier nicht, ist man versucht zu fragen. So viele Hanfläden wie Bäckereien ... Ein anderes Beispiel: In einem grossen Schweizer Kanton finden sich Gemeinden, die jedes zweite Kind im Kindergarten im Hinblick auf seine Schulreife vom Schulpsychologischen Dienst abklären lassen. Kopfschütteln?! Und noch ein Beispiel: Ein Drittel der jungen Schweizer ist nicht in der Lage, die Rekrutenschule zu Ende zu bringen. Viele von ihnen bekunden Stresssymptome, weil sie zu viert in einem Zimmer schlafen müssen, erklärte der Schweizer Verteidigungsminister in einem Radiointerview (11.12.01). Und neun von zehn jungen Schweizern sind bis zum Eintritt in die Rekrutenschule noch nie nachts alleine in einem Wald gewesen ... Eine Gesellschaft auf dem Weg ins Jammertal? Fredmund Malik spricht von der Dominanz des pathologischen Falles. (20)

Wahrlich, das Prinzip der erlernten Hilflosigkeit ist auch gesellschaftlich verinnerlicht. Alle haben gelernt zu er-warten: von der Schule, von den Eltern, vom Arbeitgeber, vom Staat, von Pillen und Pulvern. Erwarten enthält «warten» und impliziert Passivität. So gehört es heute zum guten Ton pädagogischer Gepflogenheiten, die Kinder dort abzuholen, wo sie stehen. Wer solches verspricht, kann sich der fachlichen Anerkennung sicher sein. He, der holt die Kinder dort ab, wo sie stehen. Super! Aber: Haben wir uns schon mal über-

SONDERFÄLLE IN DER MEHRHEIT

Weniger als die Hälfte der Drittklässler im Kanton Zürich besucht ausschliesslich den normalen Schulunterricht! Genau genommen sind es 43 Prozent. Und die anderen 57 Prozent? Sie haben im Verlaufe der ersten drei Schuljahre bereits Sonderschulen besucht, sind therapiert worden oder haben eine Klasse repetiert. Das Kompetenzzentrum für Bildungsevaluation und Leistungsmessung hat die entsprechenden Daten erhoben. Die Studie zeigt aber nicht nur auf, dass die Ausnahme die Regel bildet, sie zeigt auch, dass alle Sondermassnahmen den gewünschten Effekt verfehlen. Der Schulerfolg stellt sich deswegen nicht ein. Im Gegenteil: Bei Leistungstests schnitten die Kinder mit Spezialbehandlung schlecht ab – sogar diejenigen, die eine Klasse übersprungen haben. Die Experten führen das darauf zurück, dass sich die Kinder als Sonderfälle fühlen und entsprechend an Selbstvertrauen einbüssen. Urs Moser, Wissenschafter an der Uni Zürich: «Eine sonderpädagogische Massnahme, sei sie noch so unbedeutend, ist für jedes Kind ein einschneidendes Erlebnis.»

(Tages Anzeiger / 10.07.02)

legt, was das (auch) heisst? Die Kinder stehen. Und warum zum Teufel bewegen sie sich nicht? Warum warten sie tatenlos, bis jemand sie abholt? Ist das wirklich das, was wir wollen? Kinder, die warten, bis sie abgeholt werden? «Kein Wunder also,» stellt Heinz Klippert fest, «dass sich innerhalb der Schülerschaft Unselbstständigkeit und Bequemlichkeit, Desinteresse und Disziplinprobleme, Oberflächlichkeit und Gedankenlosigkeit, Sprachlosigkeit und mangelhaftes Sozialverhalten ausbreiten.» (16) Erziehung zur Unmündigkeit?!

Schon vor bald fünfhundert Jahren hat Montaigne formuliert: «Die Menschen werden von den Meinungen gequält, die sie von den Dingen haben, und nicht von den Dingen selbst.» Ja, selbst die alten Griechen waren sich dessen bewusst: «Nicht die Wirklichkeit beunruhigt und erregt die Menschen, sondern die Theorien (dogmata) darüber», hat Epiktet zu bedenken gegeben. Und Albert Einstein kommt zum Schluss: «Ein Atom ist leichter zu zertrümmern als ein Vorurteil.» Mit anderen Worten: Wir konstruieren uns eine Welt, unsere Welt. Die inneren Bilder unserer Erfahrungen werden nach aussen projiziert und geben die Kulissen ab, die wir als Welt, als Realität, als Wahrheit wahrnehmen.

Pygmalion, ein griechischer Künstler, schuf eine Frauengestalt aus Elfenbein und verliebte sich in sie. So bat er denn inständig darum, sie möge lebendig werden. Sein Wunsch wurde erhört und erfüllt, Pygmalion konnte Galathea zur Gemahlin nehmen. Eine Figur wird lebendig, eine Vorstellung wird Realität. Als Pygmalion-Effekt ging ein Experiment der Forscher Rosenthal und Jacobsen in die Geschichte ein: Achtzehn Klassen der Oak-School wurden einem Test unterzogen, der Vorhersagen über die Entwicklung der Schulleistungen erlauben sollte. Der Lehrerschaft wurde mitgeteilt, dass bei 20 Prozent der Schüler aufgrund der Testresultate überdurchschnittliche Leistungen zu erwarten seien. Die Lehrpersonen erhielten dann auch die Namen dieser Schüler – allerdings völlig wahllos selektiert. Das Ergebnis: Die vermeintlich speziell leistungsfähigen Schüler zeigten in Nachuntersuchungen tatsächlich signifikant bessere Leistungen, ganz einfach deshalb, weil die Lehrkräfte mit entsprechenden Erwartungen und entsprechendem Verhalten mit ihnen interagiert hatten.

Fiktive Vorhersagen oder Annahmen sind oft die Ursache für das tatsächliche Ereignis. Der Pygmalioneffekt ist allgegenwärtig. Paul Watzlawick weiss eine Geschichte dazu zu erzählen: Zwei erfahrene Schizophrenie-Therapeuten wurden einander mit der Vorinformation überwiesen, der

«Die Menschen werden von den Meinungen gequält, die sie von den Dingen haben, und nicht von den Dingen selbst.»

Montaigne

jeweilig andere sei an unheilbarer Schizophrenie erkrankt. Eine Therapie-Sitzung, in welcher beide einander zu therapieren begannen, wurde mit Video aufgezeichnet. Beide diagnostizierten danach am jeweilig anderen hochgradige Schizophrenie; der eine soll sogar beim anderen einen Schuss Grössenwahn erkannt haben, weil dieser immerzu behauptet hätte, er sei Psychiater …

«Die Schule ist ein System zum Erlernen der Hilflosigkeit.»

Ein anderes, viel profaneres Beispiel einer selbst erfüllenden Prophezeiung (self fulfilling prophecy): Sie begeben sich auf irgendeine noble Veranstaltung. Ihr Platz: Vierzehnte Reihe, irgendwo in der Mitte des Kuchens. Sie richten Fliege oder Mieder oder was auch immer, setzen sich artig hin, grüssen nach hie und lächeln nach da. Endlich, der Anlass beginnt, das Licht wird gelöscht. Da schiesst es Ihnen durch den Kopf: Hoffentlich muss ich nicht während der Veranstaltung die Toilette aufsuchen.

Und nun raten Sie, was während der Präsentation passieren wird? Richtig! Sie müssen! Und je länger Sie in dieser Denkrinne hin und her gehen, desto dringender müssen Sie!

Eine der imposantesten Denkrinnen der heutigen Zeit ist das Bildungssystem. Wenn nicht die tiefste und zerklüftetste überhaupt. Dieses System zum Erlernen der Hilflosigkeit, das seine Repräsentanten mit aufgesetzter Ernstfallgrimasse auf den ausgetretenen Pfaden hin und her rennen lässt, hat seine Strickmuster tief in die Welt eingegraben. Wer drin ist, in dieser engen Denkschlucht, sieht nicht mehr hinaus. Und wer dem System der Entmutigungsdidaktik entronnen ist, für den ist Schule das, «was man für immer hinter sich haben möchte», sagt Peter Sloterdijk. Und weiter: «Die Schule ist ein Herd der Langeweile und wird von Berufslangweilern betrieben, die die kindliche Intelligenz verleimen, verkleben und beleidigen. Viele erholen sich davon nie.» Und weiter: «Wir müssen mit dem schädlichsten aller alteuropäischen Konzepte brechen: mit der Vorstellung der Übertragung von Wissen. Diese Vorstellung des Einflössens ist systemtheoretisch falsch, sie ist moralisch falsch …» Peter Sloterdijk setzt noch einen drauf: «Alle Leute, die in der Schule was geworden sind, sind es eigentlich nicht durch die Schule geworden, sondern weil die Schule sie nicht dabei gestört hat.» (35) Wie die Ratten, die nicht festgehalten worden sind.

Die anderen

Wir kennen die Geschichte: Eine schwarze Katze läuft mir über den Weg. Und ein paar Meter weiter rutsche ich doch tatsächlich aus und falle unsanft auf den Hintern. Na klar: Die schwarze Katze! Die Geschichte könnte auch anders gehen: Eine schwarze Katze läuft mir über den Weg. Aber: Ich bin grad mit etwas anderem beschäftigt und nehme sie nicht wahr. Ein paar Meter weiter rutsche ich aus und falle unsanft auf den Hintern. Und jetzt? Jetzt fehlt die schwarze Katze. Jetzt fehlt der oder die oder das Schuldige. Da steh‘ (oder eben: sitz‘) ich nun ... Nichts und niemand ist da, den Schwarzen Peter der Verantwortung zu übernehmen. Viele Denkmuster, Denkrinnen, Denkfallen entstehen im Konjunktiv. Ich würde schon, wenn ... Wirklich? Hand aufs Herz! Es ist saupraktisch, sich im Konjunktiv zu unterhalten. So schön unverbindlich. Man würde ja schon, wenn der Chef ..., wenn die Lehrerin ..., wenn die anderen ... Flugs ist die Verantwortung dingfest gemacht. Beim anderen! Damit bin ich fein raus. Den Schwarzen Peter bin ich erst einmal los. Doch: Die permanente Suche nach Schuldigen absorbiert Unmengen an Energie. Flucht, Lähmung, Ausweichmanöver sind die Folge, nicht physisch, sondern gedanklich. Das ist noch verheerender.

Opfer sein entbindet von der Verpflichtung, etwas tun zu müssen. Deshalb lohnt es sich immer und jederzeit, reaktionsschnell mit dem ausgestreckten Zeigefinger jemanden ins Visier zu nehmen. Viele Menschen haben diese Fähigkeit zur Meisterschaft kultiviert. «Ich war's nicht! Ich kann nichts dafür!» Speziell geeignet für solche Scharmützel sind Leute, die quasi von Berufs wegen schuld sind: zum Beispiel die Verkehrspolizisten. Ist doch wirklich völlig daneben! Weshalb müssen diese Trophäenjäger in Uniform ausgerechnet hier und jetzt Geschwindigkeitskontrollen machen und unbescholtene Bürger amerdieren? Haben die eigentlich nichts Gescheiteres zu tun. In die Kategorie der von Berufs wegen und aus Prinzip Schuldigen gehören natürlich auch die Chefs. Und vor allem die Lehrpersonen. «Es stand nicht an der Tafel!» Das entbindet mich als Schüler von allem und jedem. Wirklich wahr! Was kann ich dafür, dass die Lehrerin es nicht an die Tafel schreibt. Jetzt ist sie selber schuld, wenn ich es nicht kann!

Übrigens: Auch Umstände eignen sich sehr gut. Die können sich nicht wehren. Das

Buch blieb in der Schule liegen. Spinnt das Buch eigentlich, einfach in der Schule liegen zu bleiben. Oder im Fernseher lief dummerweise gerade ein Fussballspiel. Eine Frechheit, Fussballspiele zu senden, wenn ich mich mit Hausaufgaben beschäftigen sollte. «Sowieso» ist ebenfalls eine sehr geeignete Formulierung. «Ich kann das sowieso nicht.» Damit ist das Thema vom Tisch. Oder auch sehr häufig verwendet: «Alle anderen». Alle anderen rauchen auch. Logisch, dann bin ich praktisch gezwungen mitzumachen. Oder: Alle anderen machen auch keine Aufgaben.

DIALOG		SCHLÜSSELWÖRTER
Mutter:	*Sie haben doch vorgeschlagen, dass unser Sohn täglich eine Viertelstunde Mathe lernt. Jetzt ist er trotzdem durch die Prüfung gefallen.*	
Lehrer:	*Ja, ich habe es gehört. Ein tägliche kleine Lernportion ist ja noch keine Garantie für eine erfolgreiche Prüfung. Und zudem hatte ich nicht den Eindruck, dass es Ihrem Sohn sehr ernst war mit dem Lernen.*	
Sohn:	*Ich bin manchmal nicht dazu gekommen. Wir hatten sowieso immer so viele Aufgaben.*	**sowieso** **viele Aufgaben**
Lehrer:	*So schlimm kann's nicht gewesen sein. Ich habe dich jedenfalls ab und zu mit deinen Kollegen angetroffen.*	
Mutter:	*Ja, aber man kann doch einem Jungen nicht die ganze Freizeit nehmen. Ein bisschen Ablenkung mit seinen Kollegen steht ihm doch zu.*	**Ja, aber ...** **man** **Kollegen**
Sohn:	*Zudem habe ich häufig nicht genau gewusst, was ich machen soll. Und wenn ich nicht drauskomme, kann ich nicht lernen.*	**nicht gewusst was** **ich kann nicht**
Mutter:	*Ja, das ist ein weiterer Punkt. Weshalb hat eigentlich niemand die Aufgaben kontrolliert?*	**niemand kontrolliert**
Lehrer:	*Wir haben vereinbart, dass Ihr Sohn zu mir kommt, wenn etwas nicht klar ist. Er ist nie gekommen.*	
Sohn:	*Doch, ich wollte einmal kommen. Aber die anderen haben mir gesagt, Sie seien nicht da.*	**die anderen**
Mutter:	*Sie sehen jetzt, was dabei herausgekommen ist. Wir stehen vor einem Scherbenhaufen, nur weil die Lehrer ihre Aufgabe nicht wahrnehmen.*	**die Lehrer**

Volltreffer! Damit können die Vokabeln bleiben, wo sie sind.

Mit ein bisschen Phantasie lassen sich allerhand Gründe finden, weshalb etwas eben gerade nicht geht. Und in dieser Beziehung fehlt es häufig nicht an der nötigen Kreativität. *«Anleitung zum Unglücklichsein»* heisst ein Buch von Paul Watzlawick. Er bringt es auf den Punkt: «Kein Zweifel, dann sind wir reine Opfer, und es soll nur jemand versuchen, an unserem Opfer-Status zu rütteln oder gar zu erwarten, dass wir etwas dagegen unternehmen. Was uns Gott, Welt, Schicksal, Natur, Chromosome und Hormone, Gesellschaft, Eltern, Verwandte, Polizei, Lehrer, Ärzte, Chefs oder besonders Freunde antaten, wiegt so schwer, dass die blosse Insinuation, vielleicht etwas dagegen tun zu können, schon eine Beleidigung ist.» (37)

Der Vollmond, die Schweissfüsse des Nachbarn, ganze Horden von schwarzen Katzen – was da Tag für Tag an fadenscheinigen Ausreden herumgeboten wird, geht auf keine Kuhhaut. Das Repertoire ist geradezu unerschöpflich. Aber noch viel bemerkenswerter: Mit welcher Selbstverständlichkeit der ganze Schrott auch noch akzeptiert wird. Quer durch alle Wohn-, Schul- und andere Zimmer hindurch wird der Bequemlichkeit halber Verständnis geheuchelt, was das Zeugs hält. Natürlich, das erspart die Auseinandersetzung, das verlangt keinen Mut zur Unpopularität. Ja natürlich, wenn alle anderen rauchen … Klar, dass du nicht lernen kannst, wenn das Fussballspiel läuft … Ja, selbstverständlich kannst du nichts tun, wenn es nicht an der Tafel steht …

Noch ein Gratistipp für jene, die ab und zu um Ausreden verlegen sind: Was sich im Verlaufe der menschlichen Evolution als taugliche Strategie erwiesen hat, sind hohe Ziele. Ziele, die allein schon von ihrem Anspruch her zu Bewunderungskundgebungen Anlass geben und alle Mutterherzen höher schlagen lassen. Statt sich mit banalen Dingen in den Niederungen des Alltags herumzuplagen,

«Es gibt viel mehr Leute, die kapitulieren, als solche, die scheitern»

hebt der Flug ab in höhere Sphären. Dort oben lässt sich dann gut ruhen. «Wenn das Ziel in weiter Ferne liegt, begreift auch der Dümmste, dass der Weg dorthin lang und beschwerlich und die Reisevorbereitungen umfassend und zeitraubend sind.» (37) Und wenn alsdann längere schöpferische Pausen eingelegt werden müssen, die dem hehren Ziele angemessen sind, wird kaum jemand sich erkühnen, den einsamen Weg zum Genie durch kritische Fragen zu stören. Als besonders hilfreich hat es sich dabei stets erwiesen, wenn die Ziele nicht allzu präzis formuliert werden. «Ich will jetzt mehr lernen» ist ein Musterbeispiel: Sofortige Anerkennung und emotionale Zuwendung sind so sicher wie das Amen in der Kirche. Gleichzeitig ist der Interpretationsspielraum gross genug, um vorerst einmal seine propere Ruhe zu haben. Und nötigenfalls – wenn's später einmal eng werden sollte – finden sich ausreichend plausible Gründe, warum

«Ich weiss nicht, wer das Wasser entdeckt hat, aber es war kein Fisch.»
Marshall McLuhan

es eben diesmal nicht geklappt hat. Aber nächstes Mal ... Und das Ergebnis: Es gibt viel mehr Leute, die kapitulieren, als solche, die scheitern.
Der Weg aus dem Jammertal führt über den inneren Turnaround. «Ich weiss nicht, wer das Wasser entdeckt hat», sagt Marshall McLuhan, «aber es war kein Fisch.» Deshalb heisst die Devise: Out of the box!

Das bedeutet: Eine andere Perspektive einnehmen, sich eingestehen, dass es auch anders sein könnte, mehrere Möglichkeiten in Betracht ziehen. Michael Michalko hat ein paar Rezepte parat. Finden, was man nicht sucht, heisst eines. Oder: Verbinden, was nicht zusammengehört. Es geht letztlich darum, das Undenkbare zu denken, Lösungen statt Probleme zu fokussieren, Erfolge zu geniessen. Und es geht darum, ein positives Lernverständnis zu entwickeln. «Lernen ist Vorfreude auf sich selbst», sagt Peter Sloterdijk. Und er versteht sich als Sphärenbildner und Atmosphärendidaktiker: «Was Menschen lernen, ist zunächst einmal nicht so wichtig; viel bedeutender ist die Tatsache, dass sie in ein Klima eintreten, in dem ihnen das Lernenkönnen als solches als die beste Chance ihres Lebens bewusst wird.» (35) Wer so denkt, freut sich auf den nächsten Zustand, freut sich seines eigenen Werdens. Wer lernt, erneuert sich selbst.

Und: Wer so denkt, strebt nicht das Mittelmass an, gibt sich nicht mit der erstbesten Lösung zufrieden. Wer bereit ist, seine Denkmuster zu hinterfragen und seine Denkrinnen auszuleuchten, will mehr. Will nicht er-warten, sondern be-wirken, will wirksam sein, selbstwirksam, will unternehmen, nicht unterlassen. Das hat etwas mit Liebe zu tun, mit Liebe zu sich, mit Liebe zur Sache. Liebe ist so gesehen eine Form von Energie. Sie gibt Kraft, etwas mit Hingabe, mit ganzem Herzen – eben mit Liebe – zu tun. Commitment heisst das Stichwort dazu. Die Sache selbst ist Quelle der Energie. Denn: «Ein Gefühl für Wert, Bewältigung oder Selbstwert wird nicht geschenkt. Es kann nur verdient werden», schliesst Martin Seligman sein Buch «Erlernte Hilflosigkeit». (34) Mit anderen Worten: Das Leben belohnt unser Engagement, unseren Einsatz. Nicht unsere Ausreden!

Die Hummel zeigt, wie's gemacht wird: Sie weist 0,7 Quadratzentimeter Flügelfläche auf bei 1,2 Gramm Gewicht. Dieses Verhältnis macht es nach den Gesetzen der Aerodynamik unmöglich zu fliegen.

Die Hummel weiss aber nichts von diesen Gesetzen. Und fliegt einfach!

Ein eindrückliches Beispiel liefert Alexandre Jollien: Eine zerebrale Kinderlähmung, verursacht durch Sauerstoffmangel bei der Geburt, hat das Erlernen des aufrechten Ganges, der Bewegungskoordination und des Sprechens zu einer nahezu unüberwindlichen Aufgabe werden lassen. Mit der Perspektive, sein Leben in einer Spezialklinik zu verbringen und Hilfsarbeiten zu verrichten, hätte Jollien allen Grund gehabt zu resignieren. Aber er entscheidet sich zu leben und sein Schicksal zu meistern. Gegen den erklärten Willen von Ärzten und Therapeuten entschliesst er sich, eine Mittelschule zu absolvieren und schliesslich Philosophie zu studieren. *«Lob der Schwachheit»* nennt er das Buch (ausgezeichnet von der Académie Française), das in Form eines fiktiven Dialoges mit Sokrates seine beeindruckende Lebensgeschichte erzählt. Ein modernes Märchen? Nein, ein Beispiel, das zeigt, wie es auch sein kann. «Es stimmt, dass Schwierigkeiten formend sein können und dass ein einigermassen vernünftiger Mensch mehr Nutzen aus dieser Feststellung zieht als durch die Konsultation hochtrabender Werke prominenter Erziehungsexperten. Die Schwierigkeit stählt, stimuliert, zwingt, eine Lösung zu finden.» Oder: «Es bringt nichts, sich lang und breit auszulassen und stundenlang über das Leiden zu diskutieren. Man muss Mittel und Wege finden, es auszumerzen, und wenn das nicht möglich ist, muss man es akzeptieren, ihm einen Sinn geben.» Sagt Alexandre Jollien. (15) Er muss es wissen.

FÖRDERER ODER VERHINDERER

Ob ein Kind gute Schulleistungen erbringe oder nicht, hänge in erster Linie von der Lehrperson ab. Auf diesen Standpunkt stellt sich Urs Moser von der Universität Zürich. Er stützt sich dabei auf eine Studie bei Drittklässlern, die riesige Leistungsunterschiede zwischen den untersuchten Klassen an den Tag gebracht hat. Beispiel Mathematik: Während in Spitzenklassen durchschnittlich über 80 Prozent der Aufgaben richtig gelöst wurden, lag der Durchschnitt am unteren Ende der Rangliste bei nur 50 Prozent richtigen Lösungen.

Es stellte sich zudem heraus, dass die fremdsprachigen Kinder in rund der Hälfte aller Klassen deutlich schlechter abschnitten. In der anderen Hälfte hingegen präsentierten sich die Ergebnisse mindestens gleich gut. Dazu Urs Moser: „Die Ursache dieser Unterschiede liegt eindeutig in der Unterrichtsqualität."

Und ergänzend stellt er fest: „Alle Länder, die in der Pisa-Studie gut abschnitten, haben Schulen mit viel Eigenverantwortung."

(Tages Anzeiger / 10.07.02)

Dem Denken auf die Schliche kommen

Wer – wo auch immer – erfolgreich sein will, muss ein adäquates Verhalten an den Tag legen. Und wenn die Aktivitäten nicht von durchschlagendem Erfolg gekrönt sind, wird es sinnvoll sein, das Verhalten unter die Lupe zu nehmen. Der Ratschlag «du musst dein Verhalten ändern» gehört gleichsam zum erzieherischen Standardrepertoire. Doch allen mehr oder weniger ernsthaften Bemühungen zum Trotz will der Erfolg sich nicht immer einstellen. Logisch, es nützt wenig, den Hebel beim Verhalten anzusetzen. Die Weichen zu Erfolg oder Misserfolg werden früher gestellt. Es ist unser Denken, das unsere Gefühle determiniert. Und die wiederum leiten unser Handeln. «An sich ist nichts weder gut noch böse», gibt William Shakespeare zu bedenken. «Erst das Denken macht es dazu.»

Nun, menschliches Denken bewegt sich innerhalb von Mustern und Modellen. Mit Hilfe mentaler Modelle planen, entscheiden, erklären und antizipieren wir. Sie helfen uns, Sachverhalte einordnen und verstehen zu können. Äussere Vorgänge werden quasi innerlich simuliert. Das subjektive Wissensgefüge leitet die Wahrnehmung und prägt mithin das Weltbild.

Als Mutter Theresa am Strassenrand in Kalkutta bei einem schmutzigen, sterbenden Mann kniete und ihn pflegte, sagte ein amerikanischer Reporter zu ihr: «Das würde ich nicht für tausend Dollar tun.» Sie erwiderte: «Ich auch nicht.»

Jeden zweiten Freitag treffen sich die Lehrkräfte zum Rapporting. Grund für dieses Meeting: Erfahrungs- und Gedankenaustausch über das Verhalten der Schülerinnen und Schüler. Natürlich wird zuerst und vor allem auf Schwierigkeiten hingewiesen. Der hat schon wieder und die hat auch und diese haben und jene sind erwischt worden. Der eine Hinweis führt zum anderen, die Ärgerspirale beginnt sich still und heimlich zu drehen. Die Unzufriedenheit wächst. Es dauert nicht lange und die Forderung wird laut, dass «endlich etwas geschehen» müsse. Der Rest der Geschichte ist schnell erzählt. Sie hat kein Happy-End.

Deshalb noch einmal: Dreh- und Angelpunkt ist also das Denken, das geprägt ist von komplexen erzieherischen und kulturellen Einflüssen. Werthaltungen, Lob und Tadel, Erwünschtes und Unerwünschtes säumen den Weg zum «richtigen» Denken. Daraus entwickeln sich Muster. Eingespielte Denkmuster sind unsichtbare Denkgefängnisse. Sie bestimmen unmerklich, wie wir die Welt wahrnehmen und erfahren. Wer sein Verhalten nachhaltig verändern will, muss also seinem Denken auf die Schliche kommen, muss die Muster knacken, um aus dem Denkgefängnis auszubrechen.

«Denken ist reden mit sich selbst». Immanuel Kant wird es wohl wissen. Denkmuster prägen Sprachgewohnheiten von Einzelnen und Gruppen. Und umgekehrt. Mit der Sprache wird Denken – und werden Denkmuster – zum Ausdruck gebracht, mit entsprechendem Einfluss auf individuelles und kollektives Handeln. Das heisst auf der anderen Seite: Denkmuster lassen sich mittels Sprachgebrauch modifizieren. Indem wir die Sprache verändern, beeinflussen wir das Denken, Fühlen und Handeln.

Also, zurück zum Rapporting: Nach einiger Zeit wachsender Unzufriedenheit macht sich die Erkenntnis breit, dass ein zunehmender Larmoyanzwert kein hinreichender Grund sein kann, die Zeit miteinander zu verbringen. Im Gegenteil: Denn damit einher geht die Gefahr, dass eine kleine Anzahl von Ärgernissen die Gefühle und damit die Handlungen einer ganzen Lerngemeinschaft determiniert. Die Lehrkräfte beschliessen deshalb, ihr regelmässiges Meeting inhaltlich anders zu gestalten. Die Dinge, die nicht richtig laufen sind zwar weiterhin Gegenstand der Diskussion. Aber ihrer quantitativen Bedeutung entsprechend sollen sie nur noch einen Drittel der Zeit in Anspruch nehmen. Die übrigen zwei Drittel sollen für Aufsteller und positive Erfahrungen reserviert sein.

Und was passiert? Plötzlich erscheint der Schulalltag in einem ganz anderen Lichte. Die Mundwinkel der Teilnehmenden zeigen mit steigender Tendenz vom Heuly zum Smily. Ein Muster ist geknackt.

FRAGEVARIATIONEN – EINE KLEINE AUSWAHL

Die Bildfrage	Muss ich mir das so vorstellen, dass ...
Die Verständnisfrage	Heisst das, dass ...
Die Fokus-Frage	Lässt sich das so zusammenfassen, dass ...
Die Visualisierungsfrage	Kann ich das so darstellen, dass ...
Die Alternativfrage	Könnte es auch sein, dass ...
Die Relevanz-Frage	Wie wichtig ist eigentlich, dass ...
Die Zirkulärfrage	Woran würde ... deine Mutter ... erkennen, dass du ...

Noch einmal: Wer Verhalten verändern will, muss dem Denken dahinter auf die Schliche kommen. Das manifestiert sich unter anderem in der Sprache. Für die schulische Zusammenarbeit bedeutet dies, dass Sprachcodes entschlüsselt werden müssen. Eine Möglichkeit: Fragen stellen!

Fragen haben nur dann einen Sinn, wenn mit ihnen ein aufrichtiges lösungs- und entwicklungsorientiertes Interesse verbunden ist. Verstärkt wird die erkenntnisgenerierende Wirkung von Fragen durch geeignete Formen der Visualisierung, mit der Absicht, Gedankengänge sichtbar zu machen. Speziell geeignet sind Scribbles: Auf einem grossen Blatt Papier (oder an einem Flipchart) werden Gesprächsinhalte hingekritzelt. Aus einem wilden Mix aus Schlüsselwörtern, Verbindungslinien und

Symbolen entsteht eine Art Landkarte des Denkens. Mit anderen Worten: Kein Gespräch ohne Papier und Farbstifte! Denn Scribbles haben für die Beteiligten nicht nur eine erkenntnisleitende Funktion, sondern, da sie in die Tiefe leuchten, auch einen emotionalen Aufbewahrungswert.

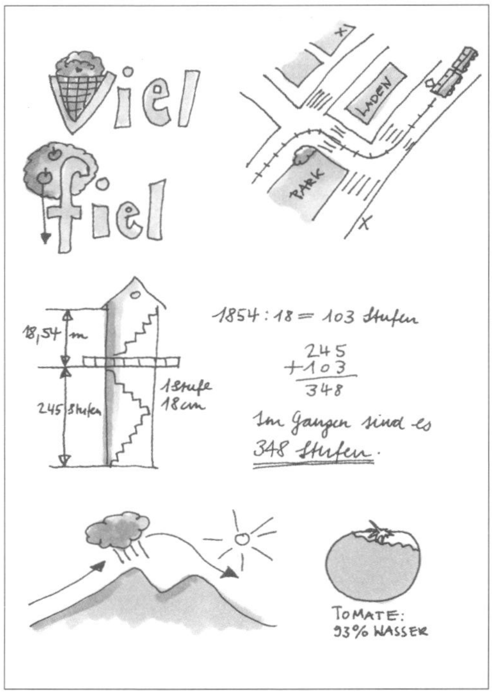

Plastisch zu Tage treten Denkmuster und Denkhaltungen durch das Assoziations-Verfahren. Das Prinzip ist ganz einfach. Ein Wort wird auf ein Blatt geschrieben. Und nun wird zu jedem Buchstaben spontan ein Wort gesucht. Was dabei rauskommt, spricht Bände. Auf einen Blick sind die unterschiedlichen Denkhaltungen zu erkennen. Klar, hinter jedem Wort steckt ein Gedanke. Und jeder Gedanke ist Teil eines Musters. Und wer diese mentalen Muster durchschaut, versetzt sich in die Lage, den Weg zu finden, der hinausführt aus der Sackgasse. Denn das Denken, das mit den Wörtern zum Ausdruck gebracht wird, bleibt nicht ohne Wirkung auf die Gefühlslage. Die beiden Menschen, die Schule und Lernen mit so unterschiedlichen Begriffen assoziieren, werden mit ebenso unterschiedlichen Gefühlen den Schulweg unter die Füsse nehmen. Sie werden dadurch die Schule entsprechend unterschiedlich wahrnehmen. Sie werden sich als Folge davon völlig unterschiedlich verhalten. Und sie werden rückkoppelnd ihr Bild bestätigt erhalten. So! Oder eben anders!

Geh nicht dahin, wo
der Weg dich hinführt.
Geh dahin, wo es
keinen Weg gibt und
hinterlasse eine Spur.

Ralph Waldo Emerson

«Wenn du dich auf deinen Weg machst, wirst du an eine Tür kommen, an der ein Satz geschrieben steht», sagt der Meister. «Komm zu mir zurück und sage mir, wie dieser Satz lautet.»

Eifrig macht sich der Schüler auf die Suche. Eines Tages sieht er die Tür und kehrt zum Meister zurück. «Am Anfang des Weges stand geschrieben: Es ist unmöglich», berichtet er.

«Wo stand das?» fragt der Meister. «An einer Wand oder an einer Tür?» «An einer Tür», antwortet der Schüler. «Nun, dann packe die Türklinke und öffne die Tür.»

Der Schüler gehorcht. Da der Satz an der Tür steht, bewegt er sich mit ihr. Als die Tür ganz offen ist, kann er den Satz nicht mehr sehen – und setzt seinen Weg fort.

Aus: Coelho, Paulo: Der Wanderer

Sich einlassen können

kurz & bündig

- *Das Gefühl, unterwegs zu sein, führt zu wechselnden Perspektiven und macht es möglich, Neuartigkeit wahrzunehmen. Das fördert die innere Präsenz, das aktive Beteiligt-Sein.*

- *Ziele setzen ist gut, sich einlassen ist besser. Sich einlassen verbindet Offenheit mit Ergebnisorientierung. Das setzt Vertrauen voraus, Vertrauen in die eigene Wirksamkeit.*

- *Jedes Ereignis hat das Potenzial, uns zu verändern, jede Krise ist ein Lernimpuls. Entwicklungen sind nur dann schmerzhaft, wenn wir uns dagegen sträuben.*

Bewegen

Es ist spannend, einfach mal dazusitzen und den Menschen beim Gehen zuzuschauen. Denn gehen lässt sich auf ganz und gar unterschiedliche Arten: hocherhobenen Hauptes, kraftvoll, sicheren Schrittes, mit Schalk in den Augen und mit einem Lächeln auf den Lippen. Oder: gebückt, kraft- und saftlos, mehr getrieben und gestossen, unsicher, mit der gefrorenen Miene eines Leichenbitters. Oder: leicht, locker, fröhlich und befreit, schwungvoll und harmonisch. Oder. Oder.

Ein bekannter Filmproduzent ist felsenfest davon überzeugt, die wesentlichen Charaktereigenschaften eines Menschen an der Art seines Gehens zu erkennen. Er bedient sich dabei einer speziellen Technik: Er filmt die Leute während sie sich von ihm weg bewegen. Und dann schaut er sich die Aufnahme in Slowmotion an. Die Bewegungsabläufe und Körperhaltungen treten auf diese Weise fast plakativ zu Tage. Gekünsteltes und Gestelltes wird erkennbar. «Mich kann man nicht bescheissen», ist er überzeugt. Deshalb sein Motto: Zeig mir wie du gehst und ich sag dir, wie du bist.

Was kommt dabei heraus, wenn ich mich selber beim Gehen beobachte? Welche Körperhaltung nehme ich ein? Was sagt mein Gesichtsausdruck? Wie trete ich auf? Welche Bewegungsmuster manifestieren sich? Kurz: Was bewegt mich, wenn ich mich bewege?

Wege entstehen dadurch, dass wir sie gehen. Der Weg findet sich im Verb «be-weg-en». So gesehen bestimmt die Art des Bewegens den Weg: kurz oder lang, anspruchsvoll oder leicht; führt er hinein zum Wesenskern oder ist es ein Ausweg? Sich bewegen heisst: unterwegs sein. Was für die körperliche Bewegung gilt, gilt nicht minder für die geistige, intellektuelle Art, auf dem Weg zu sein. Bewegung ist Entwicklung. Und nur in Bewegung ist Steuerung möglich – beim Segeln, beim Radfahren, beim Lernen, beim Leben. Wer den Lenker seines Fahrrades fixiert, wird unweigerlich auf die Nase fallen, selbst wenn die Strasse absolut eben ist. Bewegung braucht Raum. Und ein System, ein Organismus braucht Bewegung. Wer sich bewegt, versetzt sich in die Lage,

«Wer unterwegs ist lebt. Oder: Wer lebt ist unterwegs.»

die Dinge aus unterschiedlichen Perspektiven zu betrachten. Ein kleines Beispiel gefällig? Ellen J. Langer hat einer Gruppe von Kindern ein Poster gezeigt, auf dem eine Gestalt einen Weg entlang ging, der von vierzehn Sehenswürdigkeiten gesäumt war. Die Kinder sollten – sitzend – das Poster aufmerksam betrachten und sich erinnern, welche Sehenswürdigkeiten zu erkennen waren und wo sie sich auf dem Poster befanden. Eine andere Gruppe erhielt die Anweisung, sich beim Betrachten des Posters langsam zwischen zwei Linien hin- und herzubewegen, in der Annahme, diese Bewegung würde die Perspektive variieren, aus der die Kinder das Poster betrachteten. Das Ergebnis der Studie: Die «Bewegungskinder» übertrafen die «Sitzkinder» bei weitem. Die Professorin für Psychologie an der Harvard University kommt zum Schluss, «... dass flexibel wechselnde Perspektiven uns helfen, aufnahmefähiger zu sein.» (17)

«Wechselnde Perspektiven helfen, aufnahmefähiger zu sein.»

Saper vedere nannte Leonardo da Vinci die Kunst, eine Sache immer aus einer neuen Perspektive zu betrachten. Wie funktioniert das? In den Pionierjahren der Eisenbahn hatten die Schienen am Rand eine Sicherheitsleiste, damit die Züge nicht aus den Gleisen sprangen. Ein unglaublicher Aufwand! Tausende von Kilometern Bahntrassee mit solch kostenaufwändigen und reparaturanfälligen Schienen. Bis ein Perspektivenwechsel das Problem löste: Statt der Schienen wurden die Räder mit einer Abrutschsperre versehen ...!

Veränderungen im Kontext oder in der Perspektive bewirken, dass wir Neuartigkeit wahrnehmen. Perspektivenwechsel brauchen keinen Flug zum Mond. Sie beginnen im Kleinen. Ich nehme einen anderen Weg zur Schule oder zur Arbeit. Ich dusche heute mit kaltem Wasser. Ich stehe eine Stunde früher auf. Ich ziehe etwas Spezielles an. Ich rufe jemanden an, mit dem ich schon lange keinen Kontakt mehr gehabt habe. Ich nehme mich einer Sache an, die mir schon lange auf dem Magen liegt – nur einer. Ich kann jeden Tag zu einem speziellen Tag machen. Dazu braucht es keine roten Zahlen auf dem Abreisskalender. Es funktioniert ein bisschen nach Motto: Wir sind, was wir glauben. Wenn wir anfangen, anders zu denken, sehen wir die Welt mit anderen Augen. Und nach und nach verändert sich das Verhalten. Wir und unsere Umwelt sind damit die Geschichten, die wir uns selbst erzählen.

Wie «Weg» in bewegen ist «Stand» (stehen) im Substantiv «Zustand» zu finden. Der Zustand impliziert Bewegungslosigkeit. Nichts tut sich, nichts regt sich. Wer die Welt immer vom eigenen Miststock aus betrachtet, weiss, was er sieht und weiss, wie es riecht. Zustände vermitteln Sicherheit. Und gerade deswegen sind sie wertlos. Prozesse dagegen vermitteln Unsicherheit. Sie fordern zur Teilnahme und Verantwortungsübernahme heraus. «Wo keine Erwartungen an etwas Veränderbares ausgesprochen werden, wird die Welt langweilig, alltäglich», merkt Fritz Oser an. «Man verliert das Gefühl, selbstwirksam sein zu können. Schulen ohne Selbstwirksamkeitserwartungen sind Abrissschulen, Warteräume für junge Menschen. Warteräume sind Treibhäuser für Ängste, aber auch für Gedanken des Hasses.» (25) Das gilt für Schulen ebenso wie für alle anderen Gemeinschaften: Sich bewegen und bewegt sein. Prozess statt Produkt.

Die kleine Insel der eigenen beschränkten Sicht der Dinge erfüllt nur so lange ihre

AUF EIGENEN ERFAHRUNGEN BERUHEND

Faktoren, die an einem signifikanten oder auf eigener Erfahrung beruhenden Lernen beteiligt sind:

- Es schliesst persönliches Engagement ein – die ganze Person steht sowohl mit ihren Gefühlen als auch mit ihren kognitiven Aspekten im Lernvorgang.
- Es ist selbst-initiiert – sogar dann, wenn der Antrieb oder der Reiz von aussen herrührt, kommt das Gefühl des Entdeckens, des Hinausgreifens, Ergreifens und Begreifens von innen.
- Es durchdringt den ganzen Menschen – es ändert das Verhalten, die Einstellungen, vielleicht sogar die Persönlichkeit des Lernenden.
- Es wird vom Lernenden selbst bewertet – er weiss, ob es sein Bedürfnis trifft, ob es zu dem führt, was er wissen will, ob es auf den von ihm erlebten dunklen Fleck der Unwissenheit ein Licht wirft. Wir können sagen, dass der geometrische Ort des Bewertens zweifelsfrei im Lernenden selbst liegt.
- Sein wesentlichstes Merkmal ist Sinn – wenn derartiges Lernen stattfindet, dann ist in der gesamten Erfahrung enthalten, dass der Lernende Sinn darin sieht.

Carl R. Rogers

Lernen in Freiheit. Zur Bildungsreform in Schule und Universität. Kösel. München. 1979

Aufgabe, bergende Heimat zu sein, als man sich nicht an den Strand setzt und hinausspäht aufs offene Meer, hinter dessen Horizont andere Inseln und ganze Kontinente liegen könnten. Dieser Blick über die Begrenzungen der eigenen Insel hinaus setzt gedankliche Energien frei und verhindert, dass selbst inmitten pulsierenden Lebens sich Langeweile und Gleichgültigkeit ausbreiten können. Langeweile, das ist dieses lähmende Gefühl innerer Leere. Dann dehnt sich die Zeit endlos, quälend und wird ihrem Ausdruck gerecht, lange Weile zu sein. Und es entwickelt sich jenes ätzende Gefühl des Sich-selbst-nicht-ertragen-könnens.

Warum ist gerade die Schule für viele ein Ort der Sinnlosigkeit und der Langeweile? «Wir müssten die Sinnkapazität der Unterrichtsfächer, die Zukunftsgeltung des Wissens, die Opportunitäten für subjektive Wirksamkeitserfahrungen und moralisch relevantes Handeln unter die Lupe nehmen. Wir würden feststellen, dass für die meisten Schüler den grössten Teil der Zeit die meisten Gegenstände keinen intrinsischen Wert besitzen, kein Interesse erzeugen. Schule ist, so wie sie heute ist, für viele ab zirka zwölf Jahren eine weithin unbefriedigende Art, die Jugendjahre zu verbringen.» (8)

Mit anderen Worten: Sie warten. Sie warten auf bessere Zeiten, auf das, was nachher kommt.

Bewegung ist also angesagt. Aber: Bewegung allein ist auch nicht alles. Der Hams-

ter dreht (wie) gestört sein Rad im Käfig. Trotz hängender Zunge verzeichnet er keinen Millimeter Terraingewinn. Das ewige Drehen im Kreis ist zwar auch eine Form von Bewegung. Aber sie macht krank.
Ergo: Ziele setzen und Schritte planen? Wie heisst es so schön: Wer nicht weiss, wohin er will, muss sich wundern, wenn er ganz woanders ankommt. Ein Ziel ist ein Orientierungspunkt. Ein Ziel leuchtet wie ein Fixstern am Horizont. Ich weiss, was ich will. Ich weiss, was ich zu tun habe. Jetzt noch die nötigen Schritte planen. Und dann am besten schnurstracks drauflos, konzentriert, ohne nach links oder nach rechts zu schauen, das Ziel nicht aus den Augen verlieren. Präzis formulierte Ziele bündeln die Energien. So weit, so gut. Doch der Blick aufs Ziel kann auch blind machen für die Dinge am Wegrand

«Ziele werden immer mit dem Wissen der Vergangenheit gesetzt.»

und ich verpasse möglicherweise die besten Chancen. Denn: Die Entscheidung für ein Ziel ist gleichzeitig eine Entscheidung gegen andere Möglichkeiten. Wie ein Wegweiser. Der weist zwar den Weg, aber er weist auch weg. Und nicht zu vergessen: Ziele werden immer mit dem Wissen der Vergangenheit gesetzt.

Zielsetzungen und Massnahmenplanungen entspringen einem Geist von Messbarkeit, Planbarkeit, Steuerbarkeit und bewegen sich vor allem auf der Sachebene. Sie sind durchaus hilfreich, wenn es darum geht, zu einem bestimmten Zeitpunkt ein klar umrissenes Ergebnis vorlegen zu können. Wenn es darum geht, etwas zu «haben» – von den Französisch-Vokabeln über die erfolgreiche Prüfung bis zum Staatsvertrag über die Regelung des Imports von Caramelbonbons. Ziele leiten das Denken und Handeln. Aber Achtung: Sie schränken es gleichzeitig ein!

Schüler, deren Leistungen zu wünschen übrig lassen, bekommen zu hören, dass sie sich besser konzentrieren sollen, wobei stillschweigend vorausgesetzt wird, dass sie, wenn sie es wären, den verlangten Stoff schon lernen würden. Wir gehen einfach von der Annahme aus, dass alles ins Lot käme, würden wir unsere Gedanken auf die erforderlichen Dinge richten. So ähnlich wie ein Fotograf, der versucht, ein Motiv in den Sucher zu holen und beides, Kamera und Ziel, möglichst ruhig zu halten. Geht es darum, wenn wir uns konzentrieren sollen? Geht es darum, unsere Gedanken ruhig zu stellen und auf einen einzigen Gegenstand auszurichten? Oder sollten wir uns eher an der Hundeaufmerksamkeit orientieren? Hunde leben immer im Hier und Jetzt. Sie können im Schatten vor sich hindösen und trotzdem nehmen sie alle Geräusche wahr, die unüblich sind. Man muss den Tiger hören, sagt ein indisches Sprichwort, wenn man ihn sieht, ist es zu spät. Hunde können jeden Tag denselben Spazierweg gehen und an jedem Grashalm neue Düfte entdecken.

«Die wirksamste Methode zur Steigerung der Aufmerksamkeit besteht darin, nach Neuartigkeit in der Situation zu suchen, egal ob es sich um eine Geschichte, eine Landkarte oder ein Gemälde handelt. Etwas Nützlicheres können wir unseren Kindern kaum beibringen, denn es ermöglicht ihnen, sich relativ unabhängig von anderen Menschen und ihrer materiellen Umgebung zu machen. Wenn die Geistesverfassung des Adressaten von Neuartigkeit und Interesse bestimmt wird, spielt es keine Rolle, ob ein Lehrer immer die gleichen alten Sachen herbetet.» (17)

Der Versuch, die Zukunft zu beherrschen gleicht dem Versuch, einen Pudding an die Wand zu nageln. Die Alternative zum Planbarkeits-Mythos heisst deshalb: Neuartigkeit wahrnehmen wollen. Das wiederum heisst: sich einlassen und offen sein für das, was passiert. Und es heisst: Nicht den geraden Weg suchen, sondern sich auf einen Lernpfad begeben, dessen Verlauf nicht absehbar ist. Wer unbekannte Wege geht, wird aufmerksam sein, wird achtsam sein, präsent und beweglich. Lernprozesse benötigen Feedback, Rückfragen, Bestätigungen, Einwände. Die eigene Sichtweise muss mit anderen Deutungen in Beziehung gebracht werden. Lernen ist mithin auf Konsenserlebnisse ebenso angewiesen wie auf Differenzerfahrungen, also die Bereitschaft, mehrere Lösungen in Betracht zu ziehen.

Das heisst: Innere Präsenz entsteht dadurch, dass ich Neuartigkeit wahrnehme, dass ich nach Unterschieden suche oder in dem ich Dinge miteinander in Verbindung bringe. Ich sehe die Welt mit anderen Augen. Ich sehe eine andere Welt. Das macht offen für neue Erkenntnisse, für neue Zusammenhänge und für neue Entwicklungen, aber auch für neue Erlebnisse, neue Erfahrungen, neue Gefühle. Sich einlassen heisst deshalb auch: loslassen. Das vertraute Territorium verlassen und in unbekanntes Gelände vordringen. Das verlangt nach Vertrauen, Vertrauen in sich, in die eigenen Fähigkeiten. Es verlangt nach Zuversicht: das kommt schon gut. Sich einlassen heisst aber auch: sich Chancen geben. Deshalb vielleicht können sich erfolgreiche Menschen nie über einen Mangel an Möglichkeiten und Gelegenheiten beklagen.

«Erfolgreiche Menschen beklagen sich nie über einen Mangel an Gelegenheiten.»

Eigene Wege

Die Frage sei gestellt: Verhindern Ziele das Lernen? Zumindest bringen sie den Lernbegriff stark mit Erledigen und Abarbeiten in Verbindung. Aber es passt eben in ein Konzept schulischen Lernens, in dem es vor allem schultypische Produkte herzustellen gilt, die entsprechend schultypisch bewertet werden. Konkrete Ziele sind – vordergründig – fassbar, belegbar, kontrollierbar. Damit lässt sich umgehen. Das habe ich im Griff! Das lässt sich einteilen: erreicht oder nicht erreicht. Wie aber soll die Lehrperson damit umgehen, wenn seine Schülerin ihm kundtut, sie werde sich jetzt aufs Bruchrechnen einlassen? Fertig mit «im Griff haben». Statt Kontrolle wäre Vertrauen gefragt. Und das ist ja die Krux: Wenn von schulischem Lernen die Rede ist, ist Vertrauen kein Schlüsselwort.
Ich kann anderen Leuten Vertrauen entgegenbringen. Ich kann aber auch mir und meinen eigenen Fähigkeiten vertrauen. Self efficacy belief nennt Albert Bandura den Glauben an die eigenen Fähigkeiten. Selbstwirksamkeitsüberzeugung heisst das Unwort in der Übersetzung.
Es geht um Wirksamkeit. Und vielleicht wäre es – statt nach dem Ziel – wirksamer zu fragen: Was will ich bewirken? Management by efficacy quasi. Die Abgeschlossenheit und Begrenztheit des Ziels löst sich auf. Und nicht nur das: Was will ich bewirken? Die Antwort auf diese Frage führt weg von der Sache, hin zu mir. Es ist ein wesentlicher Unterschied, ob ich mich frage, «was ist das Ziel?» oder ob ich mich frage, «was will ich bewirken?» Ich werde selber zur handelnden Person. Und ich bringe mich selber ein, mit meinen Gedanken und Gefühlen.

SICH EINLASSEN

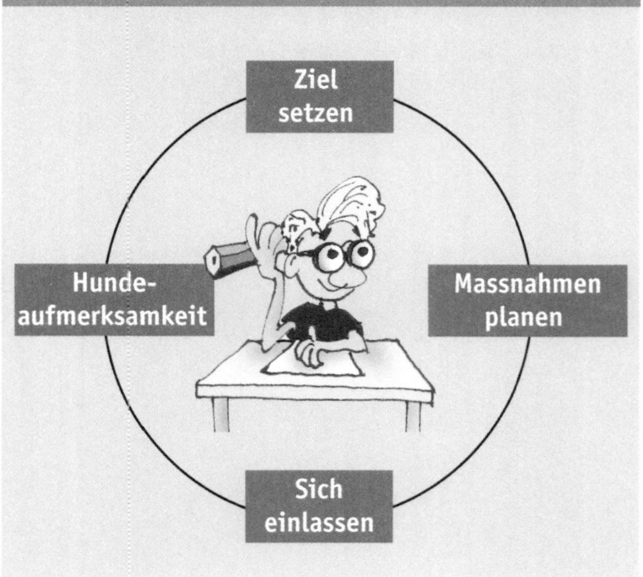

Wer während des Spiels ständig auf die Anzeigetafel schaut, statt auf den Ball, verspielt die Gewinnchancen. Und wer ständig das Ziel fixiert, statt sich auf den Prozess einzulassen, verspielt die Lernchancen. Denn Lernprozesse sind zuerst und vor allem Prozesse des Sich-Einlassens. Lernprozesse verlaufen alles andere als linear und bis in alle Kapillaren hinein planbar. Lernwege sind häufig Umwege. Beziehungsweise: Vermeintliche Umwege! Denn unterwegs gibt es vielerlei zu entdecken. Das macht es erforderlich, von der Zielfixierung abzurücken, die Balance zu suchen und lernend zu floaten im Spannungsfeld von Festhalten und Loslassen, von später und jetzt.

Ein Experiment trägt zur Veranschaulichung bei: Schülern wurde ein bestimmtes Kapitel aus einem Geschichtsbuch vorgelegt. Um die Episode für sie bedeutungsvoller zu machen, wurden sie aufgefordert, den Text nicht nur aus ihrer eigenen Perspektive zu lesen, sondern ihn auch mit den Augen der Hauptperson zu sehen und sich zu fragen, wie sie an ihrer Stelle denken und fühlen würden, oder aus der Perspektive seines Enkels und sich zu fragen, was jener wohl denke und fühle. Eine Kontrollgruppe wurde einfach aufgefordert, den Abschnitt zu lernen. Nach einer gewissen Zeit wurden die Schüler mit einem Test überrascht. Jene Jugendlichen, die die Geschichte aus mehr als einer Perspektive betrachtet hatten, übertrafen die Kontrollgruppe in allen Bereichen. Sie wussten einerseits deutlich mehr und konnten andererseits wesentlich differenziertere Aussagen machen.

Ein anderes Experiment: Studienanfänger erhielten die Aufgabe, aus kleinen, massgefertigten Holzklötzchen eine Brücke über einen imaginären Fluss zu bauen. Ihnen wurde mitgeteilt, dass die Höhe der Brücke über die Grösse der Schiffe entscheiden würde, die den Fluss befahren könnten – also je höher, desto besser. Der Hälfte der Teilnehmer wurde an einigen Beispielen kurz gezeigt, wie sich die Klötze in einer anderen Konstruktionsaufgabe verwenden liessen, um eine möglichst lange Brücke oder einen Turm zu bauen. Die andere Gruppe bekam keine Demonstration möglicher Verwendungsweisen der Klötze. Das Ergebnis ist eindrücklich: Fast alle Teilnehmer (92%), denen man ein Konstruktionsbeispiel gezeigt hatte, verwendeten genau diese demonstrierten Anordnungen, wogegen nur acht Prozent der Gruppe, die keine Beispiele gesehen hatte, solche Konstruktionen verwendete. Die erste Gruppe kam auf zwei Lösungen, die unvorbereitete Gruppe fand deren zehn! (17)

Ein bisschen holzschnittartig zusammengefasst lässt sich feststellen: Schülerhaft («unselbständig» sagt der Duden dazu) Lernende greifen selbst nach kleinen Hilfestellungen wie nach einem Strohhalm.

«Menschen lernen durch das, was sie tun. Wenn sie gegen den Schlaf kämpfen, lernen sie gegen den Schlaf zu kämpfen. Und wenn sie so tun als ob, lernen sie so zu tun als ob.»

Heinz Gruner

Der Wunsch, sicher zu sein, zu wissen, wie es geht, zu wissen, was gefragt ist, ein klares Ziel zu haben, reduziert die Möglichkeiten und lässt die Fähigkeiten verkümmern.

Das Leben per se ist immer mit komplexen Prozessen verbunden, die aufgrund ihrer Einbindung in eine multidimensionale Umwelt nur ansatzweise antizipierbar sind. Lernen heisst somit: Wissen und Kenntnisse im Umgang mit komplexen

Prozessen entwickeln, sich also mit der Dynamik und Offenheit so anzufreunden, dass in ihnen eher eine Chance persönlicher Entwicklung als das Risiko des Versagens gesehen wird. Anders formuliert, sich einlassen heisst: Abschied nehmen vom Mythos der Planbarkeit des Lebens, mit Zuversicht und Optimismus einsteigen in den Zug Richtung Zukunft. Nur: Das ist leichter gesagt als getan. Zuversicht, Optimismus, Glaube an die eigenen Fähigkeiten ... Und was ist mit all den Gefahren und Schicksalsschlägen, die überall auf der Lauer liegen und nur auf mich zu warten scheinen? Auspuffgase, Leute die lachen, wenn ich Fragen stelle, ohne mich abfahrende Züge, einstürzende Häuser, tuschelnde Freundinnen, Diktate, Feuergefechte zwischen Bankräubern und der Polizei, Cholesterin, unlösbare Mathematikaufgaben, weissglühende Bruchstücke russischer Raumsonden, Zeugnistermine – die Liste ist endlos, und nur ein Narr wird sich diesen Gefahren bedenkenlos aussetzen. Nichts da mit «no risk, no fun». Vollkasko-Mentalität ist angesagt.

Wir sind auf dem Weg zu einer Gesellschaft von Pauschaltouristen auf der Reise durchs eigene Leben. Noch fehlt die Annullationskosten-Versicherung. Aber sonst sind wir eingedeckt. Von der Beratungsstelle zur Verhinderung von Krampferscheinungen beim Aufstehen bis zur Selbsthilfegruppe für die Abendgestaltung bei Stromausfall – wahrlich es wird gesorgt für uns. Vom Morgen bis zum Abend. Von der Wiege bis zur Bahre. Eben: Wie Pauschaltouristen, die hinter dem Reiseführer hertrotten und froh sind, wenn ihnen jemand sagt, wohin sie blicken, was sie tun oder lassen sollen. Den eigenen Weg zu finden war schon immer schwieriger, als den ausgetretenen Trampelpfaden der Masse zu folgen. Deshalb wirbeln die meisten Menschen nur Staub auf. Spuren hinterlässt man nur auf Wegen, die keiner ging.

Viele Menschen bewegen sich erst, wenn sie einen Tritt in den Hintern bekommen. Wenn der Arzt die Stirn in Falten wirft, klappt es plötzlich mit dem Verzicht auf die Zigaretten. Wenn die Schulnoten wenig Erbauliches erwarten lassen im Hinblick auf das Zeugnis, setzt wie aus heiterem Himmel ein Motivationsschub ein. Aber häufig ist es dann eben zu spät. Beziehungsweise: Häufig haben sich die Menschen schon damit abgefunden. Sie nehmen an, dass entweder mit ihnen oder mit der Welt etwas nicht stimmt. Und da man in der Auseinandersetzung mit der Welt meist den Kürzeren zieht, ist man praktisch gezwungen, die Ursachen bei sich selbst zu suchen. Das verheisst Unbequemlichkeit. Das entsprechende Rezept: Jetzt nützt es sowieso nichts mehr. Das versetzt sie in die Lage, nach Herzenslust träge zu sein, sich hilflos zu fühlen. Sie liefern sich aus, meistens ihren eigenen Unzulänglichkeiten und Schwächen.

Was aber machen erfolgreiche Menschen, wenn ihnen das Leben einen Kinnhaken verabreicht? Sie fragen sich: «Was lerne ich daraus?» Die Not macht eine Handlung not-wendig. Jedes Ereignis hat das Potenzial, uns zu verändern. Jede Krise ist ein Lernimpuls. «Krisis» steht im Griechischen für Wahl, Entscheidung, Urteil. Krisen sind also keine «Unfälle», sondern Schaltstellen für neue Entwicklungen, für Innovationen. Existenzphilosophisch (Bollnow) heisst das: «Der Mensch verwirklicht seine eigentliche Existenz nur in der Krise und nur durch die Krise. Die kritischen Augenblicke sind die einzig zählenden Augenblicke menschlichen Lebens. Existieren heisst in der Krise stehen.» Eine Krise erfordert «kritische» Entscheidungen. Und «kritisch» meint sowohl eine aussergewöhnliche Situation, als auch eine aufgeklärte Einstellung.

Da also liegt der Unterschied: Aussergewöhnliche Situationen brechen nicht einfach wie Heuschreckenplagen über die Menschen herein. Eine aufgeklärte Einstellung, eine offene und gleichzeitig respektvolle Einstellung lässt mich kritische Situationen erst erkennen. Rechtzeitig. Macht mich handlungsfähig. Nicht das passive Erleiden führt weiter, sondern das «kritische» Handeln. Denn Herausforderungen sind Chancen. Wie gesagt: Jedes Ereignis hat das Potenzial, uns zu verändern. Wenn wir wollen. Das setzt Engagement voraus, innere Präsenz, oder eben, die Bereitschaft und die Fähigkeit, sich einzulassen.
Es gibt keine Entwicklung als Zustand. Entwicklung heisst: unterwegs sein, forschen, suchen, wahrnehmen, debattieren, handeln, anpacken, loslassen. Es geht darum, die Zukunft nicht abzuwarten, sondern sie zu gestalten. Hier und jetzt. Diese persönliche Entwicklung, im Englischen als Empowerment bezeichnet, orientiert sich an der Steigerung der Selbstwirksamkeit und damit am Vertrauen in die eigene Person, in die eigenen Fähigkeiten.
Kolumbus hat sich und seinen Fähigkeiten wohl vertraut, als er den Seeweg nach Indien entdecken wollte. Er stach in See, Richtung Westen. Der Kompass, die Sonne und die Gestirne waren seine Navigationshilfen. Und natürlich der Glaube, dass er auf dem Weg nach Indien sei. Am 12. Oktober 1492 sah er nach zehn Wochen auf hoher See erstmals Land! Was muss das für ein Gefühl gewesen sein – endlich Indien, endlich die «neue Welt» entdeckt zu haben. Eigentlich völlig nebensächlich, dass die Insel, die er entdeckte, gar nicht Indien war, sondern die Bahamas, und dass Kolumbus Zeit seines Lebens daran festhielt, am Ostrand Asiens gelandet zu sein. Das Entscheidende war: dass er überhaupt in See gestochen ist. Er hat seine Herausforderung gesucht und angenommen – und sie bewältigt.

«Es gibt keine Entwicklung als Zustand.»

Unterscheiden statt ausscheiden

Denkmuster prägen das Denken, Fühlen und Handeln. Angenommen, das Muster heisst: Schule ist ein Ort, wo Schülerinnen und Schüler von Lehrenden Wissen vermittelt bekommen, das an Prüfungen abgefragt wird. Dann bleibt das logischerweise nicht ohne Wirkung auf die Beteiligten innner- und ausserhalb der Schule. Schülerinnen und Schüler werden konditioniert, Dinge auswendig zu lernen zum Zwecke der Wiedergabe an Proben und Prüfungen. Sie fristen ein Dasein als Konsumenten und scheiden als Wissens-Exkremente aus, was hineingestopft worden ist.

Ein bisschen moderater ausgedrückt: Sie werden zu konvergentem Denken

(v)erzogen. Konvergente Denkprozesse laufen auf ein richtiges Resultat, eine messbare Grösse, eine bestimmte Menge hinaus. Ob Hauptstadt, Formel oder Vokabel, ob Alter, Jahrzahl oder Name – auf die richtige Lösung kommt es an. Auch das ist ein schulisches Grundmuster: Richtig oder falsch. Und auch dieses Muster prägt Denken, Fühlen und Handeln. Und wie! Es lässt ein Verständnis entstehen von schulischem Lernen als planbares, widerspruchsfreies, berechenbares und damit letztlich triviales Reiz-Reaktions-Verhalten. Erfolg in der Schule wird gleichgesetzt mit: die erwartete Antwort wissen.

Der Blick in die Welt verheisst aber etwas ganz anderes. Sozusagen alle Situationen des Alltages, der Wirtschaft, der Gesellschaft, der Technik, der Kultur, der Familie erfordern ein anderes Denken. Ein divergentes. Divergentes Denken ist mehrdimensional, assoziativ, geht in verschiedene Richtungen, sucht Gemeinsamkeiten und Unterschiede. Wer sein Zimmer neu einrichten will, hat – unter bestimmten Voraussetzungen – eine Vielzahl von Möglichkeiten. Und alle Lösungen sind irgendwie «richtig». Eine Enttrivialisierung der Schule hat folglich auch damit zu tun, divergentes Denken zu fördern.

Das heisst: Schülerinnen und Schüler sollen nicht einfach ausscheiden, was sie an so genanntem Wissen eingelagert haben, sie sollen unterscheiden. Denn: Am Anfang steht die Differenz. «Draw a distinc-

tion» hat George Spencer Brown einmal formuliert. Der Blick richtet sich auf den Unterschied. Und die Aufgabe der Schule besteht gleichsam in der Organisation von Differenzen.
Wenn wir Unterscheidungen vornehmen, fallen uns meist mehr Aspekte an einem Thema auf, und das führt mit einiger Wahrscheinlichkeit zu grösserem Interesse. Wenn also Schülerinnen und Schüler Differenzen zu erkennen versuchen, erzeugen sie neue Kategorien, sind offen für neue Informationen und entwickeln ein implizites Bewusstsein für mehr als eine Perspektive.

Erstes Rezept:
Frage nach den Unterschieden!
Mit der Frage «Welches sind Unterschiede zwischen Napoleon und Hitler?» wird ein qualitativ ganz anderes Denken initiiert als mit der blossen Abfrage zur Person Napoleons. Nehmen die Lernenden Unterscheidungen vor, dann sind diese Unterscheidungen – ihre Unterscheidungen – zwangsläufig relevant für sie. Differenzen zeigen, dass ein Thema kontextuell eingebettet ist. Das lässt darauf schliessen, dass auch andere Kontexte herangezogen werden können.

Zweites Rezept:
Frage nach den Gemeinsamkeiten!
Was für Unterschiede gilt, gilt ohne Abstriche auch für Gemeinsamkeiten. «Welche Gemeinsamkeiten kennzeichnen die Hauptstädte der Schweiz und Deutschlands?» Das löst grundlegend andere Denkprozesse aus als das briefträgergeografische Quizverfahren im Stile von «wie heisst die Hauptstadt Deutschlands?»

Unterscheidungen vornehmen und Gemeinsamkeiten suchen heisst divergentes Denken initiieren. Diese Art zu denken kommt auch in Schwung, wenn die entsprechenden Fragen erst nachträglich gestellt werden. Eine zusätzlich dynamisierende Wirkung hinsichtlich Lernergebnissen und Lernerlebnissen entsteht jedoch, wenn die Schülerinnen und Schüler bereits mit U/G-Fragen* an ein Thema, einen Text, eine Aufgabe herangehen. Sie werden tendenziell interessierter, engagierter und innerlich präsenter sein. Und das kann ja weiss Gott nicht schaden.

**** U/G-Fragen:***
Ein Lehrerkollegium hat sich darauf verständigt, diese Abkürzung zu verwenden für «Fragen nach Unterschieden und/oder Gemeinsamkeiten.»

There is only one success:
To be able to live your life
in your own way.

Der Meister sagt: «Heute ist ein guter Tag, um etwas Aussergewöhnliches zu tun. Zum Beispiel auf dem Weg zur Arbeit auf der Strasse tanzen. Einem oder einer Unbekannten in die Augen schauen und von Liebe auf den ersten Blick sprechen. Dem Chef gegenüber eine Idee vorbringen, mit der wir uns vielleicht lächerlich machen, an die wir jedoch glauben. Ein Instrument kaufen, das wir schon immer spielen wollten, aber nicht wagten.
Die Krieger des Lichts gestehen sich solche Tage zu.
Wir können den Tag auch dazu benutzen, um alte Wunden zu lecken, die immer noch weh tun. Wir können jemanden anrufen, den wir nie wieder anzurufen uns geschworen haben (obwohl wir uns über eine Nachricht auf unserem Telefonbeantworter riesig gefreut hätten).
Heute könnte ein Tag sein, der nicht ins Pensum passt, das wir jeden Morgen aufsetzen. Heute ist jeder Fehler erlaubt und verziehen.
Heute ist ein Tag der Lebensfreude.»

Aus: Coelho, Paulo: Der Wanderer

4

Fit for Life

kurz & bündig

- *Tief greifende Veränderungen prägen den Alltag. Vor diesem Hintergrund heisst das Ziel schulischen Lernens: Fit for Life. Gemeint sind Bereitschaft und Fähigkeit, Herausforderungen anzunehmen und erfolgreich damit umzugehen.*

- *Lebensqualität und Wohlbefinden stehen ganz oben auf der Traktandenliste. Der Weg dazu führt über die Erfahrung in die eigene Wirksamkeit und damit den Glauben an die eigenen Fähigkeiten.*

- *Lern- und Leistungsfreude generieren sich über die Selbsthilfe-Fähigkeit. Das geht einher mit dem ausdrücklichen Anerkennen von Unterschieden anstelle des untauglichen Versuchs, menschliches Verhalten auf ein Mittelmass zu nivellieren.*

Wir leben in einer Welt, in der sich die Dinge laufend verändern. Der Herbst löst den Sommer ab, der Frühling folgt auf den Winter. Die Börsenkurse bescheren den einen ein Riesenvermögen, andere reissen sie ins finanzielle Desaster. Die hochnäsige Swissair kauft in halb Europa marode Airlines zusammen und kurz darauf bleiben die eigenen Vögel der gähnend leeren Kassen wegen flügellahm am Boden. Kaum sind die Visitenkarten gedruckt, hat das Unternehmen Besitzer und Namen gewechselt. Das Grundgesetz des Universums heisst: Veränderung. Die Folgerung: Wir müssen uns daran orientieren, immer wieder mit Neuem fertig zu werden.

Was heisst: Mit Neuem fertig werden? Der Hirnforscher Eric Knudsen in Stanford hat das mit jungen Eulen vorgeführt. Er setzte ihnen Prismabrillen auf, die die Welt verkehrt herum zeigen und brachte so ihre Wahrnehmung durcheinander. Nach drei Wochen hatten sich die Jungtiere daran gewöhnt und fanden sich zurecht. Dann nahm er ihnen die Brillen wieder weg, und sie fanden zurück zu ihrer ursprünglichen Wahrnehmung. Als die Eulen erwachsen waren, konnte Knudsen ihnen die Augengläser auf- und absetzen wie er wollte – die Eulen konnten ihre Sichtweise problemlos umstellen. Tiere dagegen, die die Brillen nicht in der Kindheit, sondern erst im Erwachsenenalter verpasst bekamen, lernten nie, sich daran zu gewöhnen.

«Im Biologieunterricht lehrt man uns das Gesetz der natürlichen Auslese, die Anpassung an veränderte Umstände», konstatiert Andrew Matthews. «Wir lernen beispielsweise, dass ein grüner Käfer in einem braunen Feld in grosse Schwierigkeiten gerät, wenn er seine Farbe nicht ändert. Er kann argumentieren: ‚Das Feld sollte grün sein – schliesslich war es immer grün …' Aber bald gibt es den Käfer nicht mehr. Das Gesetz ist brutal: ‚Passe dich an oder verschwinde!' Es ist schade, dass so wenige Biologielehrer sagen: ‚Merkt euch das – das ist eine Lektion für das Leben: Seid anpassungsfähig.» (21)

«Das Grundgesetz des Universums heisst: Veränderung.»

Dem Käfer geht es nicht anders als den Menschen. Was heute gut ist, kann morgen völlig neben den Schuhen sein. Was heute der letzte Schrei, ist morgen kalter Kaffee. Alles ist in Bewegung. Und immer ein bisschen schneller. Ob wir das gut finden oder nicht. Deshalb: Je früher wir den Wandel lieben lernen, desto unverkrampfter und kreativer gehen wir mit Veränderungen um. Und wir tun gut daran.

«Derzeit besteht ein Missverhältnis zwischen den im Bildungswesen produzierten Qualifikationen und dem Bedarf von Wirtschaft und Gesellschaft nach Qualifikationen», stellt Ingo Richter fest. Er bezieht sich auf die einschlägigen Berichte internationaler Organisationen (Europäische Kommission, OECD, Unesco), die in Reformen des Bildungswesens die wichtigste Voraussetzung für die Weiterentwicklung der westlichen Gesellschaftsform sehen. «Man lernt etwas, was man nicht brauchen kann, und gebraucht wird etwas, was nicht gelernt wird.» Für Richter ist deshalb klar: «Statt des Bildungs- und Berufswissens der traditionellen Schulfächer und Berufe bedarf es einer Grundbildung, die nicht auf Wissen und Qualifikation, sondern auf Verstehen und Erfindungsreichtum, Kompetenz und Urteilsfähigkeit aufgebaut ist. (...) Die Unterrichtsschule soll durch eine modularisierte lebenslang multilokale Organisationsform ersetzt werden, die Lernen und Arbeit miteinander verbindet. An die Stelle der generationsgetrennten, altersbestimmten, funktionsunterschiedlichen Lehrer – Schüler-Beziehung tritt das Peer-Lernen im Gemeinwesen.» Und: «Ausgaben für die Bildung sind nicht Kosten, sondern Investitionen.» (30)

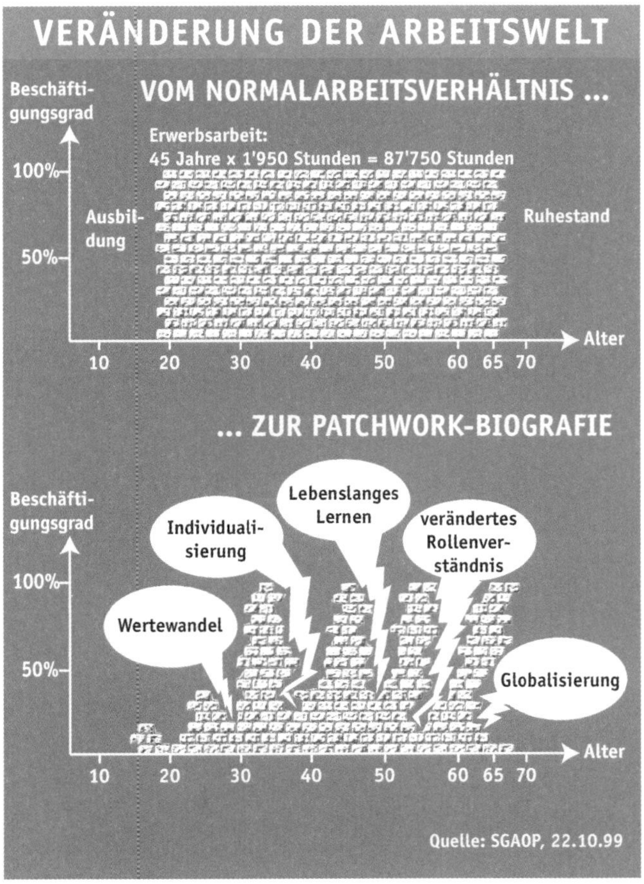

Sogar die Möbel mussten laufen lernen. Vom festen Arbeitsplatz über das Rollbüro zum computerisierten Taschenbüro, das die Menschen in die Lage versetzt, dort zu arbeiten, wo Lösungen gesucht sind – und wo sie Lust haben: Die Mobilität der Erwerbstätigen ist in jeder Hinsicht gestiegen. «Insbesondere die digitale Ökonomie ermöglicht eine bunte, flockige und enträumlichte Arbeitswelt», stellt Peter Gross fest. «Sie fordert aber den Akteuren auch neue persönliche Anstrengungen ab, sich weiterzubilden, ihr Erwerbsleben durch neue Tätigkeitsfelder zu erweitern.» (12)

Glückliche Menschen akzeptieren Veränderungen nicht nur, sie heissen sie willkommen. Denn weshalb sollen sie sich wünschen, dass die kommenden fünf Jahre so werden, wie die vergangenen fünf Jahre waren? Der Spass des Lebens liegt zu einem guten Teil darin, dass alles Mögliche passieren kann. Also, lernen wir mit diesen Unsicherheiten leben, ja, lernen wir sie lieben. Freude an Veränderungen impliziert die aktive Bereitschaft, sich den sich wandelnden Gegebenheiten anzupassen. Mehr noch: es heisst, diese Veränderungen mitgestalten zu wollen. Und es heisst: fit sein für die Zukunft. Fit for life.

Fit erklärt sich in englisch als «well adapted», gut angepasst also. Gemeint ist nicht die Anpassung an einen äusseren Druck. Im Gegenteil: Die Anpassung, von der hier die Rede ist, hat mit vorausschauendem Kalkül zu tun. Mit Antizipation. Und mit Aktivität. Wer fit ist, findet die hilfreichen Hände immer am Ende seiner Arme. Wer fit ist, will gestalten, will wirksam sein, selbstwirksam.

Veränderungsprozesse sind immer auch Lernprozesse. Wer fit sein will fürs Leben, ist mithin lernfähig, lernfreudig, ein freud- und lustvoll lernendes Wesen. Fit zielt also in Richtung Autonomie. Entscheidungen autonomer Menschen werden eher von innen heraus als von aussen beeinflusst. Um zu handeln, müssen sie nicht auf Instruktionen warten.

Doch die Realität sieht anders aus: Zwei Drittel der erwachsenen Bevölkerung der Schweiz haben sich vom Lernen dispensiert. Die Zeitschrift der Berner Erwachsenen-Bildung (Nr. 29/10.01) stellt fest: «In der Schweiz hat die Weiterbildung von Erwachsenen einen geringeren Stellenwert als in anderen europäischen Ländern. Dies zeigen repräsentative Erhebungen des Bundesamtes für Statistik. Im letzten Jahr besuchten 39 Prozent der Bevölkerung mindestens einen Weiterbildungskurs – ein Wert, der schon 1993 errechnet wurde. Damit befindet sich die Schweiz im internationalen Vergleich bestenfalls im Mittelfeld.» Die bildungspolitischen Sonntagsreden zum lebenslangen Lernen sind nicht das Papier wert, auf das sie gedruckt worden sind.

lernbegierig ↑bildungshungrig.
Lerneifer ↑Bildungsdrang.
[1]**lernen**, erlernen, auswendig lernen, memorieren, aufnehmen, sich etwas anlernen / zu Eigen machen / annehmen / aneignen, studieren, Kenntnisse erwerben, sich präparieren, üben, exerzieren, durchexerzieren, trainieren, sich [die Vokabeln o. Ä.] angucken / anschauen · *übertrieben viel:* strebern, ein Streber sein *(abwertend),* stucken *(abwertend, österr.),* pauken *(salopp),* büffeln *(salopp),* ochsen *(salopp)* · *aus eigenen Fehlern:* Lehrgeld zahlen müssen · *einen Beruf von Grund auf:* von der Pike auf lernen; ↑anstrengen (sich), ↑einarbeiten, ↑einprägen, ↑einstudieren, ↑erziehen, ↑lehren; ↑Schüler, ↑Unterricht.
[2]**lernen**: ↑einstudieren; etwas l. ↑werden (etwas); etwas gelernt haben ↑firm [sein].
Lerner ↑Schüler.
Lernhilfe ↑Gedächtnisstütze.
Lernmittel ↑Lehrmittel.
Lernschwester ↑Krankenschwester.
Lernstoff ↑Pensum.

Der Duden macht deutlich, als wes Geistes Kind das Lernen verstanden wird. Und er bringt ein Lernverständnis zum Ausdruck, das geprägt ist von Regelungsdichte und Planbarkeitsmythen, von Abarbeiten und Erledigen. Lernen hat offensichtlich wenig mit Leistungslust und Lebensfreude zu tun. Kein Wunder, dass die Schulfreude mit der Schuldauer fast kontinuierlich abnimmt. Während bei den Acht- bis Zehnjährigen erst 30 Prozent der Knaben und 20 Prozent der Mädchen nicht gerne zur Schule gingen, stank es in den oberen Stufen schon der Mehrheit ganz gewaltig. Und die, die der Schule etwas abgewinnen können, schöpfen ihre Motivation nicht (oder nur selten) aus den Inhalten, sondern orientieren sich an der Herstellung schultypischer Produkte. Noten sind der Hauptanlass zu so genanntem Lernen. (32)

Da verwundert es wenig, wenn Schülerinnen und Schüler tief in die Trickkiste greifen, um im Kommastellen-Fetischismus einigermassen bequem und schadlos über die Runden zu kommen. «Neben dem Abschreiben gibt es zahlreiche andere Formen, das Überleben in Institutionen auf mehr oder weniger legale Weise zu sichern», legt Ingo Richter dar. «Zum Beispiel das berühmte Spicken, das Vorauslernen, das ‚Schleimen', das Vorsagen, die Hilfe der Eltern, das Bestechen, der Kauf von Leistungen auf dem ‚schwarzen Markt'. Es gibt beim ‚Unterschleif' auch so etwas wie eine ‚Ganovenehre': sich nicht erwischen zu lassen, die anderen nicht zu verpetzen, keine falsche Hilfe heimtückisch anzubieten, echte und möglichst erfolgreiche Hilfe zu leisten. Man könnte sagen, dass die ‚Schule der Tugend' gleichzeitig eine ‚Schule der Untugenden' ist. Zeigt sich hier die Kultur der ‚Feuerzangenbowle'? Ist es die ‚Rache des gesunden Menschenverstandes'? Ist es gar notwendiger Widerstand gegen die ‚totale Institution'?» (30)

«Die Schule ist für die meisten Kinder die Initiation in eine Lage, in der sie spüren, dass es auf sie nicht ankommt.»

Peter Sloterdijk

Quer- und Längsschnittuntersuchungen mit Schülern verschiedener Klassenstufen zeigen, «dass das durchschnittliche Interesse an den Inhalten der Schulfächer im Verlaufe der Schulzeit scheinbar unaufhaltsam absinkt. Dieser negative Trend ist bereits in der Grundschule zu beobachten.» Die Forschungsarbeiten machen deutlich, «dass die Lernfreude zunächst stark ansteigt und dann im Laufe der Grundschulzeit kontinuierlich absinkt. Noch deutlicher ist der Interessenverfall in den Klassen der Sekundarstufe I.» (27) «Die Schule», so Peter Sloterdijk, «ist für die meisten Kinder die Initiation in eine Lage, in der sie spüren, dass es auf sie nicht ankommt. Sie ist ein Impfprogramm, bei dem Kränkungen verabreicht werden, bis man alle Kränkungen durchgemacht hat – dann kriegt man sein narzisstisches Abiturzeugnis. Die Botschaft heisst: Was immer du von dir selber halten magst, so wichtig bist du nicht. An solche Experimente erinnert man sich nicht gerne.» (35) Kein Wunder, kommt er zum Schluss, dass Schule etwas sei, das man für immer hinter sich haben möchte.

Und tatsächlich: Lernen hat zumeist den Nimbus von mühsam und schwer. Bleiern liegt es in der Luft und drückt die Lernenden in ihre Stühle, zwingt sie vor ihre Bücher, raubt ihnen die Freude. Lernen riecht nach «büffeln», nach «Krampf». Da kann nicht viel Gutes dabei herauskommen. Wie bei jenen, die nicht zur Arbeit, sondern malochen oder krampfen gehen. Krampf hat etymologisch etwas mit «krumm, gekrümmt» zu tun. Da zieht sich etwas krampfhaft zusammen, verursacht Schmerzen. Ein Krampf tut weh. Und Peter Sloterdijk hat – auch so gesehen

– Recht: Krampf ist wirklich etwas, das man hinter sich haben möchte. Für das Volk der gequälten Krampfer in Schulen und Fabriken verkündet das Radio jeweils schon vom Donnerstag an, bald sei Wochenende. Jupiii! Endlich! Der K(r)ampf um Freizeit und Ferien lässt keinen Zweifel aufkommen: Der Arbeit und der Schule gilt es zu entrinnen.

Das Elend begann mit der Vertreibung aus dem Paradies: «Im Schweisse eures Angesichts sollt ihr euer Brot essen» lautete fortan das Alltagsmotto für die geplagte Menschheit. Und auch das neue Testament machte die Sache nicht leichter: «Wer nicht arbeiten will, soll auch nicht essen», heisst es dort bei Paulus. Dieser Satz gefiel Lenin so sehr, dass er ihn in die erste sowjetische Verfassung schreiben liess. Allerdings war von «wollen» nicht mehr die Rede. Arbeit hat in der Zivilisationsgeschichte einen dramatischen Bedeutungswandel erfahren. Die Trennung in eine Arbeitszeit und eine Freizeit äussert sich in der klassenkämpferischen Rhetorik als Dauerkleinkrieg zur Reduktion der Arbeitszeit. Das heisst in letzter Konsequenz: Arbeit ist schlecht. Sie muss abgebaut werden. Denn fast alles, was wir in der heutigen Zivilisation abbauen wollen, hat den Nimbus des Schlechten: die Umweltbelastung, die Müllhaufen, die Ozonwerte. All diese Dinge sind schädlich. Auch die Arbeit ist es. Weshalb sonst wird sie ent-schädigt …?

Die Sprache korrumpiert die Arbeit. Im Griechischen ist das Wort «Arbeit» identisch mit jenem für Mühe und Anstrengung. Das deutsche Wort geht auf ein indoeuropäisches für Feld oder Acker zurück, weist damit aber ebenfalls auf harte Anstrengung und Entbehrung hin. Und das französische «travail» basiert auf «tripalus», zurückgehend auf das lateinische Wort für «quälen». Kurz: Die Sprachen betreiben ein veritables Begriffsmobbing. Und das bleibt logischerweise nicht ohne Einfluss auf die parabewusste Wahrnehmung der Arbeit. In einer Untersuchung fanden jedenfalls bereits fünf- bis zehnjährige Kinder vorwiegend negative Assoziationen zu «Arbeit». Keine Frage, wie die sie umgebende Erwachsenenwelt ihren Arbeitsalltag wohl darzustellen pflegt. Es ist ein wahrer Teufelskreis, der auf diese Weise in Gang gesetzt wird: Weil der (Arbeits)Alltag als anstrengend und unbefriedigend zugleich dargestellt und wahrgenommen wird, hofft man auf die Freizeit, die nicht anstrengen, sondern befriedigen soll und gerade deswegen enttäuscht, so dass, zurück im Alltag, nichts bleibt als die leere Hoffnung, beim nächsten Mal werde alles besser. Wird es meist nicht! Denn je radikaler die Freude aus der Arbeit in die Freizeit verbannt wird, desto grauer und freudloser der Alltag und desto öder die Unterhaltung. So schliessen sich letztlich unbefriedigende Arbeit und unbefriedigende Freizeit zu einem unbefriedigenden Alltag zusammen. Übrigens: Das Wort «Arbeit» kann durch «Schule» ersetzt werden …
Doch alles könnte auch ganz anders sein. Was hindert mich daran, am Morgen

eine Stunde früher aufzustehen als ich eigentlich aufstehen müsste? Ich nehme mir Zeit für mich, pflege mich, gönne mir ein bisschen geistige und/oder körperliche Bewegung und antizipiere den Tag bei einem schmackhaften Frühstück. Wer hindert mich daran, aus diesem Tag einen besonderen Tag zu machen? Fröhlich pfeifend mit einem Lachen im Gesicht verlasse ich das Haus. Am (Schul)Arbeitsplatz angekommen, begrüsse ich die Kolleginnen und Kollegen fröhlich und freundlich. Ein gutes Wort hie, ein Scherz da. Und dann will ich mich am Abend über etwas freuen können, das ich neu gelernt habe, das mich einen Schritt weitergebracht hat, das ich entdeckt habe. Ich mache mich nützlich – für mich, für andere. Etymologisch gesehen ist «Nutzen» das gleiche Wort wie «geniessen». Ich geniesse meine Zeit, meine Arbeit, indem ich mich nützlich mache, indem ich aktiv bin, engagiert, innerlich präsent. Kurz: ich will gut sein, mich gut fühlen. Wer zum Teufel hindert mich daran? Wohlbefinden generiert sich nicht aus Kampf und Krampf. Wohlbefinden resultiert aus Freude an der Arbeit, Freude am Lernen, Freude an der Leistung. Freude ent-krampft. Wir müssen aufhören, gegen alles anzukämpfen. Wenn wir gegen das Leben ankämpfen, gewinnt immer das Leben. Wir müssen unser Denken entspannen, loslassen – und uns einlassen, auf das, was kommt. Sich einlassen ist ganz etwas anderes als sich ausliefern. Sich einlassen heisst: sich Raum geben, offen sein. Noch einmal: Wer zum Teufel hindert mich daran?

Die Pfadibewegung Schweiz umschreibt die Beziehung zur Persönlichkeit mit: Selbstbewusst und selbstkritisch. «Wir gestalten unser Leben mit Freude und Optimismus. Dabei bilden wir uns eine eigene Meinung, übernehmen Verantwortung für uns selbst und gestalten unser Leben selbständig. Dennoch hinterfragen wir unsere Taten und Gedanken selbstkritisch. Wir nehmen Einfluss auf unsere Umgebung und gehen mit Selbstvertrauen auf andere zu. Die Pfadibewegung bestärkt uns darin, uns unserer Möglichkeiten bewusst zu werden, sie zu entwickeln und auf sie zu vertrauen. Dazu gehört auch, dass wir unsere Grenzen kennen und sie akzeptieren lernen. Dies fördert ein gesundes Selbstbewusstsein, das es uns erlaubt, dem Leben mit all seinen Geheimnissen zu begegnen.» (41)

«Literacy» heisst ein Stichwort dazu. Die Fähigkeit zu lesen ist damit gemeint. Lesen aber nicht als Technik des Aneinanderreihens von Buchstaben. «Lesen als Disziplin schreitet fort von der Erkennung kleiner schwarzer Zeichen als Einzelbuchstaben, die mit bestimmten Lauten korrespondieren, zum blitzartigen Erkennen von Wörtern und Sätzen mit ihrem gradlinigen oder verschachtelten Aufbau, zur Einsicht in die im Text verborgenen Bedeutungen und zugrunde liegenden Annahmen und angespielten Zusammenhänge, zur Auffassung der gegebenen Weltsicht und schliesslich zur aktiven Auseinandersetzung und möglicherweise zur Übernahme von gelesenen Bedeutungen in den Zusammenhang des

eigenen Denkens und Lebens.» (33).
Das alte logische Verfahren, demzufolge der Sinn eines Satzes an der Übereinstimmung mit allgemein anerkannten Regeln der Syntax gemessen wird, erweist sich bei näherem Hinsehen als unbefriedigend. Wir können einen Computer mit den kompliziertesten grammatikalischen Regeln und dem reichhaltigsten Vokabular füttern, und er wird trotzdem einen einfachen Kinderreim nicht verstehen. Das Verstehen einer Sprache lässt sich nicht auf die Übersetzung von einem Code in einen anderen reduzieren.

Nun, was für das Lesen von Texten gilt, gilt in Analogie genauso für das «Lesen» der Welt um mich herum. Das meint «Literacy». Mit Sinnen zum Sinn. Diese Art von «Lesen» findet häufig zwischen den Zeilen statt. Und der Sinn steht hinter den Buchstaben. Wer einen Text mechanisch abarbeitet, dem bleiben die wesentlichen Dinge verborgen. Auf einen Text muss man sich einlassen. Und nicht nur auf einen Text – auch aufs Leben: Wer sich einlässt, bleibt nicht vor der Türe stehen (oder vor dem Text sitzen), sondern geht hinein, dringt vor. Wer sich aufs Leben einlässt, begibt sich mitten ins Leben. Wer sich aufs Lernen einlässt, entdeckt, sucht, erkennt, erlebt. Lernen kennt kein Ankommen. Es ist ein lustvolles Unterwegssein. Lernen ist kein Ort, wo man ankommt. Lernen ist eine Art zu reisen.

Aber eben: Lernen ist keine Pauschalreise mit fixem Programm zu fixen Kosten, wo der Fensterplatz «im bequemen Reisecar» oder die Grösse des Schnitzels beim Nachtessen «im gemütlichen Mittelklasshotel» die einzigen Unterschiede bilden. Gemeint ist die Individualreise. Damit verbindet sich die Freiheit, vor Ort entscheiden zu können, ob ich an einem Programm teilnehme oder auf eigene Faust entdecken will. Das erfordert die Bereitschaft, sich zu orientieren, sich zu verständigen, sich zu entscheiden. Und das wiederum gründet auf einer Portion Optimismus, Mut, Zuversicht und Vertrauen – in sich und in seine Fähigkeiten. Es ist das Ergebnis eines Paktes mit sich selber: Was auch kommt, ich schaffe es. Und es geht von der Erkenntnis aus: Die einzige Sicherheit liegt in mir selbst – überall sonst ist sie ein Mythos. Die sichere Stelle, der sichere Flug, die sichere Geldanlage, die sichere Beziehung – alles Mythen. Wenn ich Sicherheit suche, dann bei mir. An mir weiss ich, was ich habe.

Selbstwirksamkeit

Lebensqualität – das sind wir selber. Denn wir selber konstruieren unser Glück – oder unser Unglück. Eine kleine Geschichte aus Paul Watzlawicks «*Anleitung zum Unglücklichsein*»: «Ein Mann will ein Bild aufhängen. Den Nagel hat er, nicht aber den Hammer. Der Nachbar hat einen. Also beschliesst unser Mann, hinüberzugehen und ihn auszuborgen. Doch da kommt ihm ein Zweifel: Was, wenn der Nachbar mir den Hammer nicht leihen will? Gestern schon grüsste er mich nur so flüchtig. Vielleicht war er in Eile. Aber vielleicht war die Eile nur vorgeschützt, und er hat etwas gegen mich. Und was? Ich habe ihm nichts angetan; der bildet sich da etwas ein. Wenn jemand von mir ein Werkzeug borgen wollte, ich gäbe es ihm sofort. Und warum er nicht? Wie kann man einem Mitmenschen einen so einfachen Gefallen abschlagen? Leute wie dieser Kerl vergiften einem das Leben. Und dann bildet er sich noch ein, ich sei auf ihn angewiesen. Bloss weil er einen Hammer hat. Jetzt reichts mir wirklich. – Und so stürmt er hinüber, läutet, der Nachbar öffnet, doch bevor er ‚guten Tag' sagen kann, schreit ihn unser Mann an: ‚Behalten Sie Ihren Hammer, Sie Rüpel!» (37)

«Wer Probleme sieht, zieht Probleme an.»

Wer Probleme sieht, zieht Probleme an. Die Nachbarn werden ihm keinen Hammer geben, der Vorgesetzte wird ihn schikanieren, die Freundin wird ihn verlassen, die Kinder werden undankbar sein. Die Ereignisse sind eine Folge der Erwartungen. Wer immer sich beim Jammern, Meckern, Lamentieren erwischt, kann sich ja mal die Frage stellen: Welche Probleme will ich eigentlich damit an Land ziehen? Keine? Dann ist der Entscheid einfach: das Thema wechseln! Das ist im Zweifelsfalle das sinnvollste Verhalten, wenn einem nichts Gescheiteres einfällt. Noch besser allerdings wäre es wohl, an Möglichkeiten statt an Probleme zu denken. Mit anderen Worten: Die Lebensqualität verbessert sich entscheidend, wenn wir an unseren Gedanken arbeiten. Denn unsere Gedanken bestimmen, wie wir die Welt sehen (wollen). So einfach ist das. Und so wirkungsvoll.

Wie wichtig allein der Glaube ist, etwas kontrollieren, etwas bewirken zu können, zeigte sich eindrücklich in einem Experiment über «Urban Noise» (Glass und Singer 1972). Versuchspersonen, die sehr lauten Geräuschen ausgesetzt waren, erbrachten nachher bessere Leistungen, wenn sie den Lärm mit einem Knopfdruck abstellen konnten, als solche, die dem Lärm hilflos ausgesetzt waren. Aber interessanterweise zeigten auch jene Versuchspersonen die gleich guten Leistungen, denen man gesagt hatte, sie könnten durch Drücken eines Knopfes den Lärm abstellen. Man sähe es aber lieber, wenn sie es nicht täten. Keine der Personen benutzte dann die Möglichkeit, den Knopf zu drücken – es hätte auch nichts genützt, denn die Knöpfe waren reine Staffage. Also: der blosse Glaube, den Lärm abstellen zu können, führte zu den guten Leistungen.

Das Schlüsselwort heisst: Selbstwirksamkeit. Self efficacy. Beziehungsweise: self efficacy belief – der Glaube an die eigenen Fähigkeiten. Und der Name dahinter: Albert Bandura, Professor an der Stanford University. Seine Theorie geht davon aus, dass jeder Mensch subjektive Wahrnehmungen bezüglich seiner Fähigkeiten und Ressourcen hat, die sein Denken, Fühlen und Handeln massgeblich beeinflussen. Bin ich überzeugt, einer Situation gewachsen zu sein, werde ich anders an die Sache herangehen, als wenn ich mich schon kläglich scheitern sehe. Das ist einleuchtend, das ist plausibel – und das ist spätestens mit Blick auf die eigene Biografie nachvollziehbar: Der Mensch strebt Zeit seines Lebens danach, sein Leben möglichst selbst zu bestimmen. Und sein Glaube an die entsprechenden Kompetenzen ist der Humus, auf dem die Bäume des Erfolges in den Himmel wachsen. Wer mit der Überzeugung dem Leben entgegentritt, selber wirksam zu sein, hat, wie man so schön sagt, die Sache im Griff. Und wer sein Leben unter seiner Kontrolle hat, fühlt sich in der Lage, der Zukunft mit einer gewissen Gelassenheit entgegenzusehen. Das wiederum eröffnet Möglichkeiten und gewährt Spielräume, sich proaktiv auf Herausforderungen einzulassen.
Menschen, die die eigene Selbstwirksamkeit hoch einschätzen, empfinden schwierige Aufgaben eher als eine Herausforderung. Sie können sich für ihre Vorhaben nachhaltig einsetzen und reagieren auf eintretende Schwierigkeiten mit vermehrter Anstrengung. Diese Selbsteinschätzung macht sie zugleich weniger anfällig für Stress oder Depressionen. Im Gegensatz dazu lassen fehlende Selbstbestimmung und damit fehlende (Selbst)Kontrolle das würgende Gefühl des Ausgeliefertseins hochkommen, verbunden mit entsprechenden Ängsten, mit Apathie, mit Verzweiflung. Menschen, die dazu neigen, ihre Fähigkeiten gering zu schätzen, meiden schwierige Aufgaben oder empfinden sie gar als Bedrohung. Dementsprechend sind ihre Lebensziele eher niedrig gesteckt oder überhaupt nur sehr diffus vorhanden.

«Der Mensch strebt Zeit seines Lebens danach, sein Leben selbst zu bestimmen.»

Selbstwirksamkeit umschreibt die subjektive Gewissheit, neue oder schwierige Anforderungssituationen aufgrund eigener Kompetenzen bewältigen zu können. Sie beeinflusst dabei allgemein das Denken, Fühlen und Handeln sowie – in motivationaler Hinsicht – Zielsetzung, Anstrengung und Ausdauer eines Menschen. Selbstwirksamkeit ist – genauso wie die Vielfalt der Fähigkeiten eines Menschen – eine veränderbare und dynamische Grösse. Die positiven Selbstwirksamkeitserfahrungen und die damit einhergehenden positiven Bestärkungen bilden die beste Grundlage, sich auch zukünftigen Aufgaben mit Phantasie und der nötigen konstruktiven Ausdauer zu nähern. Mit anderen Worten: Eine Erhöhung der Selbstwirksamkeit korrespondiert mit grösserer Lern- und Leistungsfreude. Und umgekehrt.

Die Schulreformen der letzten Jahrzehnte hatten jedoch in immer stärkerem Masse Strukturen im Visier, deren Angriffspunkte verhältnismässig weit weg vom Individuum entfernt sind. Und je mehr sich die Schule ändern wollte, desto unerbittlicher sind die Probleme des Lernens dieselben geblieben. Anders gesagt: Wenn die Betonplatten des Unterrichts gelockert wurden, zeigte sich der brodelnde Untergrund, manifestierte sich, dass der Individualität des Lernens mit noch so ausgefeilten Einheitsmustern nicht beizukommen ist. Die rigiden Strukturen der durch alle Böden hindurch verwalteten Schule führten zu einer überbordenden Bürokratisierung der Organisation, zur Fremdbestimmung des Lernens und Lehrens und in der Folge, direkt oder indirekt, zu Passivität, Initiativlosigkeit und Demotivierung.

Selbstwirksamkeitsüberlegungen eröffnen dagegen neue Perspektiven für schulisches Lernen. Denn eigentlich – so müsste man mindestens meinen – stehen ja die Lernenden mit ihren individuellen Kompetenzerfahrungen im Zentrum. Kurt Reusser bringt es deshalb auf den Punkt: «Wenn Schüler in den ihnen zugestandenen Autonomiespielräumen erleben, dass sich über Anstrengung und durch den Einsatz von Wissen und Strategien Anforderungssituationen kontrollieren und bewältigen lassen, führt dies nicht nur zu tiefer Befriedigung und fortdauerndem Leistungswillen, sondern langfristig auch zu einer günstigen Entwicklung ihrer Selbstwirksamkeitsüberzeugungen und des Motivs, ein lebenslang Lernender zu bleiben.» (29) Mit anderen Worten: Selbstwirksamkeit ist ein Synonym für (Lern)Erfolg. Wohlan denn!

Die Fähigkeit zum Lernen ist in der Wissensgesellschaft ganz oben auf die Wunschlisten gesetzt worden. Das heisst: Der Blick auf das Individuum bleibt nicht an seiner Situation und seinem Potenzial hängen, sondern führt weiter zur Frage, mit welchem Esprit es seine Kompetenzen und damit seine Möglichkeiten erweitert. Man kann dabei ruhig davon ausgehen, dass Engagement, Ausdauer, forschende Neugier und Leistungsbereitschaft mit Selbstwirksamkeit korrelieren. Ein hohes Vertrauen in die eigenen Fähigkeiten führt zu grösserer Flexibilität, Resistenz gegen negative Rückmeldungen und verbesserter Performanz.

«Die Forschung hat gezeigt», so Wolfgang Edelstein, «dass positive Überzeugungen eigener Wirksamkeit in pädagogischen Institutionen nicht nur die Leistungen von Schülerinnen und Schülern dauerhaft verbessern können, sondern auch die Gesundheit und Berufszufriedenheit

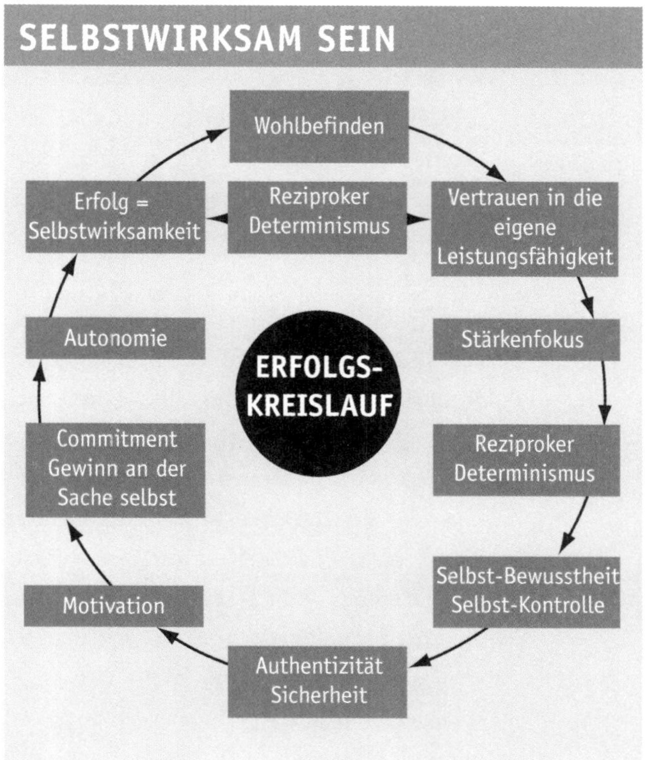

von Lehrerinnen und Lehrern, das Organisationsklima der Institutionen und die Aktivität und Bereitschaft zur Verantwortungsübernahme der Mitglieder günstig beeinflussen.» Schön und gut. Realität ist aber, so Edelstein: «Die institutionelle Struktur der Schule hat vielmehr zur Verfestigung der Organisation, zur Fremdbestimmung des Lehrens und Lernens und zur Einschränkung der Aktivität der beteiligten Personen geführt. Damit gehen Prozesse frühzeitigen Ausbrennens der Lehrerschaft, Entmotivierung und Passivität der Schüler, Beeinträchtigung der pädagogischen Produktivität schulischer Arbeit insgesamt einher.» (8)

Der Glaube an die eigenen Fähigkeiten und die Überzeugung, einer Aufgabe gewachsen zu sein, lässt Menschen anders in die Zukunft schauen, als jene, die sich ausgeliefert fühlen – ausgeliefert anderen Menschen, Systemen und ... sich selber, den eigenen Schwächen und Unzulänglichkeiten. Verständlich, denn die Selbstwirksamkeitserwartungen beeinflussen unser Verhalten, unser Denken und Fühlen, unsere Motivation und unser Durchhaltevermögen. Wer eine Situation als nicht beeinflussbar erlebt, meidet sie oder reagiert mit Angst oder Aggression. Wer aber glaubt, über die nötigen Kompetenzen zu verfügen, ist bereit, Herausforderungen anzunehmen und mit grösserem Engagement und mit mehr Beharrlichkeit und Kreativität an die Dinge heranzugehen. Wir leben in einer Zeit, in der sich der schnellste und tief greifendste Wandel in der Geschichte der Menschheit vollzieht. Er ist nicht nur grundlegender als je zuvor, er erfolgt innerhalb von Jahrzehnten und nicht mehr von Jahrhunderten. Das Leben unter diesen neuen Bedingungen erfordert andere Denk- und Handlungsweisen. Einem Dorfbewohner aus dem Mittelalter stünden in der modernen Wissensgesellschaft alle Haare zu Berge. Die Muster von gestern taugen nicht mehr für heute. Und schon gar nicht für morgen. Die (jungen) Menschen heute tun wohl gut daran, sich auf mehr Selbständigkeit und Eigenverantwortung einzustellen. Selbsthilfe-Fähigkeit heisst das entsprechende Stichwort.

Das Gleichnis der Schnecke macht deutlich, wovon die Rede ist. Stösst man einer Schnecke auf ihr Fühlhorn, zieht sie es zurück und wartet danach einige Zeit, bevor sie es wieder ausstreckt. Je öfter sich das wiederholt, desto länger werden die Zeiträume, ehe sie sich wieder zu regen wagt. Wenn sich die Erfahrungen häufen, kapselt sich die Schnecke zunehmend ab. Dem Menschen gehe es, so Max Horkheimer und Theodor W. Adorno, in vergleichbarer Situation nicht anders. Sie ziehen den Schluss, dass «jede partielle Dummheit eines Menschen» einen Punkt bezeichne, an dem er «gehemmt anstatt gefördert wurde». Und weiter: «Die entfalteteren Tiere verdanken sich selbst der grösseren Freiheit, ihr Dasein bezeugt, dass einstmals Fühler nach neuen Richtungen ausgestreckt waren und nicht zurückgeschlagen wurden.» (1) Anders gesagt: Wer laufend eins aufs Dach kriegt, wird sich wohlweislich hüten, sich in die vorderste Reihe zu setzen. Nichts da mit «wer wagt, gewinnt». Dann schon eher: «Wer nichts macht, macht auch keine Fehler.» Glücklicherweise finden etliche aus der Knetmasse fachcurricularen Durchschnitts-Verhaltens auf einem anderen Terrain (sprich: ausserhalb der Schule) Möglichkeiten, das Fühlhorn auszustrecken, damit ihnen die eigenständige Produktivität nicht vollends «ausgetrieben» (Adorno) werden kann und sie sich nicht implizit bis zur Selbstentfremdung «benutzt» (Nietzsche) fühlen müssen. Denn wer so fühlt, fühlt sich ausgeliefert, wehrlos gefangen im übergestülpten Schneckenhaus der Verhaltensmuster.

Regisseur auf der Bühne des eigenen Lebens wird eher, wer Gelegenheit hat, Vertrautheit mit und Vertrauen zu sich selbst zu entwickeln. Und das wiederum setzt voraus, sein virtuelles Fühlhorn nach neuen Richtungen auszustrecken und sich entsprechend selbst wirksam zu erfahren. Nicht Verhinderungs-, sondern Ermöglichungsstrukturen sind mithin gefragt. Das geht einher mit dem ausdrücklichen Anerkennen von Unterschieden, anstelle des untauglichen Versuches, menschliches Verhalten auf ein Mittelmass zu nivellieren. Wer Unterschiede akzeptiert, gibt sich die Möglichkeit, Vielfalt zu erkennen. Das macht es möglich, den Fokus zu richten auf individuelle Stärken. Und das wiederum erhöht die Wahrscheinlichkeit persönlichen Erfolges. Dagegen kann nur etwas haben, wer erfolglose Schüler braucht, damit die jahresüblichen Notendurchschnitte sich berechnen und belegen lassen. Wer im Rufe steht, strenge Noten zu machen, braucht entsprechend mehr durchschnittliche oder mehr erfolglose Schüler. Am liebsten beides. Grüsse aus dem Schneckenhaus …

Verbindlichkeit in Offenheit

Holzschnittartig zusammengefasst bedeutet Fit for Life: An die eigenen Fähigkeiten glauben. Und diese Fähigkeiten laufend entwickeln. Oder eben: My own way to success. Wenn das mehr sein soll als pädagogische Fortschrittsrhetorik, müssen die Settings so gestaltet sein, dass der einzelne Schüler, die einzelne Schülerin im Zentrum der jeweiligen Entwicklung steht. Bei Lichte besehen geht es ja gar nicht anders. Konsequenz: Schulische Verteil- und Verfahrenspläne, die darauf ausgerichtet sind, die Individualität der Menschen auf ein fachcurriculares Vergleichsmass zu justieren, zielen mit höchster Präzision meilenweit am Ziel vorbei.

Die Förderung der Selbstwirksamkeit im Verbund mit der Entwicklung relevanter Kompetenzen macht es nötig, die Systemgrenzen zu öffnen. Letztlich bestimmen die Lernenden ohnehin selber über den Grad ihrer inneren Präsenz oder ihrer inneren Emigration. Etwas anderes zu glauben wäre naiv. Also, wenn schon Selbstbestimmung, dann richtig und ehrlich. Konkret: Schülerinnen und Schüler übernehmen die Regie für die Gestaltung ihrer Arbeitsprogramme.

Der Stundenplan der Lernenden ist ... leer. Immer gegen Ende der Woche setzen sie sich mit ihrem Coach zusammen und besprechen ihr Programm der nächsten Woche. Dabei berücksichtigen sie allfällige fixe und/oder kollektive Programmpunkte. Dazu können – je nach Offenheit des Systems – fachliche Trainings, Kurse oder eben Lektionen irgendwelcher Art gehören. Das macht freilich nur einen Teil – und zwar den kleineren Teil – der wöchentlichen Arbeitszeit aus. Über das Gros der Zeit verfügen die Lernenden

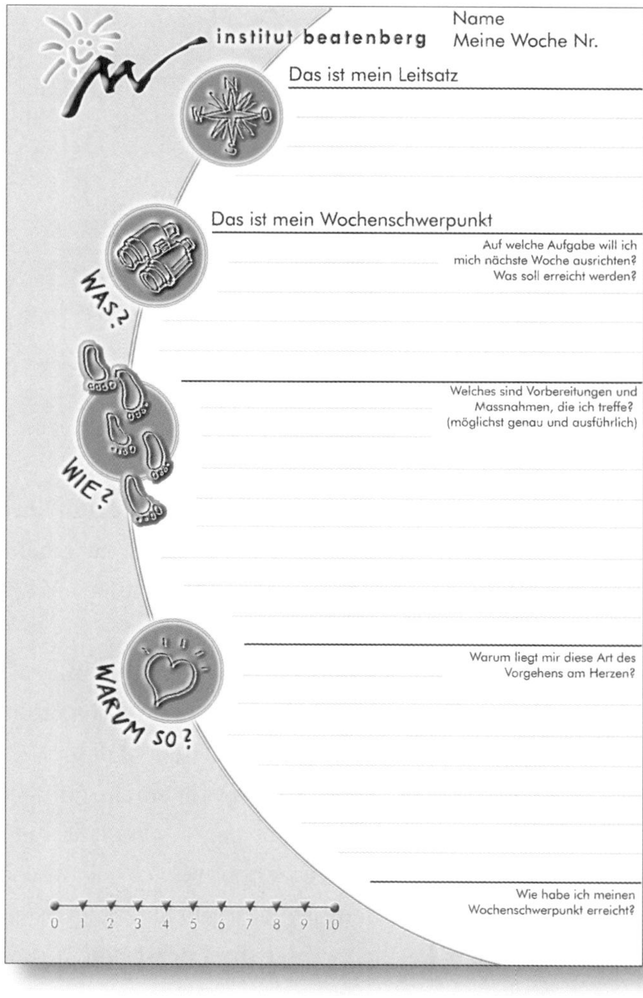
institut beatenberg
Name
Meine Woche Nr.
Das ist mein Leitsatz
Das ist mein Wochenschwerpunkt
Auf welche Aufgabe will ich mich nächste Woche ausrichten? Was soll erreicht werden?
WAS?
Welches sind Vorbereitungen und Massnahmen, die ich treffe? (möglichst genau und ausführlich)
WIE?
Warum liegt mir diese Art des Vorgehens am Herzen?
WARUM SO?
Wie habe ich meinen Wochenschwerpunkt erreicht?
0 1 2 3 4 5 6 7 8 9 10

Mittels eines «Layouts» organisieren sich die Schülerinnen und Schüler ihren Erfolg. Die Vorderseite dient dazu, Akzente zu setzen. Der Wochenschwerpunkt (was?) wird proaktiv in Schritte gegliedert (wie?). Die Auseinandersetzung mit der eigenen Arbeit (warum so?) bildet die Basis von Selbststeuerung. Und die Skalierung zeigt am Ende der Woche den Grad der Zielerreichung.

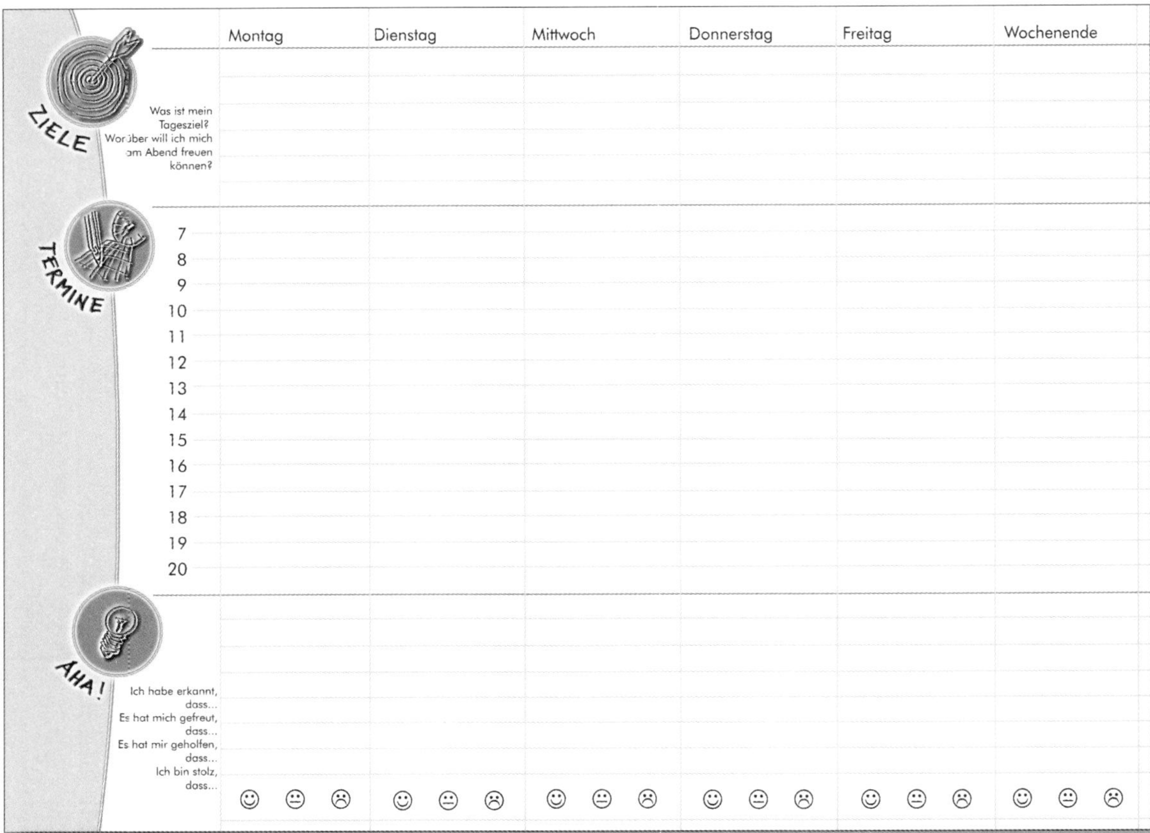

Die Innenseite enthält den Stundenplan – der keiner ist. Die Lernenden gruppieren um ein paar wenige Fixpunkte herum ihr eigenes ü
Coach. Die (emotionale) Klammer dazu: Sich am Morgen fragen, worüber man sich am Abend will freuen können und entsprechend Bilanz ziehen.

selber. Sie teilen sich aber nicht nur ihre Zeit selber ein, sie haben auch zur inhaltlichen Gestaltung ein gewichtiges Wort mitzureden.

Damit das Ganze nicht irgendwo im Frust oder in der Beliebigkeit endet, braucht die Offenheit Verbindlichkeiten. Diese Verbindlichkeiten können allgemein gültiger Art sein: Regelung der – allenfalls gleitenden – Arbeitszeiten, gemeinschaftliche Anlässe, Beiträge und Pflichten zugunsten der Lerngemeinschaft. Zuerst und vor allem sind Verbindlichkeiten aber eine persönliche Angelegenheit. Die Lernenden vereinbaren mit ihren Coaches (und mit sich) die kurz- und mittelfristigen quantitativen und qualitativen Aspekte ihrer Arbeit. Ein hoher Grad an Schriftlichkeit zwingt dazu, sich präzis und unzweideutig auszudrücken. Das minimiert das Risiko einer bequemen Flucht durch die Hintertüre.

Mittelfristige Schwerpunkte ebenso wie die wöchentlichen Big Points machen es erforderlich, sich zu entscheiden. Die Schülerinnen und Schüler lernen mithin, Wichtiges von weniger Wichtigem zu unterscheiden. Sie lernen, sich proaktiv mit ihrer Arbeit auseinanderzusetzen. Und sie lernen, das, was sie tun oder zu tun gedenken, zu reflektieren. Diese Reflexion wiederum ist Basis für die Selbststeuerung.

Wöchentlich formulieren die Lernenden mindestens drei Erfolge. Formulieren heisst: eine Form geben. Nebulöse Gedankenwolken werden auf den Boden geholt und sprachlich dingfest gemacht. Wichtig: Erfolge sind nicht gute Noten, nicht Lob, nicht Schulterklopfen. Erfolge sind Kompetenzerfahrungen. Erfolge sind jene Gefühle, die sich einstellen, wenn Hindernisse überwunden werden. Die Formulierung von Erfolgen kann beispielsweise mit dem Wort «obschon» beginnen: «Obschon ich Angst hatte, habe ich …» Mit der Schriftlichkeit erhalten die Erfolge eine Gestalt. Sie überdauern damit den Moment und sind wichtige Beweismittel im Prozess gegen die erlernte Hilflosigkeit. (23)

Die Rückseite ist vorab den Erfolgen gewidmet. Regelmässig zu formulieren, was gelungen ist, fördert das Vertrauen in die eigene Wirksamkeit. Daraus lassen sich Strategien ableiten. Und das Feed-Forward des Coaches ist ein lösungsorientierter Blick nach vorne. Weitere Informationen zum Layout (praktische Anwendung und theoretischer Hintergrund): Müller, Andreas: Lernen steckt an. hep-verlag. Bern. 2001

The road to success is always under construction.

Als der Meister unterwegs war, fing das Haus, in dem er sonst mit seinen Schülern lebte, Feuer. «Er hat uns das Haus anvertraut, und wir haben uns nicht richtig darum gekümmert», klagte einer der Schüler. Und sie begannen umgehend, wieder aufzubauen, was nach dem Brand noch übrig war. Der Meister aber kam früher als erwartet zurück und sah, was sie machten.

«Es sieht aus, als ginge es uns besser: ein neues Haus?» fragte er freudig. Einer der Schüler erzählte beschämt die Wahrheit: Der Ort, den sie gemeinsam bewohnt hatten, sei von Flammen zerstört worden. «Ich verstehe nicht recht, wovon du redest», antwortete der Meister. «Ich sehe Männer, die ans Leben glauben und eine neue Lebensphase beginnen. Diejenigen, die das einzige verloren haben, das sie besassen, sind besser dran als viele andere, denn nun kann für sie alles nur besser werden.»

Aus: Coelho, Paulo: Der Wanderer

5 Lernen – eine Dauerbaustelle

kurz & bündig

- *Unternehmer seiner selbst werden, heisst ein Bildungsziel. Das verbindet sich mit der Forderung nach übergeordneten Kompetenzen. Life Skills werden solche Fähigkeiten auf neuhochdeutsch genannt.*

- *Der Kompetenzansatz basiert auf einem dynamischen Konzept der ständigen Erneuerung und Ergänzung von Kenntnissen und Fertigkeiten. Die kleinen Taten zählen mehr als die grossen Gedanken.*

- *Wohlbefinden ist das Ergebnis vieler kleiner Siege über sich selbst. Das Beginnen zählt. Wer angefangen hat, merkt: Die Wand verwandelt sich in eine Zugbrücke, die sich herunterklappen und durchschreiten lässt.*

Kompetenzen

Das Leben ist eine Dauerbaustelle. Wir sind etwas. Wir können etwas. Wir tun etwas. Und daraus entwickelt sich das Nächste. Das Wort ent-wickeln impliziert: etwas ist da, das ausgewickelt wird. Wie ein Weihnachtsgeschenk. Entwickeln heisst: Immer von einer Mitte aus, von dort also, wo der einzelne Mensch sich befindet. Oder um es mit Peter Sloterdijk zu formulieren: «Man muss respektieren, dass wir es immer mit Menschen zu tun haben, die jeweils in ihrer Weise fertig sind. Bis hierher vollkommen und ohne wirklichen Mangel. Der nächste Zustand kann nur aus den Eigenleistungen dessen, was schon fertig ist, aufgebaut werden.» (35) Ein faszinierender Gedanke: Jeder Mensch ist nicht nur einzigartig, er ist auch vollkommen, so wie er ist. Und er entwickelt sich immer von dort aus weiter, wo er gerade ist. Und, das macht die Geschichte noch attraktiver: Er hat die Möglichkeit, diese Entwicklung zu beeinflussen. Wie heisst es so schön: Man soll die Dinge nehmen, wie sie kommen. Aber man kann rechtzeitig dafür sorgen, dass sie so kommen, wie man sie nehmen möchte. Ich kann selber dafür sorgen, dass ich mich auf meinen nächsten Zustand freuen kann. Und auf den nächsten. Und auf den nächsten. Eben: Lernen ist die Vorfreude auf sich selbst.

«Learning to be» heisse das neue Bildungsziel, weiss der Spiegel (6) zu berichten. «Unternehmer seiner selbst, so das Schlagwort der Experten, müsse der neue Mensch sein, fit im Kopf für die Herausforderungen der digitalen Weltgesellschaft, selbstbewusst, kommunikationsfähig, ausgerüstet mit wetterfestem Orientierungswissen.» Mit anderen Worten: Immer mehr und immer dringender sind übergreifende Kompetenzen gefragt, Kompetenzen, die wenig mit Schulfächern und noch weniger mit Belehrung und Benotung zu tun haben. Unter Kompetenzen versteht das schweizerische Qualifikationsbuch eine Kombination, eine Verbindung von Fähigkeiten, die eingesetzt werden, um eine bestimmte Anforderung zu erfüllen oder eine bestimmte Handlung vorzunehmen.

Die Bund-Länder-Kommission für Bildungsplanung und Forschungsförderung hat eine Expertengruppe eingesetzt, die sich Gedanken gemacht hat zu den Bildungs- und Qualifikationszielen von morgen. In ihrem entsprechenden Bericht stellt das Gremium fest: «Die Expertengruppe hat bewusst von dem Versuch abgesehen, einen inhaltlich orientierten ‚Wissenskanon' aufzustellen, da dieser weder der Situation des immer schnelleren Wachstums des Wissens angemessen noch im wissenschaftlichen und politischen Konsens begründbar wäre. Sie versucht stattdessen, den Erwerb von sechs zentralen Kompetenzen mit Blick auf die damit verbundenen Prozesse zu

«Das Leben ist eine Dauerbaustelle.»

beschreiben. Dieser Kompetenzansatz ermöglicht die Vewirklichung eines dynamischen Konzepts der ständigen Erneuerung und Ergänzung von Kenntnissen und Fertigkeiten, das sich zugleich durch grosse Offenheit und Anpassungsfähigkeit auszeichnet.» (39)

Intelligentes Wissen ...

Jedes sinnerfüllte Lernen, Denken und Handeln erfordert die individuelle Verfügbarkeit einer relevanten Wissensbasis. Intelligentes Wissen ist das Gegenteil von trägem (inert knowledge), totem, mechanisch erworbenem und mit Lernsituationen «verlötetem» Wissen.

Mit intelligentem Wissen sind also Kenntnisse und Kompetenzen gemeint, die auf einem tiefen Verstehen von fachlichen und fachübergreifenden Phänomenen, Problemen und Problemlösungen beruhen. Intelligentes Wissen macht künftiges Lernen auf ähnlichen Inhaltsgebieten leichter, und es lässt sich in vielfältiger Weise kombinieren, sagen die Experten.

... oder: Mit Wissen jonglieren

Wissen mit Wissen verbinden, vernetzen, gedankliche Netzwerke spinnen. Gewiss, das klingt vernünftig – aber so saumässig trocken. Also machen wir einen mutigen Schritt von der Sach- auf die Beziehungsebene: Entwickeln wir Lust auf und Spass am Wissen, getreu dem Motto: «Spinnen» macht Spass. Generieren wir Freude an gedanklichen Entdeckungsreisen. Es macht doch ganz einfach auch Freude, mit Wissen zu jonglieren, ganz für sich oder zusammen mit anderen.

Anwendungsfähiges Wissen ...

Wissen und Kompetenzen praktisch anwenden heisst, die aktuell benötigten Elemente aus der systematischen Ordnung der Wissensbasis herauszulösen, sie an die Anforderungen einer konkreten Situation anzupassen, dabei die situativen Nutzungskontexte zu berücksichtigen und angemessene Handlungsschemata zu entwerfen. Entscheidend dabei sind die variierenden Lern-, Denk- und Handlungskontexte. Es geht darum, Wissen mit der Komplexität des Lebens wirkungsvoll und nutzbringend zusammenzuführen. Es geht darum, nicht nur über Wissen zu verfügen, sondern es auch situationsadäquat einsetzen zu können.

... oder: Pingpong mit Situationen

Wissen mit Situationen verbinden, heisst also die Devise. Aber: Das ist Einbahnverkehr. Es muss auch umgekehrt funktionieren: «Es» macht etwas mit mir, die Situationen inspirieren mich. Doch: «Es» fällt mir nur dann zu, wenn es auf vorbereiteten Boden fällt. Es geht also darum, Situationen mit Wissen zu verbinden (z.B. finden, was man nicht sucht) und umgekehrt. Gewusst wie! Kreativ, multioptional, ideenreich eine Wechselwirkung herzustellen zwischen Situation und «Wissen», gedanklich Pingpong spielen mit den Situationen, lösungs- und entwicklungsorientiert.

Lernkompetenz …

Unter Lernen des Lernens verstehen die Experten den Aufbau von Kenntnissen über den intelligenten Umgang mit neuen Informationen und Herausforderungen sowie die damit verbundenen praktischen Kompetenzen zur Kontrolle und Steuerung des eigenen Lernens. Dabei geht es nicht um ein paar Lerntechniken. Es geht vielmehr um ein Verstehen des eigenen Lernens im wechselwirksamen Zusammenspiel kognitiver und emotionaler Aspekte. Das macht es nötig, sich regelmässig bewusst zu machen, wie Lernen stattgefunden hat und wie es zweckmässigerweise stattfinden sollte (Reflexion). Das Wissen über das eigene Lernen verbindet sich mit situational variablem Lernen-Können zu einem integrativen Wirkungsgefüge.

… oder: Nervenkitzel des Erfinders

Der Eindruck ist nicht immer ganz von der Hand zu weisen: Wer von Lernen spricht, will Angst verbreiten. Dabei geht es doch zuerst und vor allem um die Freude am Lernen, um die Freude an der Auseinandersetzung. Vorfreude auf den nächsten Zustand, Vorfreude auf sich selbst, sagt Peter Sloterdijk. Die unendliche Leichtigkeit des Lernens macht die Anstrengung zum inneren Vorbeimarsch. Lernen ist ein selbstreferenzieller Prozess, ein schöpferischer Akt. Lernen ist wie Kochen. Schulisches Lernen ist eine Art McLearning. Die Sachen kommen pfannenfertig auf den Tisch. Herunter damit. Gegen den Schluckauf hilft reichlich Flüssigkeit. Dann noch schnell den Abfall wegräumen (oder auch nicht). Fertig! Verpflegt. Satt! Die Blähungen folgen später. Wie so anders ist es, die Menüs selber zu komponieren, die passenden frischen Zutaten auszuwählen. Wie das riecht! Und wie das schmeckt! Lernen ist erfinden. Recherche statt Kino. Kino, das sind Geschichten der anderen. Recherche heisst: Geschichten selber machen. Deshalb noch einmal: Lernen ist Erfinden! Erfinden, das ist verbunden mit Spannung, mit Erwartung. Der Nervenkitzel des Erfinders zeugt von Lernen.

Methodisch-instrumentelle Schlüsselkompetenzen …

Hinter diesem Begriff verbergen sich jene prinzipiell erlernbaren und vermittelbaren Kompetenzen, die durch eine vielfältige, flexible, variable und hoch automatisierte Nutzung in unterschiedlichsten Situationen und Inhaltsbereichen dazu beitragen, notwendige Spezialkenntnisse schnell zu erwerben, neue Probleme effektiv zu lösen und wichtige Aufgaben zu bewältigen. Von herausragender Bedeutung sind in diesem Kontext die muttersprachlichen Kompetenzen, Fremdsprachenkenntnisse, allgemeine mathematisch-statistische Kompetenzen, Recherchefähigkeiten plus Medien- und Technologiekompetenzen.

… oder: Arbeit an der Sprache ist Arbeit am Gedanken

Kopieren geht über studieren. Am Beispiel der muttersprachlichen Fähigkeiten zeigt sich die Kluft zwischen Wunsch und

Wirklichkeit. Unsere Sprache drückt nicht nur unser Denken aus, sondern unsere Sprache ist auch ein Sprechhandeln. Wir handeln (häufig) so, wie wir sprechen. Wer seine Fähigkeiten erweitern will, ist auf die Sprache mehr oder weniger angewiesen. Wer etwas wissen will, muss beispielsweise fragen. Präzis fragen. Präzis fragen heisst: Über den nötigen Wortschatz verfügen, um überhaupt genau sein zu können. Anders ausgedrückt: sprachlich kompetent sein verlangt zu verstehen, was andere sagen oder schreiben, verlangt, sich ausdrücken zu können, schriftlich und mündlich. Wir denken in Bildern. Und mit der Sprache be-schreiben wir diese inneren Bilder. Auch Reflexion – Basis für Selbststeuerung – basiert auf sprachlichen Fähigkeiten, auf gedanklicher Ausdrucksfähigkeit. Lernen hat folglich direkt und unmittelbar mit der Verbalisierung von Ansichten und Einsichten zu tun.

Die Sprache enthüllt das Wunder, unendlich viele Möglichkeiten aus einer begrenzten Anzahl von Elementen und Regeln zu schaffen. Menschen sind fähig, Botschaften zu senden und zu verstehen, die in ihrer Art immer einmalig sind. Vielleicht würde man zwar besser sagen: wären fähig. Denn es ist noch einiges zu tun. Aus einer Studie der Bildungsdirektion des Kantons Zürich geht hervor: deutsche Sprache, schwere Sprache. Das Kompetenzzentrum für Bildungsevaluation und Leistungsmessung an der Universität Zürich hat die sprachlichen Fähigkeiten der Schüler untersucht. Unter die Lupe genommen wurden 1500 Schülerinnen und Schüler. Nicht weniger als 36 Prozent aller befragten Kinder in der 6. Klasse können «nur den Sachverhalt und die Zusammenhänge eines einfachen Textes nachvollziehen». Für weitere 15 Prozent treten bereits Probleme auf, «sobald im Text mehr als einzelne Wörter und Zusammenhänge identifiziert werden müssen». Eine triste Bilanz. Die Schreckensmeldungen aus Zürich decken sich mit zahlreichen anderen Untersuchungen auf allen Stufen. Sprachkompetenz geht einher mit der Beziehung zur Sprache und orientiert sich an einer Art Ästhetik des Gelingens, an der Freude am guten Wort, an der Wirkung der Wörter. Das wiederum hat direkt mit «Wissen» und «Lernen» zu tun. Kurz: Arbeit an der Sprache ist Arbeit am Gedanken. Und umgekehrt. Der Philosoph Hans Saner spricht Klartext: «Mit abnehmender Sprachkompetenz nehmen die Lebenshandicaps dramatisch zu».

Es gipt keine Katofeln mer

ws. **Hamburg**

Nach der Mengenlehre nun die Rechtschreibreform: Das macht den Deutschen keiner nach. An deutschen Schulen kursiert dazu ein Handzettel über „Mathe und Rechtschreibung im Wandel der Zeit":

Volksschule 1960: „Ein Bauer verkauft einen Sack Kartoffeln für 50 Mark. Die Erzeugerkosten betragen 40 Mark. Berechne den Gewinn!"

Realschule 1970: „Ein Bauer verkauft einen Sack Kartoffeln für 50 Mark. Die Erzeugerkosten betragen vier Fünftel des Erlöses. Wie hoch ist der Gewinn?"

Gymnasium 1980: „Ein Agrarökonom verkauft eine Menge subterraner Feldfrüchte für eine Menge Geld (G). G hat die Mächtigkeit 50. Für die Elemente aus G gilt: G ist 1. Die Menge der Herstellungskosten (H) ist um zehn Elemente geringer als die Menge G. Zeichnen Sie das Bild der Menge H als die Teilmenge der Menge um G und geben Sie die Lösungsmenge (L) für die Frage an: Wie mächtig ist die Gewinnsumme?"

Gesamtschule 1990: „Ein Bauer verkauft einen Sack Kartoffeln für 50 Mark. Die Erzeugerkosten betragen 40 Mark und der Gewinn 10 Mark. Unterstreiche das Wort ‚Kartoffel' und diskutiere mit deinem Nachbarn darüber!"

Schule 2000 (nach Einführung der Rechtschreibreform): „Ein kapitalistisch priwelegirter bauer bereichert sich an einem sack kartoffeln um 10 euros. Untersuch das tekst auf inhaltliche feler, korigiere das aufgabengestaltung unt demonstrire gegen die lösunk."

Schule 2010: „es gipt keine katofeln mer."

DIE PISA-STUDIE ...

... die schon vor ihrer Veröffentlichung zu rhetorischen Präventivschlägen Anlass gab.

Die Grundbildung am Ende der obligatorischen Volksschule

Den eigentlichen Kern der Untersuchung bilden Leistungstests, die differenzierte Aussagen über die Kompetenzen von 15-Jährigen im Lesen, in der Mathematik und in den Naturwissenschaften ermöglichen. PISA orientiert sich dabei nicht einfach an curricularem, primär in der Schule vermitteltem Wissen, sondern an einer Grundbildung, über die Jugendliche am Ende der obligatorischen Schulbildung verfügen sollten. Im Hinblick auf weiterführende Bildungswege und auf den Einstieg ins Arbeitsleben reichen fachliche Kompetenzen alleine allerdings nicht aus. Infolgedessen wurden auch wichtige Voraussetzungen für erfolgreiches Lernen wie die Anwendung von Lernstrategien, das Interesse am Lernen und das Selbstvertrauen in die eigene Leistungsfähigkeit erfasst. Interessierte und selbstbewusste Jugendliche wenden Lernstrategien gezielt an und verfügen daher über eine hohe Handlungskompetenz als Lernende. Sie sind fähig, ihren Lernprozess über weite Strecken selbst zu gestalten. Selbst reguliertes Lernen ist eine Voraussetzung dafür, dass Schülerinnen und Schüler ihr Leistungspotenzial optimal ausschöpfen können, und in diesem Sinne ist es ein fundamentales Qualitätskriterium für ein Bildungssystem. In der heutigen Wissensgesellschaft ist zudem der sichere Umgang mit aktuellen Informations- und Kommunikationstechnologien eine Voraussetzung für eine erfolgreiche schulische und berufliche Laufbahn. Mit PISA wurde deshalb auch die Vertrautheit im Umgang mit dem Computer erfasst.

Grundbildung Lesen

Zur Grundbildung in Lesen gehört das Verstehen bestimmter Informationen in einem Text, das Identifizieren zentraler Aussagen eines Textes, aber auch das Interpretieren und kritische Bewerten des Inhalts oder der Form eines Textes. Die Jugendlichen mussten deshalb eine Reihe von Aufgaben bearbeiten, die unterschiedliche Anforderungen an das Verstehen und Nutzen eines Textes sowie an das Reflektieren über einen Text stellten. Die Texte orientierten sich an Alltagssituationen und waren thematisch auf die erfolgreiche Teilnahme am gesellschaftlichen Leben ausgerichtet. Entsprechend diesem Verständnis konnten die Ergebnisse im Lesen auch für die drei Bereiche «Informationen aus einem Text heraussuchen», «Einen Text interpretieren» und «Über einen Text reflektieren sowie Form und Inhalt beurteilen» dargestellt werden.

Grundbildung Mathematik

Die mathematische Grundbildung umfasst mathematisches Wissen und Können vom Beherrschen mathematischer Standardverfahren bis zum komplexen mathematischen Verständnis.

Die Mathematikaufgaben orientierten sich in erster Linie an Konzepten, die der Mathematik zu Grunde liegen, wie Zufall, Veränderung und Wachstum oder Raum und Form. Die für die Schule üblichen Disziplinen Arithmetik, Algebra und Geometrie waren in diesen Aufgaben integriert. Auch in der Mathematik resultierten die Aufgaben aus den Anforderungen des gegenwärtigen und künftigen Lebens.

Grundbildung Naturwissenschaften

Es gehört zur naturwissenschaftlichen Grundbildung, die Welt mit Hilfe naturwissenschaftlicher Konzepte zu verstehen, naturwissenschaftliche Fragen zu erkennen und daraus Schlussfolgerungen zu ziehen. Die geprüften naturwissenschaftlichen Konzepte betrafen aktuelle Themen wie Leben und Gesundheit, Erde und Umwelt sowie Technologie. Sie entsprechen in diesem Sinne durchaus den gängigen Konzepten aus Physik, Chemie, Biologie und Erdwissenschaften. In den Tests wurde aber nicht einfach die Kenntnis dieser Konzepte abgefragt, sondern die Konzepte mussten auf aktuelle Themen und Alltagssituationen angewendet werden.

Quelle: BFS/EDK 2001, Für das Leben gerüstet? - www.statistik.admin.ch

Soziale Kompetenzen ...

Auf der Basis sozialen Verstehens, sozialer Geschicklichkeit und Verantwortung sind Fähigkeiten und Einstellungen aufzubauen, die das Zusammenleben und Zusammenarbeiten in respektvoller Weise ermöglichen. Ein lösungs- und entwicklungsorientiertes Denk- und Handlungsrepertoire bildet die Voraussetzung für konstruktive soziale Interaktionen im privaten oder beruflichen Umfeld. Angesichts der heutigen Arbeitsorganisation in weiten Teilen der Wirtschaft, zählen Kommunikations- und Teamfähigkeit zu den Hauptkriterien für Erfolg und Zufriedenheit im Beruf.

... oder: der andere Umgang mit sich selbst

Zufriedenheit in Ausbildung und Beruf, Zufriedenheit mit der Welt, das verlangt, mit sich und der Welt einigermassen im Klaren zu sein. Soziale Kompetenz ist gleichsam immer ein Stück innere Balance. Soziale Kompetenz hat demzufolge weniger mit Mutter Teresa zu tun als vielmehr mit dem nötigen Respekt gegenüber sich selbst und anderen. Und es hat auch damit zu tun, nicht alles immer so wahnsinnig ernst zu nehmen – sich selbst eingeschlossen. Humor ist im wahrsten Sinne des Wortes entwaffnend. Die Hysterie der heutigen Zeit kann ruhig anderen überlassen werden, jenen, die heute gegen das Eine (verbale) Steine werfen, morgen den Kampf gegen alles andere austragen und am Abend noch schnell mit letztem Einsatz die abendländische Welt vor dem definitiven Untergang retten. Die besten Reformer, sagt ein Sprichwort, sind jene, die bei sich selbst anfangen. Soziale Kompetenz beginnt auch dort: vor der eigenen Haustüre. Mit sich selber in einvernehmlichem Kontakte sein, ist Basis für die konstruktive Interaktion mit anderen.

Werteorientierungen ...

Werte beeinflussen das gesellschaftliche, aber auch das berufliche und private Wirken entscheidend. Die Kompetenz, sich an solchen Werten zu orientieren bildet sich nicht nur aus universellen moralischen Normen (z.B. Gerechtigkeit, Fairness). Es zählen auch grundlegende persönliche Werte (z.B. Fähigkeit und Bereitschaft zum autonomen Handeln, Verlässlichkeit, Verantwortungsbewusstsein), soziale Werte (z.B. Toleranz, Partizipationsfähigkeit und -bereitschaft) und kulturelle Werte (z.B. gute Sitten).

... oder: Mach dich nützlich!

Nun, über Werte lässt sich schier endlos philosophieren. Und es lässt sich eine ebenso lange Kette von Worthülsen produzieren. Doch ihren Niederschlag finden die Werte in den Niederungen des Alltags. Und dort, auf dem harten Boden, lassen sie sich auf eine einfache Formel bringen: Mach dich nützlich! Das klingt zwar ebenso unphilosophisch wie unspektakulär. Aber es ist praktisch. Wer sich nützlich macht, stiftet Nutzen und Werte. Und wer sich auf vielen Ebenen und in vielen Bereichen nützlich macht, stiftet logischer-

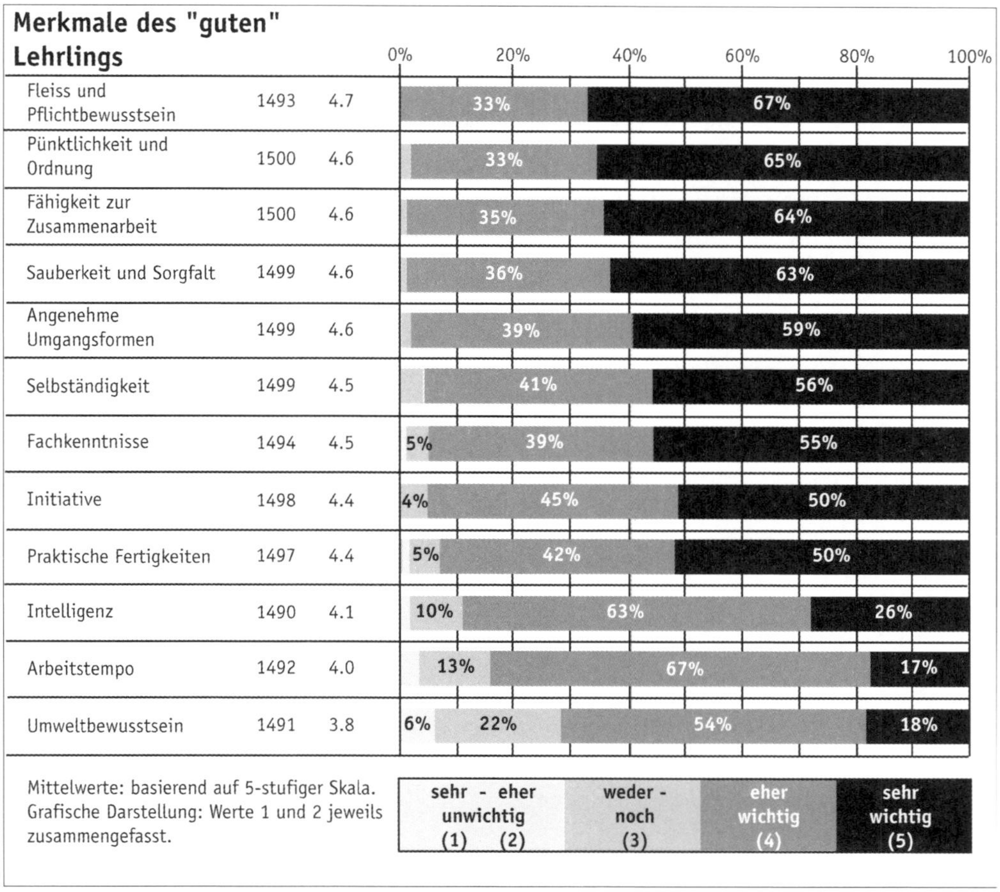

Quelle: Stalder, Barbara E.: Gesucht wird ... Rekrutierung und Selektion von Lehrlingen im Kanton Bern. Bern 2000. Amt für Bildungsforschung

weise entsprechend viel an Nutzen und Werten. Na also! Kommt hinzu: Nutzen lässt sich etymologisch von «geniessen» herleiten. Wer etwas geniessen kann, hat es offensichtlich gern getan. Wer sich nützlich macht und das auch noch gern tut, ist dispensiert von den philosophischen Diskussionen über Werte.

Warum können die einen mehr als sie wissen und warum wissen andere mehr als sie können? Ganz einfach: You have to be streetsmart not booksmart, sagen die Amerikaner. Fähigkeiten sind also gefragt, die dazu beitragen, das eigene Leben als Erfolgsgeschichte zu gestalten. Auf Neuhochdeutsch heissen solche Fähigkeiten: Life Skills. Denn, so Franz Weinert: «Was die nachfolgende Generation im Erwerbsalter wird wissen und können müssen, ist nicht vorhersehbar.» Schlicht und ergreifend!

Wer hingegen über ein paar Schlüsselkompetenzen in angemessener Weise verfügt und gut zu ihnen schaut, kann einigermassen getrost in die Zukunft blicken.

Das lineare Denken in fein säuberlich voneinander getrennten Fächern und Lektionen ist passé. Das Zeitalter bricht an, in dem die linke Hand wissen muss, was die rechte tut. Das wird auch langsam Zeit. Denn die relative Wirkungslosigkeit der tradierten Bildungskonzepte ist ein offenes Geheimnis. Im wilden Strampeln nach Noten wird für viele der Nachhilfeunterricht zum «rettenden» Strohhalm. Woche für Woche geben deutsche Eltern 15 Millionen Euro für Nachhilfe aus – im Jahr also etwa 0,75 Milliarden. Eltern verbinden mit solchen Übungen die Hoffnung, ihre Sprösslinge im Selektionsrennen einigermassen schadlos über die Runden zu bringen. Eine Vergleichsuntersuchung der Universität Erlangen-Nürnberg kommt zum Schluss: Im Durchschnitt hatten sich die Noten von «nachgeholfenen» Schülern um eine halbe Note verbessert. Um eine halbe Note! Für 0,75 Milliarden Euro pro Jahr!

Das kann's doch wohl nicht sein! Kein Wunder, dass der Ruf nach übergeordneten Kompetenzen immer lauter wird, nach nützlichen Fähigkeiten, die den Lebenserfolg wahrscheinlicher zu machen in der Lage sind. «Kompetenzen» stehen häufig in einer sprachlichen Partnerschaft mit «entwickeln». Nicht mit «vermittelt bekommen». Entwickeln ist dynamisch und schliesst den Wunsch und den Willen zum Lernen mit ein. Von «learning to be» zu «learning to be … able». Sich in die Lage versetzen, den Herausforderungen der Zukunft gewachsen zu sein. Kurz: selbstwirksam sein, an sich und seine Fähigkeiten glauben.

STREETSMARTIES

Streetsmart not booksmart heisst eine Devise. Gemeint ist: Lebenstauglich sein. Könnte nicht die Schule ein entsprechendes Anregungsklima schaffen? Man kann sich das so vorstellen: Überall in einem Schulhaus, in Korridoren und Zimmern, werden «streetsmarties» präsentiert. Es handelt sich dabei um attraktiv aufgemachte Stationen, an denen Aufgabenstellungen warten, die ein alltagspraktisches Denken und Handeln erfordern. Diese interaktiven Knobeleien und Knacknüsse verwandeln Schulhäuser in eine Art Exploratorium. Die Schülerinnen und Schüler werden angeregt, neugierig gemacht, herausgefordert, in Pausen, in der Freizeit. Es gibt keine Struktur, keinen Stundenplan, keine Bewertung. Die Streetsmarties sind einfach da und laden ein zur Auseinandersetzung. Immer wieder werden die Exponate ausgewechselt. Die Verantwortung kann periodisch einer anderen Gruppe oder Klasse übertragen werden. Damit werden Betroffene zu Beteiligten. Durch eine Zusammenarbeit von Schulen könnten sogar Synergien (Herstellung, Unterhalt) ausgeschöpft werden.

Ich möchte …

Mit unserem Denken gleichen wir Speerwerfern: Wir träumen von grossen Würfen. Ich will das Rauchen aufgeben! Ich möchte gut sein in Mathematik. Im Frühling werde ich abnehmen. Ich werde mehr lernen. Schön! Sehr schön! Und was passiert? Nichts! Rauchen, Mathematik, Lernen und alles andere ist nicht eine Frage der grossen Gedanken – sondern der kleinen Taten. Mit jedem kleinen Entscheid gebe ich meinem Leben eine bestimmte Richtung. Jede kleine Sekunde stellt die Wegweiser zwischen Lust und Last. A little second makes a big difference.

Was heisst das konkret? Ich entscheide jeden Bruchteil einer Sekunde neu, etwas zu tun oder zu lassen. Die korrekte deutsche Rechtschreibung fällt mir ebenso wenig in den Schoss wie die englische Sprache. Da kann ich die Arme noch so weit aufspannen und beschwörend zum Himmel blicken. Das Kürzen von Brüchen oder das erfolgreiche Toreschiessen oder die bereichernde Beziehung oder die spannende Arbeit oder, oder, oder – alles eine Folge von vielen, vielen kleinen Entscheiden und der entsprechenden Kaskade von Taten oder Ausweichmanövern, von Aktivitäten oder Durchhängern.

Unsere inneren Stimmen führen einen Dauerringkampf um die Gunst des Augenblicks. Soll ich? Soll ich nicht? Bei allem, was wir tun, stellen wir ganz unbewusst, aber laufend, irgendwelche Aufwand – Nutzen-Überlegungen an. Auf der Aufwand-Seite schlägt sich der unbewusst vermutete Einsatz an körperlicher und gedanklicher Energie ebenso zu Buche wie die mögliche zeitliche Belastung. Und je nachdem mit welcher Einstellung ich an die Sache herangehe, kommt ein Ja oder eben ein Nein heraus. Diese Einstellung steht in direktem Zusammenhang mit dem zu erwartenden Nutzen. Wenn nämlich der Gegenwert auf der Nutzen-Seite fehlt, ist der Entscheid blitzartig getroffen. Was habe ich davon, wenn ich auf diese Zigarette verzichte? Was habe ich davon, wenn ich dieses Wort richtig schreiben will? Was ist der Gegenwert für dies? Was wird der Nutzen für jenes sein? Weshalb tue ich das, was ich jetzt grad tue? Ja, jetzt, in diesem Moment? Weshalb mache ich mich jetzt auf zum Kühlschrank? Hunger? Wirklich? Oder einfach Ablenkung?

Ganz offensichtlich hat es der vermutete Aufwand wesentlich einfacher, sich im Vokalensemble der inneren Stimmen durchzusetzen. Deswegen wird weitergeraucht. Deswegen wird weitergefressen. Deswegen wird weiter nach Ausreden

gesucht. Deswegen ist das Kriegsbeil mit der deutschen Rechtschreibung nicht begraben. Deswegen treiben zwei Drittel der erwachsenen Bevölkerung keinen Sport. Deswegen trödeln Schüler mit Aufgaben herum. Deswegen treibt das «So-tun-als-ob» auf allen Ausbildungsstufen prächtige Blüten. Der vermutete Nutzen scheint den vermuteten Aufwand in keiner Weise zu rechtfertigen.

Und tatsächlich: Meine Sprachkenntnisse sind kaum besser, wenn ich dieses Wort im Duden nachschlage. Mit meinen mathematischen Fähigkeiten werde ich keinen Preis gewinnen, auch wenn ich diesen Lösungsweg noch einmal zu verstehen suche. Der Nutzen des Moments muss also auf einer anderen Ebene zu finden sein. Es sei daran erinnert: Nutzen ist etymologisch gleichzusetzen mit «geniessen». Hat der Nutzen also möglicherweise gar nichts mit Mathematik oder mit Rechtschreibung zu tun? Möglicherweise wird man eher fündig auf der Beziehungs- als auf der Sachebene. Vielleicht findet sich der Nutzen nicht bei der Rechtschreibung oder beim französischen Wortschatz. Jedenfalls nicht direkt und unmittelbar. Vielleicht hilft es, einmal die Gerümpelkammer der Gefühle aufzuräumen und zu schauen, was da zum Vorschein kommt. Vielleicht ist Freude ein hilfreiches Stichwort. Was? Der Verzicht auf eine Zigarette oder das Suchen einer Schreibweise im Wörterbuch soll ein Genuss sein? Soll gar Freude machen? Wohl kaum!

«Unsere inneren Stimmen führen einen Dauerringkampf um die Gunst des Augenblickes.»

Doch! Wohlbefinden ist das Ergebnis vieler kleiner Siege über sich selbst. Jeder Babystep hat das Potenzial zu einem inneren Vorbeimarsch. Auch die weiteste Reise beginnt mit dem ersten Schritt. Mit einem Fort-Schritt. Mit der ersten Be-weg-ung. Die nächste Zigarette, die ich nicht rauche, ist ein Schritt zur Nikotin-Abstinenz. Jedes neue Wort, das ich kennen lerne, ist ein Schritt zur Sprachkompetenz. Jede einzelne Pedalumdrehung ist ein Stück Weg in Richtung Passhöhe. Diese Sicht der Dinge macht mir das Leben wesentlich leichter. Ich muss nicht die englische Sprache lernen, ich lerne lediglich ein Wort. Und noch eins. Und noch eins. Ich muss nicht aufhören zu rauchen. Nur die Nächste nicht. Ob Rauchen oder Englisch, Abnehmen oder Rechtschreibung, alles funktioniert nach der gleichen Regel: Es ist ein Ergebnis vieler kleiner Einzelentscheide und ebenso vieler kleiner Taten. Aber das Kleine hat Grösse. Es generiert Erfolgsgefühle. I did it! He, ich kann es!

Kompetenz versteht sich als ein zielführendes Zusammenwirken von Fähigkeiten, das jemanden in die Lage versetzt, bestimmte Handlungen auszuführen. Nennen wir die wichtigste Kompetenz einmal Lebenserfolgs-Kompetenz. Nötig sind dazu

Fähigkeiten wie Funktionslust entwickeln, Lernfreude generieren, Vertrauen in diese Fähigkeiten aufbauen. Das Zusammenwirken dieser Fähigkeiten versetzt uns in die Lage, die kleinen Sekunden zu nutzen. Der entstehende «Genuss» wiederum ist gleichsam der Dünger für das Gedeihen der Fähigkeiten, die Vorfreude eben auf sich selbst, auf den nächsten Zustand. Das Wichtigste des ersten Schrittes ist die Richtung, nicht die Weite. Das Beginnen zählt. Und wer erst einmal angefangen hat, merkt: Die Wand verwandelt sich in eine Zugbrücke, die sich herunterklappen und durchschreiten lässt.

Leben ist also Lernen. Das hat aber wenig bis nichts zu tun mit diesem sinnlosen Strampeln im Sumpf der Unaufmerksamkeit, des Überdrusses und der Lustlosigkeit. Nur: Unzählige Menschen glauben offensichtlich, lernen sei eben so. Da müsse man halt durch. Dabei warten – etwas versteckt hinter den Bäumen der Erkenntnis – die Freude an der Leistung, die Lust am Tun, das Vertrauen in die eigene Wirksamkeit. Der Weg dorthin ist kurz: keine Sekunde. Nie gewinnt, wer nicht beginnt!

Referenzieren – ein Ausweg aus dem Noten-Dilemma

«Schulnoten überflüssig?» fragt die Zeitschrift «Brückenbauer» in ihrer Ausgabe vom 19.03.02. Die Frage ist beileibe nicht neu. Sie ist auch hinreichend erforscht und einigermassen schlüssig beantwortet: Schulnoten sind – gelinde gesagt – der intrinsischen Motivation nicht gerade zuträglich. Sie (ver)führen zu einem sinnentleerten Auswendiglernen zum Zwecke der Wiedergabe an Proben und Prüfungen. Oder ein bisschen weniger sperrig formuliert: Noten verhindern eigentliches Lernen. Aber eben: Das ist nicht neu. Die Entwicklungen, die den Hintergrund für die Recherchen der Zeitschrift bilden, sind es schon eher. Immer mehr Firmen und Berufsverbände führen für die Selektion angehender Lehrlinge eigene Tests und Assessments durch. Die Zahlen im Zeugnis sollen – so die Auskünfte der Verantwortlichen – vielleicht noch einen Viertel zum Entscheid beitragen. Tendenz sinkend. Gründe: Die Schulnoten geben zu wenig Auskunft über jene Qualifikationen, auf die es wirklich ankommt. Und zudem macht sich weitherum ein latentes Misstrauen gegen die Zahlen im Zeugnis breit. Das gilt übrigens auch für Worte. Denn nicht nur beim Übertritt von der Schule in die Lehrlingsausbildung trauen freilich die «Abnehmer» den fachlichen Urteilen der «Abgeber» nicht über den Weg. Irritationsfest werden alljährlich gigantische Prüfungsrituale in Szene gesetzt, um den Schritt zu höheren Weihen quasi von oben abgesichert zu haben. Trotzdem oder gerade deswegen: Ein eigentliches Ränkespiel um Zensuren und Zeugnisse beherrscht gleichsam die Szene. Die so genannte Rekursfähigkeit von Noten und Prüfungsergebnissen bildet einen vorläufigen Höhepunkt an Absurdität in einem Prozess, in dem es eigentlich um Lernen gehen sollte. Wohlverstanden: Um die persönliche Entwicklung von Menschen!

Können Lernfreude und forschende Begeisterung sich entwickeln, wenn es am Schluss doch auf Kommastellen ankommt, mit denen die Leistungen unter die Kurve des Herrn Gauss gezwängt werden? Sehr beschränkt! Die Ausrichtung auf bewertbare Produkte entzieht dem Prozess die Energie. Das Stichwort heisst: Prozess. The road to success is always under construction, pflegen die Amerikaner zu sagen. Die Strasse zum Erfolg – und damit das Lernen – ist eine Dauerbaustelle. Ausgangspunkt ist ein Lernen, das sich als selbstreferentieller Konstruktionsprozess versteht. Das heisst: Lernende sind aktiv Gestaltende. Sie lernen selbst und ständig. Lernen wird damit zu einer durch und durch persönlichen Angelegenheit, zu einem Geschehen, das sich auf der Beziehungsebene abspielt und der Entwicklung und Förderung von Kompetenzen gilt. Kurz: Lernen ist ein lustvolles Entdecken eigener Stärken zum Nutzen einer erfolgreichen Lebensgestaltung. Erfolg steht hier als Synonym für Selbstwirksamkeit. Ein solches Verständnis von Lernen verlangt nach neuen Arrangements, nach neuen

Lernumfeldern – zuerst und vor allem aber nach einem Ausweg aus dem Noten-Dilemma.

Dieser Ausweg heisst: Referenzieren. Und das Prinzip dahinter: Individuelle Leistungen mit einem Referenzwert in Beziehung bringen. Diesen Referenzwert und damit die inhaltliche Basis bilden so genannte Kompetenzraster. Die Kompetenzraster definieren mithin die Inhalte und die Qualitätsmerkmale der verschiedenen Fachgebiete in Form präziser Can-do-Statements. (Abb. 1) Impulsgebendes Beispiel ist der «Raster zur Selbstbeurteilung» des Europäischen Sprachenportfolios. Die Raster kommen als Matrix daher. In der Vertikalen sind jene Kriterien aufgeführt, die das Fachgebiet inhaltlich bestimmen (was?). In der Horizontalen werden zu jedem dieser Kriterien vier bis sechs Niveaustufen definiert (wie gut?). Diese Arbeit bis hin zur sprachlichen Ausformulierung ist ein Gemeinschaftswerk der Lehrpersonen, wenn möglich sogar unter aktiver Beteiligung der Lernenden. Dadurch entsteht eine gemeinsame Basis. Und eine gemeinsame Sprache. Die so entwickelten Raster schaffen damit einen Orientierungsrahmen und stecken den Erwartungshorizont ab. Sie bilden fortan den Referenzwert, zu dem die individuellen Leistungen der Schülerinnen und Schüler in Beziehung gebracht werden.

Zu diesem Zwecke sind alle Lernenden im Besitze sämtlicher relevanter Kompetenzraster. Je nach Ausbildungsziel werden die wichtigsten davon auf rot-weisse Signalisationslatten geheftet. Die Lernbaustelle ist eröffnet.

Die Kompetenzraster verstehen sich als integrale Arbeits-, Selbstführungs- und Evaluationsinstrumente. Die Schülerinnen und Schüler arbeiten in einem offenen System, in eigener Regie, nach individuellem Programm. Arbeiten heisst beispielsweise: Sie schreiben Texte, sie führen Gespräche,

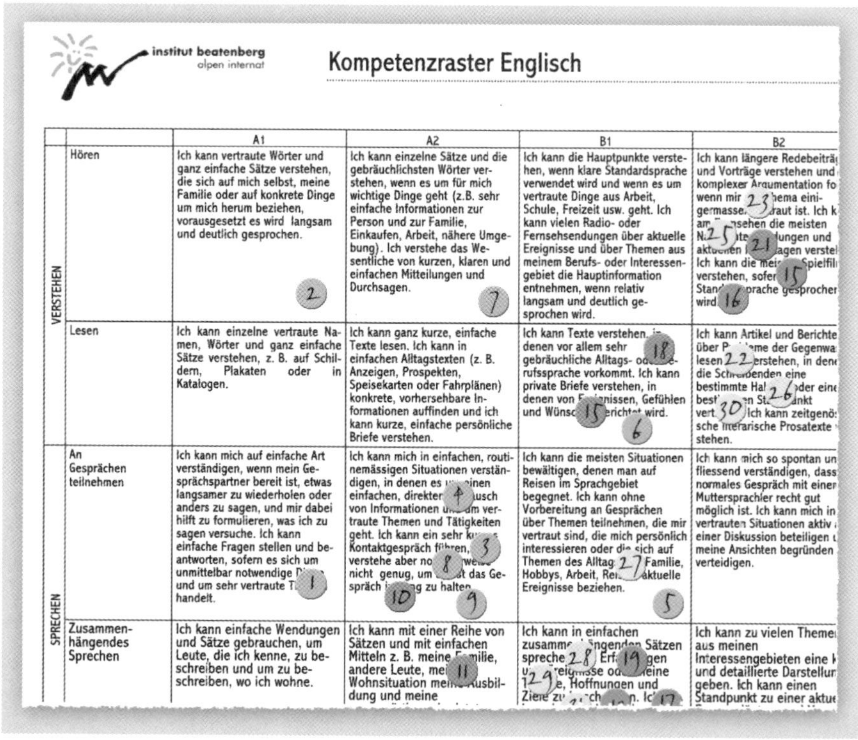
institut beatenberg
alpen internat

Kompetenzraster Englisch

		A1	A2	B1	B2
VERSTEHEN	Hören	Ich kann vertraute Wörter und ganz einfache Sätze verstehen, die sich auf mich selbst, meine Familie oder auf konkrete Dinge um mich herum beziehen, vorausgesetzt es wird langsam und deutlich gesprochen.	Ich kann einzelne Sätze und die gebräuchlichsten Wörter verstehen, wenn es um für mich wichtige Dinge geht (z.B. sehr einfache Informationen zur Person und zur Familie, Einkaufen, Arbeit, nähere Umgebung). Ich verstehe das Wesentliche von kurzen, klaren und einfachen Mitteilungen und Durchsagen.	Ich kann die Hauptpunkte verstehen, wenn klare Standardsprache verwendet wird und wenn es um vertraute Dinge aus Arbeit, Schule, Freizeit usw. geht. Ich kann vielen Radio- oder Fernsehsendungen über aktuelle Ereignisse und über Themen aus meinem Berufs- oder Interessengebiet die Hauptinformation entnehmen, wenn relativ langsam und deutlich gesprochen wird.	Ich kann längere Redebeiträ[illegible] und Vorträge verstehen und [illegible] komplexer Argumentation fo[illegible] wenn mir [illegible] hema einigermasse[illegible] raut ist. Ich k[illegible] am [illegible] sehen die meisten N[illegible] te[illegible] ungen und aktu[illegible] agen verste[illegible] Ich kann die mei[illegible] Spielfil[illegible] verstehen, sofer[illegible] Stan[illegible] prache gesprochen wird.
	Lesen	Ich kann einzelne vertraute Namen, Wörter und ganz einfache Sätze verstehen, z. B. auf Schildern, Plakaten oder in Katalogen.	Ich kann ganz kurze, einfache Texte lesen. Ich kann in einfachen Alltagstexten (z. B. Anzeigen, Prospekten, Speisekarten oder Fahrplänen) konkrete, vorhersehbare Informationen auffinden und ich kann kurze, einfache persönliche Briefe verstehen.	Ich kann Texte verstehen, in denen vor allem sehr gebräuchliche Alltags- od[illegible] rufssprache vorkommt. Ich kann private Briefe verstehen, in denen von E[illegible] nissen, Gefühlen und Wünsc[illegible] erichtet wird.	Ich kann Artikel und Berichte über P[illegible] me der Gegenwa[illegible] lesen [illegible] erstehen, in den[illegible] die Schr[illegible] enden eine bestimmte Hal[illegible] oder eine best[illegible] n St[illegible] nkt vert[illegible] Ich kann zeitgenö[illegible] sche literarische Prosatexte [illegible] stehen.
SPRECHEN	An Gesprächen teilnehmen	Ich kann mich auf einfache Art verständigen, wenn mein Gesprächspartner bereit ist, etwas langsamer zu wiederholen oder anders zu sagen, und mir dabei hilft zu formulieren, was ich zu sagen versuche. Ich kann einfache Fragen stellen und beantworten, sofern es sich um unmittelbar notwendige D[illegible] und um sehr vertraute T[illegible] handelt.	Ich kann mich in einfachen, routinemässigen Situationen verständigen, in denen es u[illegible] inen einfachen, direkter [illegible] usch von Informationen u[illegible] m vertraute Themen und Tätigkeiten geht. Ich kann ein sehr k[illegible] Kontaktgespräch führen, [illegible] verstehe aber no[illegible] weise nicht genug, um [illegible] t das Gespräch i[illegible] g zu halten.	Ich kann die meisten Situationen bewältigen, denen man auf Reisen im Sprachgebiet begegnet. Ich kann ohne Vorbereitung an Gesprächen über Themen teilnehmen, die mir vertraut sind, die mich persönlich interessieren oder die sich auf Themen des Alltag[illegible] Familie, Hobbys, Arbeit, Rei[illegible] aktuelle Ereignisse beziehen.	Ich kann mich so spontan un[illegible] fliessend verständigen, dass normales Gespräch mit einer Muttersprachler recht gut möglich ist. Ich kann mich in vertrauten Situationen aktiv [illegible] einer Diskussion beteiligen [illegible] meine Ansichten begründen [illegible] verteidigen.
	Zusammenhängendes Sprechen	Ich kann einfache Wendungen und Sätze gebrauchen, um Leute, die ich kenne, zu beschreiben und um zu beschreiben, wo ich wohne.	Ich kann mit einer Reihe von Sätzen und mit einfachen Mitteln z. B. meine F[illegible] milie, andere Leute, mei[illegible] Wohnsituation mei[illegible] Ausbildung und meine [illegible]	Ich kann in einfachen zusamme[illegible] ngenden Sätzen spreche[illegible] Erf[illegible] gen u[illegible] reignisse od[illegible] eine T[illegible] e, Hoffnungen und Ziele zu [illegible]	Ich kann zu vielen Theme[illegible] aus meinen Interessengebieten eine k[illegible] und detaillierte Darstellun[illegible] geben. Ich kann einen Standpunkt zu einer aktue[illegible]

sie lösen Aufgaben, sie setzen sich auf vielfältige Weise mit Themen auseinander. Diese Aktivitäten finden ihren Niederschlag – oder eben ihre Referenz – in den Rubriken des Kompetenzrasters.

Zu diesem Zwecke präsentieren die Lernenden ihre Arbeit dem Coach und schlagen vor, wo diese Arbeit in den jeweiligen Kompetenzrastern einzuordnen sei. Farbige Klebepunkte machen deutlich, welchen Kriterien und Qualitätsmerkmalen eine Leistung entspricht. Eine Arbeit kann durchaus auch auf den Rastern mehrerer Fachbereiche ihre Entsprechung finden. Damit wird die Interdisziplinarität schulischer Arbeiten augenfällig. Durch die farbigen Punkte entsteht mit der Zeit ein individuelles Kompetenzprofil im jeweiligen Fachbereich. Den Leistungen wird eine Reverenz erwiesen, eine Wertschätzung. Und jeder Schritt ist ein sichtbarer Fort-Schritt.

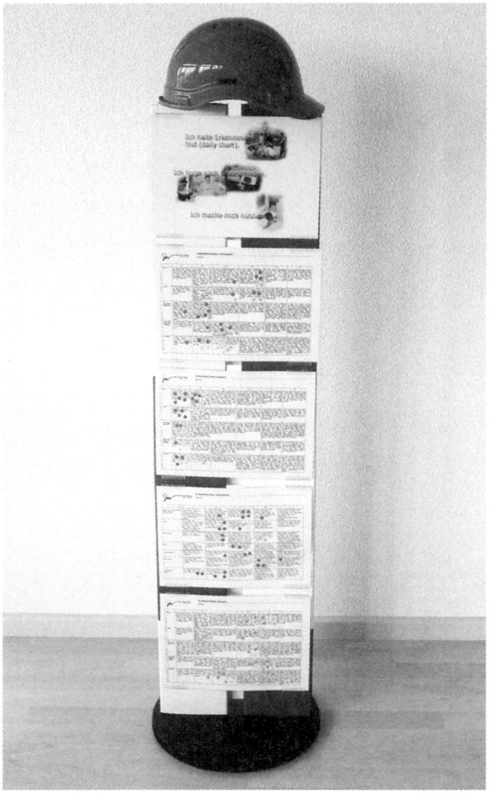

Die entstehenden Profile spiegeln die Qualität und Quantität der Leistungen in den betreffenden Fachgebieten. Sie zeigen direkt und unmittelbar, was eine Schülerin oder ein Schüler an Leistungen erbracht hat (Performanz). Damit wird eine Referenzierung zweiten Grades möglich: Der Vergleich des eigenen Stärken – Schwächen-Profils mit Anforderungsprofilen weiterführender Ausbildungen und/oder persönlichen Ansprüchen. Die sich aus diesem Vergleich ergebenden und auf einen Blick sichtbaren Differenzen werfen Fragen auf und weisen auf Handlungsbedarf. Entsprechend lassen sich Akzente setzen und Programme gestalten, die der individuellen Situation und den Bedürfnissen Rechnung tragen. Das Lernen wird damit zu einer wirklich persönlichen Angelegenheit.

Referenzieren heisst also: Eine Leistung mit einem Referenzwert in Beziehung bringen. Referenzieren verbindet die Wertschätzung auf der Beziehungsebene mit der Auseinandersetzung auf der Sachebene. Die Kompetenzraster laden ein zu einer dauernden Reflexion und sind Basis für ein systematisches Feedback. Dieser Prozess stärkt die Selbstreflexionsfähigkeit der Schülerinnen und Schüler als Basis selbstgesteuerten Lernens. Referenzieren öffnet den Blick über die Fachgrenzen hinaus und lässt Zusammenhänge und Vernetzungen erkennbar werden. Die Lernenden erfahren Selbstwirksamkeit und können den Glauben an ihre eigenen Fähigkeiten (self efficacy belief) entwickeln.

Referenzieren auf der Basis von Kompetenzrastern leistet letztlich einen umfassenden Beitrag zur Qualitätsentwicklung im schulischen Lernen. Die Kompetenzraster mit ihren farbigen Punkten schaffen Transparenz und geben Auskunft über den Leistungsstand der Lernenden. Sie können kopiert oder mit farbigen Balken unterlegt werden und auf diese Weise die regelmässigen Zeugnisse ersetzen. Im Gegensatz zur abstrakten Note machen die Ich-kann-Formulierungen in den Feldern der Kompetenzraster deutlich, welche Leistungen der entsprechende Schüler zu erbringen fähig oder willens war und wo in Zukunft die Akzente zu setzen sind. Referenzieren versteht sich mithin als lösungs- und entwicklungsorientierte Form der Leistungsbeurteilung. Übrigens: Jeder der Punkte trägt eine Nummer. Sie findet sich wieder auf den Arbeiten, die in ein Lernportfolio abgelegt worden sind. Damit sind alle Punkte jederzeit identifizierbar. Und das Portfolio seinerseits wird seiner Funktion als direkte Leistungsvorlage gerecht.
Die Aktivitätsschwerpunkte werden hin zu den Schülerinnen und Schülern verlagert. Sie übernehmen die Hauptverantwortung für ihre Leistungen und deren Qualität. Der «Lehrer» mutiert zum Sparringpartner, zum Coach, zum Facilitator, zum Lernberater. Die Baustelle als transparente Informationsplattform fördert die Kooperationsmöglichkeiten unter den Lernenden; es entwickelt sich eine Learning Community, ein förderliches und partnerschaftliches Umfeld, wo Beteiligung und Sinnstiftung das Lernen zur Baustelle des Erfolges machen.

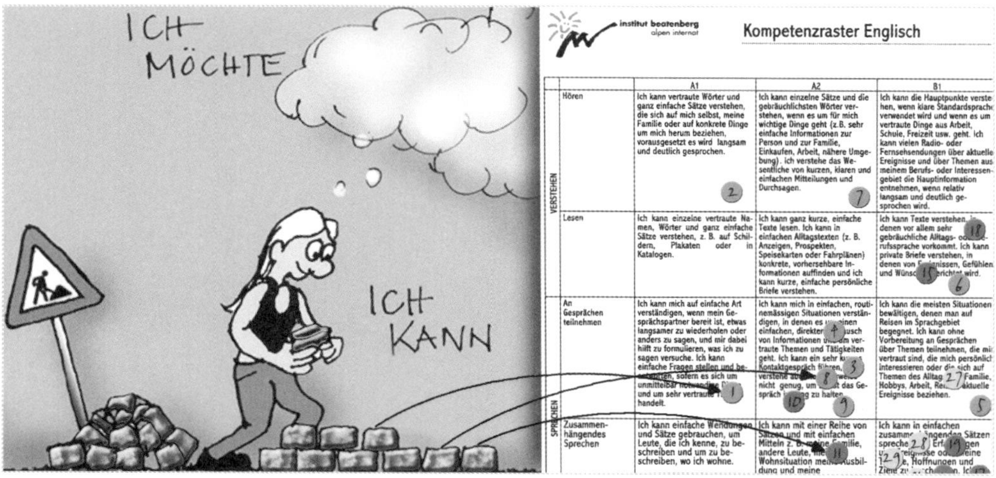

Kompetenzraster Englisch

		A1	A2	B1
VERSTEHEN	Hören	Ich kann vertraute Wörter und ganz einfache Sätze verstehen, die sich auf mich selbst, meine Familie oder auf konkrete Dinge um mich herum beziehen, vorausgesetzt es wird langsam und deutlich gesprochen.	Ich kann einzelne Sätze und die gebräuchlichsten Wörter verstehen, wenn es um für mich wichtige Dinge geht (z.B. sehr einfache Informationen zur Person und zur Familie, Einkaufen, Arbeit, nähere Umgebung). Ich verstehe das Wesentliche von kurzen, klaren und einfachen Mitteilungen und Durchsagen.	Ich kann die Hauptpunkte verstehen, wenn klare Standardsprache verwendet wird und wenn es um vertraute Dinge aus Arbeit, Schule, Freizeit usw. geht. Ich kann vielen Radio- oder Fernsehsendungen über aktuelle Ereignisse und über Themen aus meinem Berufs- oder Interessengebiet die Hauptinformation entnehmen, wenn relativ langsam und deutlich gesprochen wird.
	Lesen	Ich kann einzelne vertraute Namen, Wörter und ganz einfache Sätze verstehen, z. B. auf Schildern, Plakaten oder in Katalogen.	Ich kann ganz kurze, einfache Texte lesen. Ich kann in einfachen Alltagstexten (z. B. Anzeigen, Prospekten, Speisekarten oder Fahrplänen) konkrete, vorhersehbare Informationen auffinden und ich kann kurze, einfache persönliche Briefe verstehen.	Ich kann Texte verstehen, [illegible] denen vor allem sehr gebräuchliche Alltags- o[illegible]rufssprache vorkommt. Ich kann private Briefe verstehen, in denen von [illegible]nissen, Gefühlen und Wünsc[illegible]richt[illegible] wird.
SPRECHEN	An Gesprächen teilnehmen	Ich kann mich auf einfache Art verständigen, wenn mein Gesprächspartner bereit ist, etwas langsamer zu wiederholen oder anders zu sagen, und mir dabei hilft zu formulieren, was ich zu sagen versuche. Ich kann einfache Fragen stellen und be[illegible], sofern es sich um unmittelbar [illegible] und um sehr vertraute [illegible] handelt.	Ich kann mich in einfachen, routinemässigen Situationen verständigen, in denen es [illegible] einfachen, direkten [illegible]usch von Informationen [illegible] vertraute Themen und Tätigkeiten geht. Ich kann ein sehr [illegible] Kontaktgespräch führen, [illegible] verstehe [illegible] nicht genug, um [illegible] das Gespräch [illegible] zu halten.	Ich kann die meisten Situationen bewältigen, denen man auf Reisen im Sprachgebiet begegnet. Ich kann ohne Vorbereitung an Gesprächen über Themen teilnehmen, die mi[illegible] vertraut sind, die mich persönlich interessieren oder di[illegible] sich auf Themen des Alltag[illegible] Familie, Hobbys, Arbeit, Re[illegible] aktuelle Ereignisse beziehen.
	Zusammenhängendes Sprechen	Ich kann einfache Wendungen und Sätze gebrauchen, um Leute, die ich kenne, zu beschreiben und um zu beschreiben, wo ich wohne.	Ich kann mit einer Reihe von Sätzen und mit einfachen Mitteln z. B. [illegible] Familie, andere Leute, [illegible] Wohnsituation mei[illegible]usbildung und meine	Ich kann in einfachen zusamm[illegible]ngenden Sätzen spreche[illegible] Erf[illegible]gen [illegible]eignisse o[illegible]eine [illegible]e, Hoffnungen und Ziele [illegible]

Das Leben ist ein endloser Prozess der Selbstentdeckung.

J. Gardner

Eines Tages ging Soshi mit einem Freund am Ufer eines Flusses entlang. «Wie herrlich geniessen die Fische ihr Dasein im Wasser», rief Soshi aus. Daraufhin entgegnete ihm der Freund: «Du bist kein Fisch, also woher weisst du, ob die Fische ihr Dasein im Wasser geniessen?» –

«Du bist nicht ich», erwiderte Soshi, «also woher weisst du, dass ich nicht weiss, ob die Fische ihr Dasein geniessen?»

Okakura, Kakuzo (japanischer Philosoph)

6

Mut zum Aufbruch

- *Der Mensch hat die Möglichkeit, in allen Situationen Neues zu entdecken. Sich neu zu entdecken. Zu lernen eben. Denn Lernen ist eine Art zu reisen, kein Ort, wo man ankommt.*

- *Ein rundum gutes Essen braucht eine Prise Leidenschaft, damit es nicht zur Nahrungsaufnahme verkommt. Das lässt sich telquel übertragen auf Bildungshunger und Wissensdurst.*

- *Die Freude am Wissen, die Lust am Entdecken, die unendliche Leichtigkeit des Lernens entwickeln sich – ähnlich wie beim Essen – aus der Inszenierung. Lernen hat viel mit sinnlicher Wahrnehmung zu tun.*

Entdecken

Königin Isabella von Kastilien stellte ihrem Hofstaate die Aufgabe, ein Ei senkrecht zum Stehen zu bringen. Die Höflinge scheiterten alle. Ein junger Seemann hob das Ei, stiess es mit der Unterseite fest auf die Tischplatte – und während der klebrige Inhalt des Eies über die Tischplatte lief, sagte Christoph Kolumbus einfach: «Es steht.» Die Geschichte brachte Kolumbus Geld und Schiffe, um damit loszusegeln – «über den Rand der Welt hinaus und in die Vergessenheit», wie es einer seiner Zeitgenossen ausdrückte. Leute, die sofort Gründe suchen (und finden), warum etwas nicht klappen kann, gab es offensichtlich schon damals. Aber eben: Es kam anders.

1492 glaubte Kolumbus den Seeweg nach Indien entdeckt und damit den Beweis erbracht zu haben, dass die Erde eine Kugel ist. Just fünfhundert Jahre später brachte Ridley Scott ein üppig inszeniertes Epos in die Kinos: Conquest of Paradise. Die Szene, in der Gérard Dépardieu seinen Fuss auf den Boden des vermeintlichen Indien setzt, bringt bildgewaltig jene Gefühle auf die Leinwand, die Kolumbus beim Anblick «seines» Paradieses überwältigt haben müssen. Denn gleich in dreierlei Hinsicht hatte er ein Paradies erobert: das Paradies, das sich seinen Sinnen bot und jenes, das als Synonym steht für das Neue, das Überwältigende, das Undenkbare – und nicht zuletzt jenes Paradies in seinem Inneren, das sich auftut, wenn Träume in Erfüllung gehen. Nun, mittlerweile ist Amerika entdeckt. Ein Kolumbus passt nicht mehr in diese Welt. Doch! Und wie! «Jeder Mensch trägt in sich einen Kontinent unentdeckter Anlagen. Glücklich, wer der Kolumbus seiner eigenen Seele ist», gibt J. Stephen zu bedenken. Also: Entdecker sind gefragte Leute. Immer mehr! Aber es geht nicht um Indien. Es geht nicht um Amerika. Das Paradies liegt anderswo. Viel näher.

Wir haben die Möglichkeit, in allen Situationen Neues zu entdecken. Uns neu zu entdecken. Das Kribbeln im Bauch zu spüren, die Aufregung, die Lust. Denken wir beispielsweise an ein neues Schuljahr, eine neue Stelle, eine neue Aufgabe. In solchen magischen Momenten sind wir von der Lust zu lernen, uns einzusetzen, das Steuer in die Hand zu nehmen, geradezu überwältigt. Alles wird exakt vorbereitet für den neuen Start, nichts dem Zufall überlassen. Diesmal werde ich es packen! Aufbruchstimmung, Kolumbus unmittelbar vor dem Ablegen im Hafen von Palos. Ein bestimmter Zauber liegt über solchen Augenblicken, der berauschende Geruch des Neuen, des Unbekannten. Der Rucksack ist mit guten Vorsätzen vollgepackt. Und eine ganz spezielle Energie verleiht eine Art von Unbeschwertheit und Tatkraft, die sich paart mit dem mitreissenden Elan des Gefühls, bei Null anfangen zu können, die Vergangenheit hinter sich zu lassen, etwas Neues zu beginnen. Es ist ein Gefühl des Fortschreitens, des Fort-schritts.

Es braucht nicht einmal ein neues Schuljahr oder eine neue Stelle zu sein. Auch bereits kleine Dinge und Veränderungen haben das Potenzial, unsere Gefühlslage in Schwingungen zu versetzen. Die Form des neuen Kugelschreibers weckt irgendwie die Lust, Dinge zu Papier zu bringen. Der Geruch der neuen Joggingschuhe ruft innere Bilder eines imaginären täglichen Trainings auf. Neue oder neu entdeckte Sachen haben eine ganz bestimmte «erotisierende» Wirkung. Irgendetwas Unerklärliches passiert mit mir. Und was zum Teufel hindert uns daran, diese Aufbruchstimmung zum Dauerzustand zu machen? Welches heimtückische Gift zirkuliert in unseren Adern, das die Motivation einfach im Keime ersticken lässt? Was lässt uns die geistigen Höhenflüge abrupt ins Trudeln bringen und Aufgaben wie Wanderdünen

«Neue oder neu entdeckte Sachen haben eine ganz bestimmte «erotisierende» Wirkung.

vor uns herschieben? Weshalb wandelt sich die natürliche Neugier nicht ebenso natürlich in Lernlust um? Aller guten Vorsätze zum Trotz!

Warum machen wir uns nicht die Mühe, ein paar Sekunden zu investieren, um im Wörterbuch nachzuschlagen, wenn uns etwas nicht ganz klar ist? Warum sind wir zu faul dazu? Oder warum ist es uns im Grunde genommen ganz egal? Wir leben in einem Zustand der partiellen Unwissenheit. Wir leben kalorienbewusst – aber wer weiss schon ganz genau, was eigentlich eine Kalorie ist? Wer weiss, was es mit den Oktanzahlen beim Treibstoff auf sich hat? Wir drehen mit einer Selbstverständlichkeit den Lichtschalter – aber was wissen wir eigentlich über Volt oder Watt? Wir haben uns arrangiert mit unseren Wissenslücken. Zwar würden uns viele Dinge eigentlich schon interessieren. Und wir hätten die Möglichkeit, jederzeit innerhalb ein paar weniger Minuten nachzuschlagen oder jemanden zu Rate zu ziehen. Aber Hand aufs Herz: Wer tut das?

Die mangelnde Lust am schulischen Lernen ist also weder pathologisch noch ist sie als Zeichen des Protestes zu verstehen. Schüler aller Stufen schliessen ganz einfach einen friedlichen Kompromiss mit ihrer Unwissenheit. Sie wursteln sich durch und wissen immer etwa so viel, wie gerade nötig ist. Aber eben: Wie viel ist «so viel wie nötig»? Und wofür nötig? Wo liegt die Grenze zwischen tolerierbarer Unkenntnis und unerträglicher Unwissenheit? Und in welchem Kontext?

Ist doch völlig nebensächlich, wer in welcher Jugendszene welche Kleidermarken trägt, welche Bedeutung die Farbe der Schnürsenkel in den Schuhen hat und welcher Sound zu welchem Haarschnitt passt. Könnte man meinen. Nein, das ist für viele Jugendliche von einer fundamentalen Bedeutung. Es ist jedenfalls um einiges wichtiger als die Schlacht bei Bibracte oder die Konjugation des Verbs «avoir» im Passé Composé. Aber was ums Himmels willen macht es denn aus, dass die einfältigen Schnürsenkel wichtiger sind als das, was von ganzen Heerscharen gescheiter Menschen und ganzen Bibliotheken voller gescheiter Bücher als elementar bezeichnet wird? Ganz einfach: Es hat irgendetwas zu tun mit persönlichem Nutzen. Es geht von der Frage aus: Was nützt es mir?

Vielleicht ist es ganz hilfreich, einmal davon auszugehen, dass im Grunde genommen jeder Mensch ein absoluter Egoist ist. Vielleicht lohnt es sich, die Frage zu stellen, ob Menschen überhaupt für andere Menschen (oder Tiere, oder Umwelten, oder geschützte Pflanzen, oder ...) etwas tun können. Tun wir nicht alles, was wir tun, letztendlich für uns? Ausschliesslich für uns? Dient es nicht nur einfach unserem Gewissen, unserem Bild, das wir von uns haben (oder das andere von uns erhalten sollen!), wenn wir uns für andere einzusetzen vorgeben? Nur mal angenommen, der Mensch könne gar nicht anders, als alles einzig und allein aus der Perspektive des puren Eigennutzes zu unternehmen oder zu unterlassen. Welch ein Gedanke: Alles, was wir tun, ist purer Eigennutz? Eigennutz: zum eigenen Nutzen. Na und? Was spricht dagegen? Zum eigenen Nutzen – das muss ja keineswegs heissen, dass es gegen andere ist. Ich kann etwas für mich, für mein Image, für mein gutes Gewissen tun und es kann anderen ebenso zum Vorteile gereichen.

Verschiedene Forschungsarbeiten haben sich unabhängig voneinander mit den Beweggründen freiwilliger Helfer beschäftigt. Und sie kamen zu mehr oder weniger gleichen Ergebnissen. Ein Hauptgrund für helfendes Engagement scheint darin zu bestehen, den eigenen altruistischen Werten Ausdruck zu verleihen und durch die Hilfe, die anderen zuteil wird, das

«Schüler aller Stufen schliessen einen friedlichen Kompromiss mit ihrer Unwissenheit.»

eigene Selbstbild stabilisieren zu können. Die persönliche Weiterentwicklung, das Erleben sozialer Wertschätzung oder die Verarbeitung eigener Probleme sind weitere Aspekte, die durch den Einsatz für andere letztlich auch der Verbesserung oder dem Schutz des eigenen Selbstwertgefühls dienen. (7)

Vielleicht lohnt es sich, das Lernen einmal aus einer anderen Warte zu betrachten. Kann das Passé Composé als Sache überhaupt einen Nutzen haben? Was ist der sachlich-inhaltliche Nutzen des Kürzens von Brüchen? Natürlich, das braucht man dann einmal. Später. Im Leben. Quatsch! Alle Schülerinnen und Schüler haben das schon tausendmal um die Ohren gehauen bekommen. Und sie können es entsprechend fehlerfrei wiedergeben, sogar mit dem gleichen Notfall-Gesichtsausdruck, den bereits ihre Lehrer oder Eltern beim gleichen Verslein aufgesetzt haben.

Weshalb beginnen Kinder zu rauchen? Dem Rauchen ist ja nun wirklich kein praktischer Nutzen abzugewinnen. Das hat, rein sachlich gesehen, nicht den allergeringsten Nutzen. Wer mit dem Rauchen beginnt, kann es auch nicht gut finden. Auch das ist sachlich gesehen gar nicht möglich. Wer mit dem Rauchen beginnt, tut das also überhaupt nicht des Rauchens wegen. Das läuft auf einer ganz anderen Ebene ab, auf der Ebene der Beziehungen (zu sich, zu anderen), auf der Ebene der Gefühle, der emotionalen Spannung. Der Nutzen manifestiert sich nicht darin, dass die ersten Zigaretten zum Kotzen sind, er manifestiert sich darin, dass ich meine Neugier befriedigt habe, es mir und anderen gezeigt habe, dass ich auch dazu gehöre.

«Nutzen ist immer Eigen-Nutzen.»

Nur mal angenommen: Es gibt gar keinen sachlichen Nutzen per se. Angenommen, Nutzen kann immer nur bezogen auf jemanden sein. Was heisst das für Schule und Lernen? Nutzen ist – so gesehen – immer Eigen-Nutzen und zwar eben nicht auf der Sach-, sondern auf der Beziehungsebene. Es geht also nicht ums Passé Simple, sondern es geht um die Gefühle des Individuums in diesem Moment, in diesem Kontext, zu diesem Thema. Ich lerne nicht Mathematik, ich lerne etwas über mich – am Beispiel von Mathematik. Es geht nicht um Mathematik, es geht um Menschen. Der Nutzen des Lernens generiert sich folglich immer auf der Beziehungsebene. Hier und Jetzt.

Vielleicht hilft es, nicht von Inhalten, sondern von Verhalten zu sprechen. Denn: Man kann es drehen und wenden wie man will: Irgendeinmal arten alle noch so diffusen Vorstellungen und Wüsche in Handlungen aus. Auch wenn es nur ein paar Sekunden sind: Wer etwas will, muss etwas tun. Oder besser: Muss etwas tun wollen. Es geht also um den Schritt vom Wollen zum Tun. Es geht um den kleinen Schritt zum Büchergestell, den Griff zum Lexikon. Unter H findet sich «Heisenberg, Werner. 1901–1976, dt. Physiker, entwickelte die Quantentheorie», steht da zu lesen. Und, neben anderen Informationen: «1932 ausgezeichnet mit dem Nobelpreis.»

Da stellt sich natürlich die Frage: Was ist der Eigen-Nutzen? Eigentlich geht es ja nicht um Heisenberg. Worum denn? Vielleicht um das Gefühl, sich überwunden zu haben. Vielleicht um die Freude auf den kleinen Sieg über sich selbst. Vielleicht um den Stolz, anderen in etwas voraus zu sein. Vielleicht um Anerkennung, die ich bei jemandem zu erhalten wünsche. Und vielleicht auch ganz einfach um die Freude, etwas zu wissen, zu können – um die Freude an sich selbst.

Die Beziehung dominiert die Sache. So gesehen dient das Lernen eigentlich gar nicht den Inhalten, vielmehr dienen Inhalte nur dem – übergeordneten – Lernen. Der Weg ist mithin das Ziel. Und dieser Weg des Lernens kennt keine Abkürzung. Es gibt keine Techniken, die Wunder wirken. Der Erfolg des Kassettenrekorders unter dem Kopfkissen hält sich in engen Grenzen. Die unzähligen Tricks, die sich irgendwelche Schlauberger ausdenken, haben noch nie funktioniert. Sie können nicht funktionieren. Der Lernvorgang gehört zu den Dingen, die sich durch nichts ersetzen lassen.

Und so funktioniert nicht nur das Lernen. Niemand ist je auf einen Berggipfel gefallen. Wer etwas will, muss etwas unternehmen. Das ist das Gegenteil von unterlassen. Sonst wäre Kolumbus nie nach Indien aufgebrochen. Ist er aber! Er hat die Trossen lösen lassen. Er ist zum Hafen hinausgesegelt. Westwärts. Er war herausgefordert durch die Navigation, die Winde, die Strömungen, die Besatzung. Entscheidend aber: Er war unterwegs. Und das macht den Unterschied: Das Unterwegs-Sein. Einmal unterwegs, und die Aufbruchstimmung kann erhalten bleiben. Das motivationstötende Gift verschwindet, die Neugier lebt auf, die Lernlust wird aus ihrem Dornröschenschlaf geweckt.

«Die Bahn entsteht erst dadurch, dass wir sie beobachten.» Mit diesem kurzen Satz fasste der 25-jährige Werner Heisenberg im Februar 1927 eine der wundersamsten Wendungen der modernen Wissenschaft zusammen: die Revolution der Physik namens Quantenmechanik. Heisenberg erkannte, dass den Atomen nicht mit den traditionellen Mitteln der klassischen Physik beizukommen war. «Es galt», so der Wissenschaftshistoriker Ernst Peter Fischer, «den Boden der Tradition aufzugeben und einen neuen Kontinent zu suchen. Heisenberg fühlte sich wie Christoph Kolumbus, und er bewunderte vor allem dessen mutige Entscheidung, auch dann noch die eingeschlagene Route einzuhalten, als der mitgeführte Proviant nicht mehr reichte, um die Rückkehr sichern zu können.» (9)

Unterwegs sein heisst also das Zaubermittel. Erst durch das Tun lassen sich motivierende Kräfte freisetzen. Unterwegs sein heisst, sich Chancen geben. Unterwegs sein heisst, neue Ansichten gewinnen können. Unterwegs sein heisst, sich in neuen Situationen neu zu erleben. Unterwegs sein heisst, einen Weg unter die Füsse nehmen. Aber: Es gibt keine asphaltierten Strassen, die wir gehen können. Denn Lernen ist ein lebenslanges Abenteuer. Es ist eine immer währende Reise auf persönlichen Lernpfaden. Wir bahnen uns unsere eigenen Wege, indem wir sie gehen. Will heissen: indem wir denken und lernen. Der Weg entsteht durch den Prozess des Gehens. Dabei stossen wir ständig an Hindernisse, halten inne, müssen Umwege machen. Natürlich,

«Erst durch das Tun lassen sich motivierende Kräfte freisetzen.»

das Unterwegssein lässt sich auch aus der Perspektive der Risiken betrachten. Und die Liste der möglichen Gefahren, die in allen Ecken und hinter allen Bäumen auf der Lauer liegen, wird nicht enden wollen. In der Tat: Überall wartet die Unbill des Lebens nur darauf, uns zu attackieren. Was da alles schief gehen kann, das geht auf keine Kuhhaut. Rund 30‘000 Krankheiten können – zum Glück nur theoretisch und nicht alle auf einmal – den Menschen plagen. Und von den 100‘000 Befindlichkeiten, die es geben soll, gehört mindestens die Hälfte zu jenen, die uns nicht zum Wohle gereichen. Dazu können sich mannigfaltige Katastrophen, Unglücksfälle und Schicksalsschläge aller Art gesellen. Ein Schnürsenkel kann reissen. Ein Blitz kann mich treffen. Der Regen kann meine neue Frisur ruinieren. Regen, na und? Wie heisst es doch so schön: Optimisten brauchen keinen Regenschirm. Sie gewinnen auch dem schlechten Wetter positive Seiten ab. «Ich bin froh, dass es regnet,» sagt der eine, «denn wenn ich nicht froh wäre, würde es trotzdem regnen ...»

Es ist also die Perspektive, die Sicht der Dinge, die den Unterschied ausmacht. Es ist der erste Schritt. Jetzt und hier. Und es ist der Genuss dieses Schrittes, die Unverkrampftheit des Lernens. Es macht doch ganz einfach Spass, etwas zu tun, etwas zu wissen. Also: Reden wir doch einfach viel weniger von den Inhalten als vielmehr vom Spass am Tun, von der Vorfreude auf sich selbst. Die Inhalte sind eh nur eine Folge davon. Der Nutzen entsteht nicht bei der Mathematik. Der Nutzen entsteht bei mir. Da passiert etwas – mit mir, in mir. Und das zu entdecken lohnt sich.

Bildungshunger

Kann es Zufall sein, dass man von Bildungshunger und Wissensdurst spricht? Essen und Trinken können (ebenso wie Lernen) völlig unterschiedlich gestaltet – inszeniert – werden. McEating beispielsweise: Der vorfabrizierte Einheits-Fastfood wird aus synthetischen Behältern ohne Umweg über das Geniessen direkt dem Magen zugeführt. Verpflegung muss halt sein. Wer sagt da: «Schule auch …» Nur weil Aufgaben auf dem Magen liegen, so schwer verdaulich sind und sauer aufstossen?

Ein Blick in die modernen Kochbücher lässt erahnen, dass es auch anders sein kann. Und zwar beginnt das Essen weit vor dem Essen. Beispielsweise beim Gedanken daran. Beschränke ich mich auf die ewig gleichen Schniposa oder lasse ich mich inspirieren? Lasse ich der Phantasie Raum? Wage ich immer wieder etwas Neues? Getreu dem Motto: Never be afraid to try something new. Remember, amateurs built the ark, professionals built the Titanic. Dann der Einkauf: Welch ein Unterschied, ob ich vor abgepackten, vorgefertigten Produkten stehe oder vor einer kunstvoll gestalteten Auslage mit frischen Gemüsen und Kräutern, mit einer Vielfalt von Düften, die mich umfangen. Oder der Metzger, wie er ein Stück Fleisch aussucht und kunstvoll mit dem Messer zurechtschneidet. Oder der verführerische Duft frischer Brote, die Augenweide einer Auswahl von unterschiedlichsten Käsesorten. Das alles macht Essen schon im Voraus zum Erlebnis. Vorfreude auf sich selbst …! Aber es braucht diese Fülle gar nicht. Auch mit ganz einfachen Zutaten lassen sich tolle Gerichte auf den Tisch zaubern. Es ist eine Frage der Zubereitung. Wer mit Liebe und Hingabe den Kochlöffel schwingt, wird entsprechende Resultate erhalten. Mit einer Prise Leidenschaft, heisst bezeichnenderweise ein Kochbuch von Elfie Casty. Und in anregender Gesellschaft wird ein solches Essen dann doppelt zum Genuss.

Bildungshunger und Wissensdurst – warum machen wir nicht aus einer Mathematikaufgabe oder einem Aufsatz eine kleine Inszenierung. Eine Prise Leidenschaft kann ja auch hier nicht schaden. Ein bisschen Liebe und Hingabe macht aus jedem Kabis ein Festessen – und aus einem Dreisatz ein Erlebnis. Ein wenig Fleisch an die Gabel, ein bisschen Sauce dazu. Bissen um Bissen. Ein neues Wort kennen lernen, einen neuen Zusammenhang erkennen, Fortschritt um Fortschritt. Wer sich darauf beschränkt, Nahrung aufzunehmen, weil es nicht anders geht, wird mit der Zeit die Freude am Essen verlieren. Aus einer Kultur wird eine Verrichtung. Noch einmal: Ist es Zufall, dass man von Bildungshunger und Wissensdurst spricht. Sind die Parallelen nicht augenfällig?

Wir wissen: «Nutzen» ist etymologisch das gleiche Wort wie «Genuss». Der Nutzen des Essens ist klar: die Abwesenheit von Hunger. Der Genuss hingegen lässt sich nicht ganz so einfach fassen. Er generiert sich aus einer komplexen Mischung von Emotionen und sinnlichen Wahrnehmungen. Und beim Lernen? Man kann wissensmässig verdursten und bildungsmässig verhungern – und lebt trotzdem weiter. Die Freude am Wissen, die Lust am Entdecken, die unendliche Leichtigkeit des Lernens entwickeln sich – ähnlich wie beim Essen – aus der Inszenierung. Lernen hat folglich viel mit sinnlicher Wahrnehmung und Beziehung zu tun.

Beziehung heisst: Beziehung zu sich selber. «Selber» – ein Schlüsselwort für Kinder, kaum können sie die ersten Laute bilden. Sie wollen selber den Löffel halten. Sie wollen selber aus dem Glas trinken. Sie wollen selber die Zähne putzen. Die Erwachsenen stehen ihnen dabei im Wege. Eine gravierende Veränderung im Alltag von Kindern und Jugendlichen manifestiert sich in der zunehmenden Beschränkung der Eigentätigkeit. «Rasen nicht betreten!», «Im Freien kein Feuer entfachen!» Die sichtbaren Einschränkungen verstärken das Gefühl, nichts tun zu können. Hinzu kommt: Kinder spielen heutzutage vorwiegend mit vorfabriziertem Spielzeug, das man für sie gekauft hat. Sie stellen nichts her, sie bedienen die Spielzeuge an Knöpfen und Schaltern. Damit entfällt zunehmend jene Selbsterprobung und Selbsterfahrung, auf die Heranwachsende dringend angewiesen sind, wenn sie Selbständigkeit, Selbststeuerungsfähigkeit, Problemlösungskompetenz, Selbstvertrauen, Eigeninitiative, Beharrlichkeit, Selbstwertgefühl entwickeln sollen. «Fehlen derartige Bewährungssituationen», sagt Hans-Günter Rolff, «so werden Kinder über Gebühr abhängig vom Lob und vom Tadel anderer, von deren Weisungen, Hilfen und Kontrollen. Das daraus resultierende Phänomen der Unmündigkeit und Unselbständigkeit lässt sich in unseren Bildungseinrichtungen alltäglich beobachten.» (16) «Schülerhaft» eben. Unselbständig, wie der Duden dazu sagt.

LERNEN MIT GEFÜHL

Lernen ist ein sich selbst fördernder Prozess, stellt der «Spiegel» mit Blick auf die moderne Hirnforschung fest. Das dümmste Rezept heisst dabei: Pauken. Auswendiglernen hilft auf die Dauer wenig; vorhandene Synapsen werden dann rein mechanisch verfestigt, ohne dass der Information eine besondere Bedeutung zugemessen wird. Neue Nervenverschaltungen hingegen werden erst gebildet, wenn die Vokabeln wirklich zum Einsatz kommen – im Idealfall mit viel Gefühl: Emotionen wirken als Verstärker jeder neuen Information. Und Henning Scheich, Direktor am Leibnitz-Institut für Neurobiologie merkt an: «Ein Kind lernt dann am besten, wenn es Aufgaben selbständig löst. Das Lustgefühl, das damit einhergeht, ist nachhaltiger als jede Belohnung von aussen – anders, als viele Erziehungswissenschaftler meinen.»

Der Spiegel / 27/2002

Und tatsächlich. Die Schulen (aller Stufen) unterstützen die schleichende Erziehung zur Unmündigkeit systematisch und mit allen Kräften. Heinz Klippert dazu: «Kennzeichnend für die heutige Erziehungsarbeit ist eher eine Kultur der Unterforderung, der Verantwortungslosigkeit, der Belehrung und/oder der aufdringlichen Überbehütung. Gerade im Kleinkind- und im Grundschulalter werden den meisten Kindern von ihren Eltern viel zu viele Aufgaben und Verantwortlichkeiten abgenommen. Es wird für sie gedacht, gemacht, entschieden, geplant, organisiert und in sonstiger Weise Initiative und Verantwortung übernommen. Die unübersehbare Folge ist, dass sich bei den betreffenden Kindern über Gebühr Unsicherheit, Gleichgültigkeit, Oberflächlichkeit und/oder Bequemlichkeit einstellen. Diese Erziehung zur Unselbständigkeit und Unmündigkeit wird in der Schule häufig fortgesetzt.» (16) Das System basiert auf der Illusion der Machbarkeit, der ferngesteuerten Übertragung von Wissen. Das System erzeugt Beschulungsobjekte. Diese Art von Inszenierung widerspricht freilich dem tiefen menschlichen Bedürfnis nach «selbst».

Wirkungsvolle Settings dagegen erzeugen in den Individuen das Gefühl, beteiligt zu sein, (mit)gestalten zu können. Von der Pädagogik zur Autagogik, zur Selbstführung also. Vollständige Freiheit würde das vollständige Fehlen jeglicher Bedingtheiten erfordern. Also schminken

LERNEN

Diese chinesischen Zeichen stehen für das Wort »Lernen«. Das erste Zeichen bedeutet »studieren«. Es setzt sich aus zwei Teilen zusammen: aus einem Symbol für »Wissen anhäufen« und einem darunter befindlichen Symbol für ein Kind auf einer Türschwelle.

Das zweite Zeichen bedeutet »ständiges Üben« und zeigt einen Vogel, der die Fähigkeit entwickelt, sein Nest zu verlassen. Das obere Bild symbolisiert das Fliegen; das untere Bild symbolisiert die Jugend. Im orientalischen Verständnis ist das Lernen ein fortlaufender Prozess. Zusammengenommen bedeuten »studieren« und »ständiges Üben«: Die Kunst der Selbstverbesserung.

Die Wurzeln des Wortes »Lernen« deuten darauf hin, dass es früher einmal eine ähnliche Bedeutung trug. Es geht auf das Indo-europäische leis zurück, ein Substantiv, das »Spur« oder »Furche« bedeutet. Später verstand man dann unter »lernen«, dass man an Erfahrung gewinnt, indem man – wahrscheinlich ein Leben lang – eine Spur verfolgt.

Aus: Senge, Peter M. e.a.: Das Fieldbook zur Fünften Disziplin. Klett-Cotta. Stuttgart. 1997 wir uns die Illusion der absoluten Freiheit ab. Wir leben mit Einschränkungen. Auf der Sachebene stellt sich die Frage nach dem Grad der Einschränkungen. Und auf der Beziehungsebene stellt sich die Frage: Lebe ich mit den Einschränkungen – oder lebe ich mit den Spielräumen? Was ist mein Fokus? Die Einschränkungen? Oder die Spielräume? Die Inszenierung «Spielräume» dient dem ganz persönlichen Gefühl, Möglichkeiten zu haben, wählen zu können. Der Beschulte emanzipiert sich zum Lernenden. Der Lehrer wird zum Lernumfeldgestalter.

Die Belehrungsdidaktik mutiert zur Animationsdidaktik – im Sinne von animativ, was etwa so viel heisst wie belebend, beseelend, anregend. Und eben: Die Pädagogik entwickelt sich zur Autagogik. Der Begriff setzt sich zusammen aus «autos» (=selbst, aus eigener Kraft) und «agein» (=führen) und versteht sich als «Bezeichnung für ein didaktisches Lehr-Lernarrangement mit dem Ziel einer selbstwirksamen Kompetenzerweiterung von Lernenden im schulischen Kontext. Selbstwirksam lernen bedeutet, dass Lernende sich ihre eigenen, ihnen sinnvoll erscheinenden Ziele setzen, die sie dann entsprechend ihren eigenen, ihnen bedeutsam erscheinenden Strategien gemäss verfolgen und umsetzen. Die Autagogik beschreibt eine Selbstwirksamkeits-Didaktik.» (10). Mit anderen Worten: Lernen ist nicht eine Reaktion auf Lehren, nicht die Kehrseite des Lehrens. Lernen fusst auf einem tiefen Gefühl von «selbst» – und damit von Authentizität.

ANGST VOR VERÄNDERUNGEN

Was kann der Wechsel zu einem offenen Schulsystem bei den betroffenen Lehrkräften auslösen? Zitat aus einem Bericht: «Viele von uns drangen weit in ihr Inneres vor, und wir entdeckten, dass unsere Ängste, Feindseligkeiten und Bedürfnisse uns als Lehrer tiefgreifend beeinflussen. Die Struktur des Systems kann so etwas wie ein Zufluchtsort sein, und diesen «Ort der Sicherheit» freiwillig zu gefährden, kann als entsetzlich bedrohend empfunden werden.»

Carl R. Rogers

Lernen in Freiheit. Zur Bildungsreform in Schule und Universität. Kösel. München. 1979

Dieses Selbst ist eng verbunden mit Vertrauen. Die Schule muss sich von einer Low-Trust-Organisation zu einer High-Trust-Organisation wandeln. Vertrauen (und Verbindlichkeiten) sind die Begleiter auf dem Weg durch das Gefühl von Offenheit. In dieser Interpretation von Offenheit bieten engagierte Subjekte anderen engagierten Subjekten Arbeits- und Entdeckungshilfen an. Das Hauptinteresse richtet sich nicht auf die Ausführung vorgedachter Halbfabrikate, sondern auf die Realisierung eigener Lernentwürfe.
Die heutige Unterrichtswelt ist geprägt von der Vorstellung, dass das grosse Chaos ausbricht, wenn die normativen Strukturen gelockert werden. Und das Verhalten von kleinen und grossen Schülerinnen

und Schülern liefert die Bestätigung für dieses Bild: Sobald die Lehrperson den Raum verlässt, bricht das System in sich zusammen. Wenn er vergisst, Aufgaben zu erteilen, kommt dies einer Aufforderung zum fachlichen Nichtstun gleich. Und spätestens die zweite Frage bei einer Arbeit lautet: Gibt es Noten? Was bei einem «Ja» wiederum bedeutet: Dann muss ich wohl etwas tun ... Kurz: Nach dem Prinzip der selbsterfüllenden Prophezeiung bricht tatsächlich das Chaos aus, wenn die Schüler nicht unter der Knute sind. Und jeder bestandene Lehrer kann sich auf die Schulter klopfen: Ich hab's ja gewusst! Und mit ihm die bestanden Eltern. Und die Schüler (nach Duden unselbständig) werden in die gleiche Kerbe hauen. Denn schliesslich ist – nach diesem Muster – die Lehrperson verantwortlich für das, was Schüler lernen.

Nur: die self-fulfilling-prophecy funktioniert genauso gut auch andersrum! In einer Kultur, in der man an seine und an die Stärken der anderen glaubt, wohnt auch dieser Prophezeiung die Tendenz zur Erfüllung inne. Denn die beteiligten Personen werden sich entsprechend verhalten. Und damit – bewusst oder unbewusst – ihren Beitrag leisten. Aber es funktioniert eben nicht zu sagen: Nun ändere mal deine Einstellung! Nun sei mal selbständig! Die Erziehung zur Selbständigkeit ist so lange ein Paradox, als die tradierten Muster aufrechterhalten werden. Gehe ich aber davon aus, dass Lernen ein individueller Konstruktionsprozess ist, entlastet mich das von der Verantwortung, anderen etwas – zum Beispiel Selbstständigkeit – beibringen zu wollen. Es entlastet mich deshalb, weil es gar nicht möglich ist. Ich kann mich (als Lehrer) dennoch nicht auf billige Weise aus der Verantwortung stehlen. Denn statt der «anderen» bin ich an der Reihe. Die «Erziehung» bezieht sich dann auf mich, auf meine Haltung, auf meine Einstellung. Die «Selbsterziehung» wirkt sich auf meine Interaktion aus. Das innere Spiel wird anders gespielt. Und damit auch das äussere. Die Veränderungen an mir lassen mich die Welt und die handelnden Menschen mit anderen Augen anschauen. Ich sehe andere Lernende. Und diese Lernenden werden sich mir gegenüber anders verhalten. Und so weiter.

Lernen ist ein permanenter Prozess der Selbsterneuerung und Selbstentdeckung. Das grösste unentdeckte Gebiet der Welt liegt zwischen Kopfhaut und Fusssohlen. Für dieses Vorstossen in unentdecktes Gebiet muss die Schule die Sphären schaffen. Inszenierungen. Und sie wird fast automatisch zu einer lernenden Organisation. «Never doubt that small groups of committed people can change the world. In fact, it's the only thing that ever has", macht Margret Mead den Zweiflern Mut. Mut zum Aufbruch, das Paradies zu entdecken.

z.B.

Individualreise durch die Lernlandschaft – System Based Competence Development©

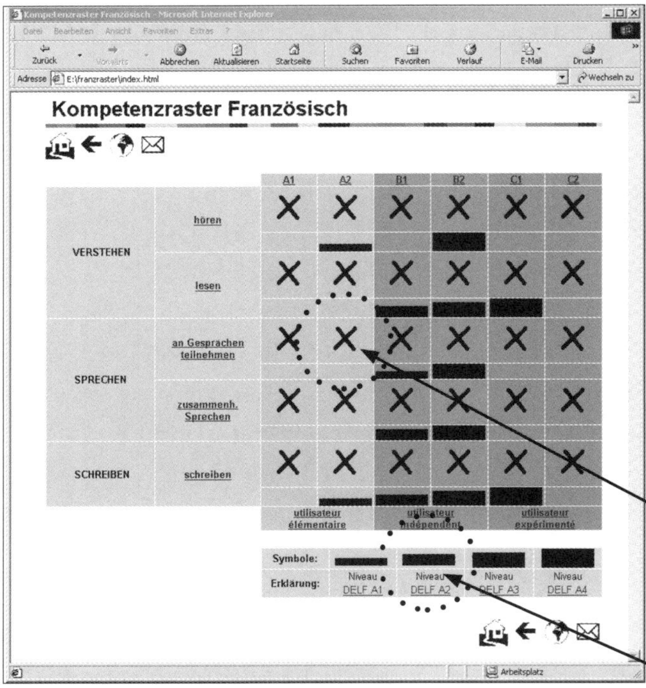

Die Kompetenzraster (siehe Seite 84) beschreiben die Kriterien und Qualifikationsstufen eines Fachbereiches. Sie können aber auch Grundlage sein für ein ganzes System, auf dessen Basis Schülerinnen und Schüler die Möglichkeit haben, selbstgesteuert die Lernlandschaft zu entdecken.

Die Auftaktseite macht deutlich, welche Kriterien für die französische Sprache massgebend sind.

Per Mausklick können die Beschreibungen der einzelnen Qualifikationsstufen auf den Bildschirm gebracht werden.

Die dunklen Balken in den einzelnen Feldern zeigen, wo relevante Informationen für die Sprachzertifikate (Delf) zu finden sind.

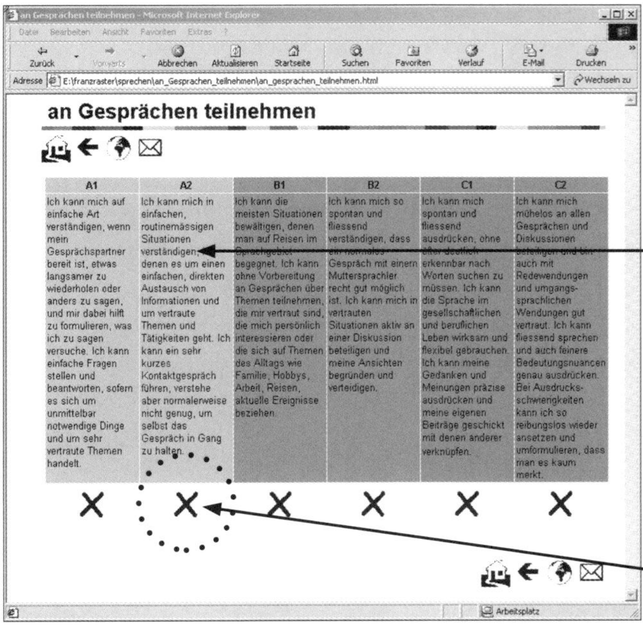

Beispiel: An Gesprächen teilnehmen.
Die Formulierungen des Kompetenzrasters zeigen, was ein Schüler auf der entsprechenden Stufe kann.

Das gibt den Lernenden die Möglichkeit einer groben Orientierung: Kann ich das? Per Mausklick lässt sich das entsprechende Feld öffnen.

Die Formulierungen des Kompetenzrasters sind mit Beispielen ergänzt.
Jedes Beispiel kann als Link gestaltet sein.

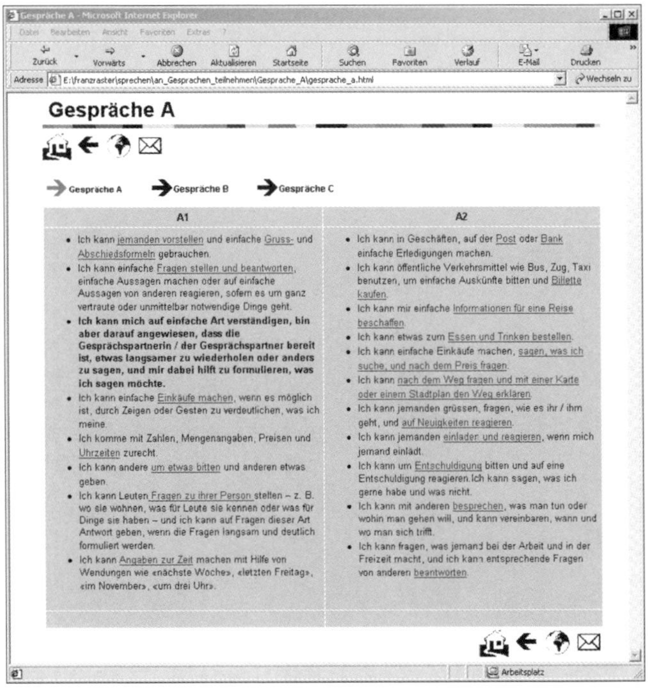

Gespräche A

Gespräche A Gespräche B Gespräche C

A1

- Ich kann jemanden vorstellen und einfache Gruss- und Abschiedsformeln gebrauchen.
- Ich kann einfache Fragen stellen und beantworten, einfache Aussagen machen oder auf einfache Aussagen von anderen reagieren, sofern es um ganz vertraute oder unmittelbar notwendige Dinge geht.
- **Ich kann mich auf einfache Art verständigen, bin aber darauf angewiesen, dass die Gesprächspartnerin / der Gesprächspartner bereit ist, etwas langsamer zu wiederholen oder anders zu sagen, und mir dabei hilft zu formulieren, was ich sagen möchte.**
- Ich kann einfache Einkäufe machen, wenn es möglich ist, durch Zeigen oder Gesten zu verdeutlichen, was ich meine.
- Ich komme mit Zahlen, Mengenangaben, Preisen und Uhrzeiten zurecht.
- Ich kann andere um etwas bitten und anderen etwas geben.
- Ich kann Leuten Fragen zu ihrer Person stellen – z. B. wo sie wohnen, was für Leute sie kennen oder was für Dinge sie haben – und ich kann auf Fragen dieser Art Antwort geben, wenn die Fragen langsam und deutlich formuliert werden.
- Ich kann Angaben zur Zeit machen mit Hilfe von Wendungen wie «nächste Woche», «letzten Freitag», «im November», «um drei Uhr».

A2

- Ich kann in Geschäften, auf der Post oder Bank einfache Erledigungen machen.
- Ich kann öffentliche Verkehrsmittel wie Bus, Zug, Taxi benutzen, um einfache Auskünfte bitten und Billette kaufen.
- Ich kann mir einfache Informationen für eine Reise beschaffen.
- Ich kann etwas zum Essen und Trinken bestellen.
- Ich kann einfache Einkäufe machen, sagen, was ich suche, und nach dem Preis fragen.
- Ich kann nach dem Weg fragen und mit einer Karte oder einem Stadtplan den Weg erklären.
- Ich kann jemanden grüssen, fragen, wie es ihr / ihm geht, und auf Neuigkeiten reagieren.
- Ich kann jemanden einladen und reagieren, wenn mich jemand einlädt.
- Ich kann um Entschuldigung bitten und auf eine Entschuldigung reagieren. Ich kann sagen, was ich gerne habe und was nicht.
- Ich kann mit anderen besprechen, was man tun oder wohin man gehen will, und kann vereinbaren, wann und wo man sich trifft.
- Ich kann fragen, was jemand bei der Arbeit und in der Freizeit macht, und ich kann entsprechende Fragen von anderen beantworten.

Und zu jedem Link finden sich nun praktische und lebensnahe Aufgaben.
Aufgaben, das kann heissen: lesen, hören, schreiben, sprechen. Das kann heissen: Rollenspiele, (echte) Telefonate, Mails, Briefe, Kurzhörspiele, Filmsequenzen, Partnerarbeiten. Der inhaltlichen und methodischen Vielfalt sind kaum Grenzen gesetzt.

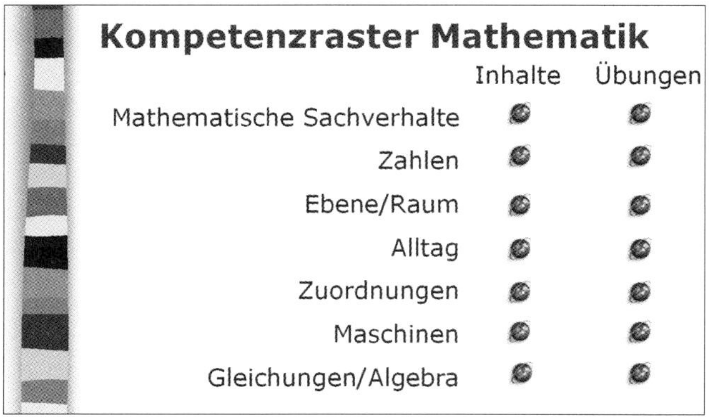

Ein anderes Beispiel: Mathematik. Auch hier bildet der Kompetenzraster die inhaltliche Grundlage.

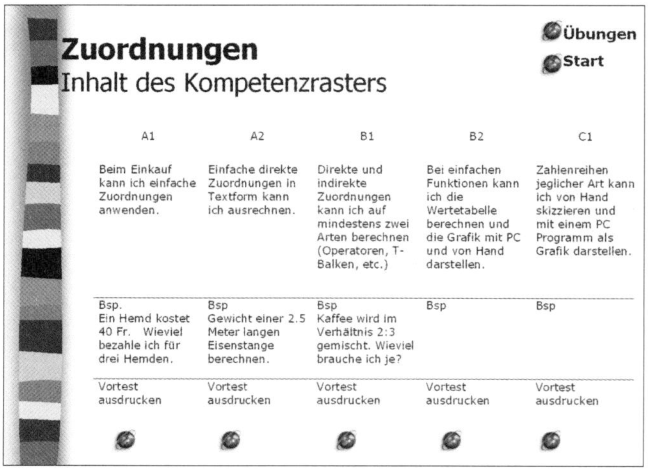

Die Beschreibungen und ein paar Beispiele bieten die Möglichkeit zur groben Orientierung.

institut beatenberg alpen internat fit for life Test - Analyse - Training

Test: Standortbestimmung Zuordnungen A1

Name: Datum: **20.08.2002**

Bewertung: Visum:

Achtung: Taschenrechner nicht erlaubt!!

(17) Für einen Liter Cola bezahlt man 1.8 Fr. Was kosten zwei Liter?

	2.7	3.2	3.6	3.8	4.2	5

Ein Liter Milch kostet 1,8 Fr. Was kosten drei Liter Milch?

	3,6	5,2	5,4	6,4	8,4	4

2 Kilogramm Kartoffeln kosten 4.8. Was kosten 20 Kilogramm?

	4.8	9.6	24	36	48	96

Eine Rose kostet 4.5 Fr. Was musst du für einen Strauss mit 9 Rosen ausgeben?

	22.5	36	39.5	40.5	42.5	43.5

Die Rechnung an der Kasse macht 87.35. Was bekommst du bei einer Hunderternote zurück?

	23.65	22.65	21.65	13.65	13.55	12.65

Sechs Flaschen Mineralwasser kosten 9 Fr. Wie teuer ist eine Flasche?

	9	6	4.5	3	2	1.5

5 Kg Hundefutter kosten 13 Fr. Was kostet der Sack zu 20 kg?

Für jedes Rasterfeld lässt sich per Mausklick ein Vortest ausdrucken. Dieser Test enthält eine bunte Mischung von Aufgaben aus dem entsprechenden Themenbereich mit ebenfalls entsprechendem Schwierigkeitsgrad.

Aufgrund des Vortests können die Lernenden erkennen, inwieweit ihre Kenntnisse den geforderten Ansprüchen genügen.

Je nachdem befassen sie sich zum Vergleich mit den Inhalten und/oder dem Test der benachbarten Rasterfelder.

Zu jedem Rasterfeld können per Mausklick Informationen abgerufen werden zu weiterführenden Aufgaben und Beispielen. Dabei reicht es anzugeben, in welchen Büchern oder auf welchen Datenträgern die entsprechenden Aufgaben zu finden sind. Es reicht also, von jedem der Lehrmittel ein paar wenige Exemplare pro Arbeitsraum vorrätig zu haben.

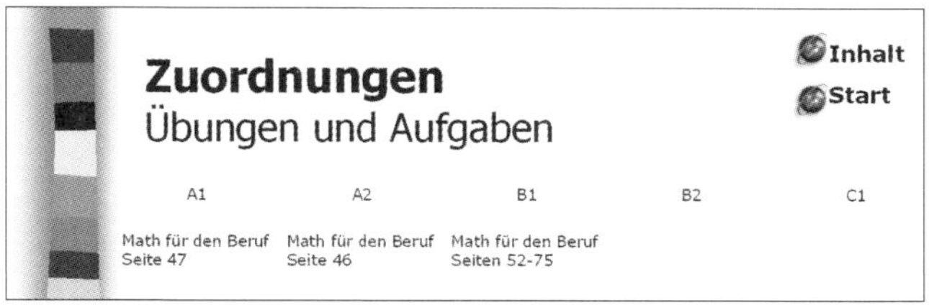

Die Lernenden werden in die Lage versetzt, sich individuell, ihrer Situation und ihren Bedürfnissen entsprechend mit den Themenbereichen auseinanderzusetzen. Die Felder sind inhaltlich klar abgesteckt. Das erleichtert natürlich die Orientierung ungemein und minimiert das Risiko, dass sich die Schülerinnen und Schüler irgendwo im Niemandsland verirren. Vortests, Links und Aufgabensammlungen setzen zwar Guidelines, ohne aber die individuellen Lernwege und Lerntempi wesentlich zu beeinflussen. Das System eignet sich sowohl für Einzelpersonen als auch für Study Buddies.

System Based Competence Development© ist entwickelt worden im Institut Beatenberg. Als Autoren zeichnen Paule Egli für die Version «Französisch» und Andreas Steinmann für die Version «Mathematik». Das System präsentiert sich äusserst einfach in der Anwendung und sehr flexibel im Ausbau. Die Links und vor allem die entsprechenden Beispiele sind zeitlich und inhaltlich beliebig erweiterbar und lassen sich jederzeit bedürfnisgerecht ergänzen.

Erfolg ist ... einmal mehr aufstehen als hinfallen.

Oscar Wilde

Ein afrikanischer Medizinmann führt seinen Schüler durch den Wald. Obwohl er schon betagt ist, geht er behende, während sein Schüler ständig stolpert und stürzt. Der Schüler rappelt sich auf, flucht, spuckt auf den tückischen Boden und folgt seinem Meister. Nach einer langen Wanderung gelangen sie an einen heiligen Ort. Ohne anzuhalten macht der Medizinmann auf dem Absatz kehrt und begibt sich auf den Heimweg.
«Ihr habt mich heute nicht gelehrt», sagt der Schüler, nachdem er wieder gestürzt ist. «Ich habe dich etwas gelehrt, doch du hast nicht begriffen», sagt der Medizinmann. «Ich versuche dir beizubringen, wie mit den Fehlern im Leben umzugehen ist.»
«Und wie soll ich mit ihnen umgehen?»
«Genauso wie du mit deinen Stürzen umgehen solltest», antwortet der Medizinmann. «Anstatt die Stelle zu verfluchen, an der du stürzt, solltest du versuchen herauszufinden, was dich zu Fall gebracht hat.»

Aus: Coelho, Paulo: Der Wanderer

7

Verliebt ins Gelingen

- *Wer seinen Blick bewusst auf das richtet, was gelingt, wer also der Logik des Gelingens folgt, generiert Wohlbefinden. Das Denken heisst: I'm possible. Nicht: Impossible.*

- *Zwei Begriffe bilden die Pfeiler für die Brücke in die Zukunft: Antizipation und Partizipation. Es geht darum, sich Spielräume zu gestalten, zu können statt zu müssen und vom Betroffenen zum Beteiligten zu werden.*

- *Die Aktivitätsschwerpunkte verlagern sich von der Stirnseite des Schulzimmers hin zu den einzelnen Lernenden. Sie werden zu Handelnden, die danach trachten, erfolgreich zu sein.*

Erfolg

Erfolgreiche Menschen haben sich stets, bewusst oder unbewusst, an zwei Spielregeln gehalten. Sie tun nicht das, was sie lieben, sie lieben das, was sie tun. Und: Sie tun es richtig.

Das Wörterbuch definiert Erfolg als «positives Ergebnis einer Bemühung» und als «Eintreten einer beabsichtigten Wirkung». Was ist falsch daran, unser Streben auf Erfolg auszurichten, auf positive Ergebnisse und beabsichtigte Wirkungen? Denn im besten Fall macht uns der Erfolg sogar tolerant und bescheiden. Jedenfalls erklärt Somerset Maugham: «Die landläufige Meinung, Erfolg verderbe die Menschen, weil er sie eitel, egoistisch und selbstgefällig mache, ist irrig. Im Gegenteil, Erfolg macht sie zumeist bescheiden, tolerant und gütig. Versagen macht Menschen bitter und grausam.» Voilà! Versagen beeinträchtigt die Gesundheit.

Erfolge hat man aber nicht einfach. Erfolgsgeschichten sind das Ergebnis der eigenen Wahrnehmung. Es geht darum, hinzuschauen. Erfolgsfokus heisst das entsprechende Stichwort. Das heisst: Man muss sich die Erfolge bewusst machen, die vielen kleinen Siege über sich selbst. Es gilt, sie zu pflegen, sich an ihnen zu freuen, sie quasi zu kapitalisieren. So zieht sich, einer kostbaren Perlenkette gleich, ein roter Faden durchs Leben, an dem die Erfolge wie Perlen aufgereiht sind. Das gilt auch und gerade für die Schule, für das Lernen. Doch: Erfolg ist irgendwie verpönt. Wir tun uns schwer mit Erfolgsgeschichten. Wer von Erfolgen spricht, wird ziemlich schräg angeschaut. Ignoriert zu werden ist in solchen Situationen eine ausserordentlich milde Form der Verachtung. Erfolge sind nicht salonfähig. Davon spricht man nicht. Gerade im schulischen Kontext, wo Naturwolle und Sandalen die Szene modisch prägen, hat das Wort «Erfolg» einen schalen Beigeschmack. Es haftet ihm ein Geruch aus dem Rennstall der Wirtschaft an. Das allein ist schon suspekt genug. Erfolg riecht verdächtig nach Macht, nach Reichtum, nach Gewinn und nach Kapital. Wer erfolgreich sein will, so ein gängiges Bild, muss die Ellbogen zu Hilfe nehmen – oder notfalls sogar die Fäuste. Und wenn ihm die körperlichen Voraussetzungen für diese Art von Erfolg fehlen, bedarf es eines Meisters der Rankün und des Machtspiels machiavellistischen Zuschnitts.

«Erfolg hat nur der, der etwas tut, während er auf den Erfolg wartet», meint Thomas Alva Edison. Das Bild macht deutlich: Wer erfolgreich sein will, muss die Ärmel hochkrempeln und zupacken, muss den entscheidenden Tick schneller sein und andere hinter sich lassen, muss sich durchsetzen. Erfolg wird mitunter gleichgesetzt mit Macht. Und tatsächlich: Erfolg ist Macht – Macht über sich selbst!

Wer Erfolg hat, ist reich – erfolgreich! Erfolg hat deshalb mit einer Art Reichtum zu tun. Und mit Kapital – mit Humankapital nämlich. Wer erfolgreich ist, äufnet sein eigenes Kapital. Wirtschaftlich gesehen gibt die Höhe des Eigenkapitals Auskunft über den Gesundheitszustand und die Unabhängigkeit eines Unternehmens. Das gilt ohne Abstriche auch für das eigene Lebensunternehmen, für die «Ich AG». Erfolge bilden die Kapitalbasis. Dieses Eigenkapital schafft Vertrauen, Vertrauen in die eigene Leistungsfähigkeit. Das generiert Autonomie aus einer Position der Sicherheit.

Wer erfolgreich ist, ist auf der Seite der Gewinner. Gewinnorientierung – pfui aber auch. Nein, überhaupt nicht pfui!

«Erfolgreiche Menschen tun nicht das, was sie lieben. Sie lieben das, was sie tun. Und sie tun es richtig.»

Gewinnen heisst etymologisch etwa so viel wie: durch die Anstrengung der Nahrungssuche zu etwas zu gelangen, etwas zu schaffen, zu erringen, zu erlangen. Was in aller Welt spricht denn dagegen, sein Leben darauf auszurichten, Gewinne zu erzielen? Gemeint sind nicht in erster Linie materielle Gewinne. Gemeint ist der Gewinn an Lebensqualität und Lebensgefühl. Aber eben: Erfolg ruft Neid auf den Plan. «Man kann leicht am Leid des Freundes teilnehmen», sagt Oscar Wilde, «viel schwerer fällt es, an seinen Erfolgen Freude zu haben.» Und in der Tat: Wer jammert, findet schnell Freunde. Deshalb kommt man mit Stress viel besser an. Stress, welcher Wohlklang begleitet das Wort. S t r e s s! Die Lehrerin stellt eine Aufgabe: Stress! Die Toilette ist besetzt: Stress! Die Ampel steht auf Rot: Stress! Fünf Minuten vor Büroschluss ruft ein Kunde an: Welch eine Zumutung! Stress! Der Reitunterricht ist um eine Viertelstunde verschoben worden: Stress! Wer nicht im Stress ist, macht sich heutzutage verdächtig im Abendlande. Stress ist in. Schon im Kindergarten haben die Knirpse gefälligst unter Stress zu leiden. Und ein Inserat macht auf «Anzeichen von Stress» aufmerksam, nimmt Bezug auf die Schule und verspricht Heilung mit Kräuterpillen. Von der Wiege bis zur Bahre ist der Stress das einzig Wahre.

«Wie geht's?» Auf diese heimtückische Frage hilft das millionenfach bewährte Sechs-Punkte-Programm: 1. Wie von einer Kugel getroffen zusammenzucken. 2. Bedächtig die Augen schliessen. 3. Nach einer kurzen Pause das innere Mischpult auf leichtes Stöhnen und Schnauben justieren. 4. Augen sorgfältig öffnen und den leicht verschleierten Blick zum Himmel wenden. 5. Noch einmal die Augen schliessen. 6. Und dann – dann das Schlüsselwort so richtig auf der Zunge zergehen lassen: «Stress ...». Hosianna.

Wer einigermassen glaubhaft den alltäglichen Kleinkrieg mit dem tückischen Feind «da draussen» für sich in Anspruch nehmen kann, wird spornstreichs zum Mittelpunkt des Interesses. Wer über Stress zu klagen hat, der das Leben schwerer macht als es sonst schon ist, befindet sich in guter

Gesellschaft. Ein Wort – Stress – und das Gespräch kommt in Gang. Wer von Stress spricht, meint Belastungen. Und wer vom eigenen Stress spricht, kann sozialverträglich kundtun, welche zentnerschwere Sorgenlast die böse Welt wieder einmal auf seinen Schultern deponiert hat. Ein neuer Winkelried ist geboren!
Helden sind gleichsam jene, die in den Wellen des ganz normalen Alltagswahnsinns schier unterzugehen drohen, sich aber dank übermenschlicher Anstrengung knapp über Wasser halten können. Wie weiland Winkelried gegen die Speere der Habsburger, kämpfen die neuen Helden gegen die Sturmfluten des Stresses. Doch mit dieser Art von Heldentum lassen sich bestenfalls an Parties oder Stammtischen oder anderen Jahrmärkten der Wehleidigkeit Lorbeeren einheimsen.

Eigentlich meint ja Stress etwas ganz anderes als das, für das es heute herhalten muss. Es war der kanadische Mediziner Hans Selye, der etwa um 1950 das Wort Stress verwendete. Er bezeichnete damit Vorgänge, die sich bei höchster Anspannung im menschlichen und tierischen Körper abspielen und ihn auf überdurchschnittliche Leistung vorbereiten. Stress bezeichnet also eine Art körperlicher Mobilmachung: Alles was für die Bewältigung der akuten Ausnahmesituation notwendig ist, wird mobil gemacht; alles andere, was momentan nicht so vordringlich ist, wird gedrosselt. Die Weichen des Stoffwechsels im Organismus werden umgestellt; er lebt quasi von der Substanz. Die Prioritäten im Körper werden anders verteilt. Aber diese Reaktionen des Körpers sind für den Ausnahmezustand gedacht. Die Frage stellt sich deshalb: Wie lange kann ein Organismus es sich leisten, von der Substanz zu zehren?

«When you fight against life, life always wins», sagt ein amerikanisches Sprichwort. Wer sich mit Gebrüll und Fusstritten durchs Leben kämpfen will, geht unter. Denn: «You can't stop the waves but you can learn to surf.» Wir können die Wellen nicht aufhalten, aber wir können lernen, auf ihnen zu surfen. Auf viele belastende Ereignisse haben wir keinen Einfluss. Aber es steht in unserer Macht, ob wir uns von ihnen überschwemmen lassen oder ob wir elegant auf ihnen surfen.

Stress wird erst dann zur (krank machenden) Belastung, wenn der Druck unausweichlich scheint und damit von Dauer ist

DAS YERKES-DODSON-GESETZ

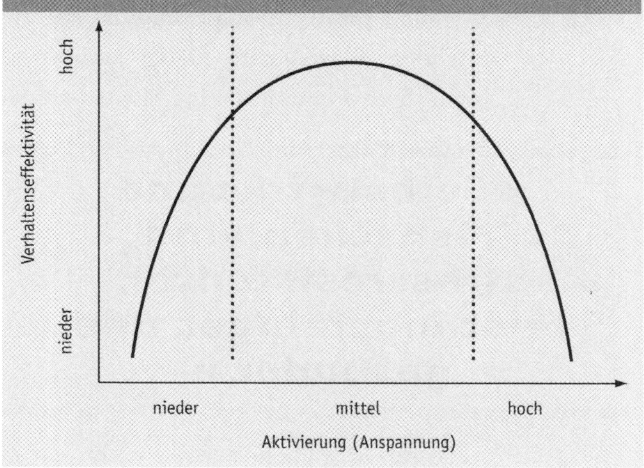

Aus: Psychologie heute, Februar 2002

– und wenn wir keine Möglichkeit sehen, in einem positiven Sinne Einfluss auf die Situation zu nehmen. Dabei kommt es nicht auf die objektiven Möglichkeiten

«Selbstwirksame Menschen sind stressresistenter, leistungsfähiger und gesünder.»

an, sondern schlicht auf das Vertrauen in die eigenen Fähigkeiten. Die Überzeugung, dem Lauf der Dinge nicht einfach ausgeliefert zu sein, ist das beste Surfbrett für die Wellen des Stresses. Von ihrer Selbstwirksamkeit überzeugte Menschen vertrauen auf ihre eigenen Fähigkeiten und Einflussmöglickeiten. Sie sind dadurch stressresistenter, leistungsfähiger und gesünder als jene, die sich ausgeliefert fühlen. Ist eigentlich plausibel, nicht? «Du kannst nicht verhindern, dass die Vögel der Besorgnis über deinen Kopf fliegen», sagen die Chinesen. «Aber du kannst verhindern, dass sie in deinem Kopf ein Nest bauen.» Anders gesagt: Wir können wenig gegen rote Ampeln, verschobene Reitstunden, besetzte Toiletten und anrufende Kunden unternehmen. Aber wir können etwas dagegen tun, uns dem Würgegriff der damit verbundenen negativen Gefühle auszuliefern.

Zugegeben: Der ständig wachsende Pendenzenberg kann die Lebensfreude erheblich trüben. Die sinntötenden Schulaufgaben können unglaublich anöden.
Die kleinen und grossen Nadelstiche des Alltags können Wunden verursachen. Das kann weh tun. Sehr sogar. Und je nach Belieben kann man nach Herzenslust leiden, einen Tag, eine Woche oder ein Leben lang. Wer jedes belastende Ereignis zum bereits erlittenen Ungemach hinzuaddiert, wer überall feindlich gesinnte Mächte ihr Unwesen treiben sieht, wer die Zeit damit verbringt, sich immer wieder neu ins Bad der emotionalen Belastung zu stürzen, wird ständig Wasser schlucken von den Wellen, die über ihm zusammenschlagen.

Stress in schädlicher Dosierung tritt nicht durch die Ereignisse per se auf, sondern dadurch, dass wir diese Situationen geistig wiederkäuen und sie so am Leben erhalten. Wer emotionale Belastungszustände immer und immer wieder hervorkramt, führt seinen Aggressionen oder Depressionen Nahrung zu. Und wird nicht los, die Geister, die er rief. Nicht die belastenden Ereignisse an sich machen also krank. Krank macht der Umgang damit. Krank macht die Hilflosigkeit, das Ausgeliefertsein, die Rolle des passiven Opfers. Krank macht der Negativ-Fokus, der Dauerblick durch die schwarze Brille des Leidens. So weit, so schlecht!

Wenn nun aber das dauernde Wiederkäuen negativer Erfahrungen krank machenden Stress verursacht, dann … ja dann kann ja eigentlich auch das Umgekehrte eintreten. Dann müsste im Umkehrschluss der pflegliche Umgang mit Erfolgen zur Förderung der physischen und psychischen Gesundheit beitragen. Also, noch einmal: Wer seinen Blick bewusst auf das richtet, was gelingt, wer damit der Logik des Gelingens folgt, steht anders zu sich und zur Welt. So ist es! Erfolge generieren Wohlbefinden. Erfolge machen fit fürs Leben.

Wer sich fit fühlt, fit für sein Leben, fühlt sich den Situationen und Herausforderungen gewachsen. Und dieses Gefühl der umfassenden Fitness ist das Resultat des eigenen Denkens. Das Denken heisst: I'm possible! Nicht: Impossible. Der Unterschied ist ein Apostroph. Apostrophieren heisst ja: etwas besonders erwähnen, sich auf etwas beziehen. Also: Erwähnen wir unsere Erfolge, beziehen wir uns auf die vielen kleinen Siege über uns selbst.

Alle finden unzählige solche Erfolge. Stunde für Stunde. Tag für Tag. Es braucht nur eins: bewusst hinschauen. Das gelungene Essen. Die schwungvolle Überschrift. Die unfallfreie Fahrt. Die richtig gelöste Mathematikaufgabe. Der Entschluss, die Treppe zu benützen, statt den Lift. Die Aufgaben, die den Vorrang vor dem Fernsehen erhielten. Das blitzblank gereinigte Fahrrad. Das konstruktive Gespräch mit

WOHLBEFINDEN GENERIEREN

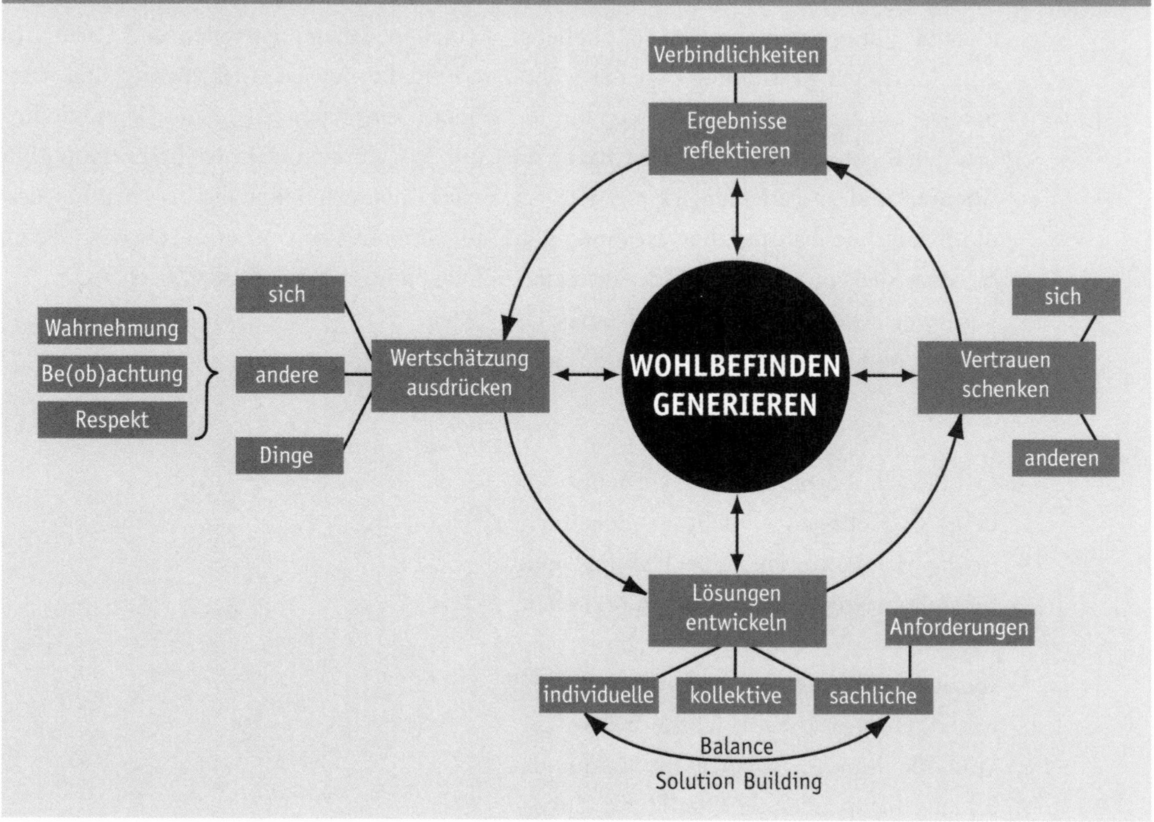

dem besten Feind. Die Freude am frischen Geruch von Heu. Der neue Jump mit dem Skateboard. Die Liste erhebt keinen Anspruch auf Vollständigkeit. Vielmehr zeigt sie, dass Erfolge nicht notwendigerweise erst dann eintreten, wenn man Papst wird oder Popstar oder Königin von England.

«Erfolgreich Lernende sind verliebt ins Gelingen.»

There is no way to happiness – happiness is the way, sagt dazu ein buddhistisches Sprichwort.

Erfolge sind nichts anderes als die vielen kleinen gelungenen Dinge des Lebens. Nur: Wenn ich sie sinnlich bewusst wahrnehme und sie mir gedanklich und emotional auch gönne, haben sie die Chance zu wachsen und zu gedeihen. Der Eintrag in die Erfolgsbuchhaltung macht es möglich, sie zu addieren, mit Zins und Zinseszins. Und wer weiss: vielleicht wird eines Tages der englische Königsthron doch noch frei …

Erfolgreich Lernende sind verliebt, verliebt ins Gelingen – nicht ins Scheitern. Erfolg ist ein Gefühl, eine Haltung, eine Einstellung zu den Dingen, zum Leben. Erfolg ist das Wissen tief in mir, einen ganz speziellen Moment erlebt und gestaltet zu haben. Dieser Moment lebt in mir weiter. Und die Summe solcher Empfindungen bildet eine sprudelnde Quelle der Zuversicht und der Motivation. Die Erfahrungen des «Ich-kann-es» stärken das Vertrauen in die eigenen Fähigkeiten. «Self efficacy is the belief in one's capabilities to organize and execute the sources of action required to manage prospective situations,» definiert Albert Bandura den Glauben an sich und an seine Fähigkeiten, die uns motiviert an Herausforderungen herangehen lassen.

Herausforderungen haben immer etwas mit Lernen zu tun. Lernen ist ein ganz normales Chaos, ein fluides Gemisch aus zupacken und geschehen lassen, aus Aktivität und Ereignis. Lernen findet an jedem beliebigen Ort statt, zu jeder Zeit. Es ist eigenes Gestalten und Eigenes gestalten. Es ist schwere Arbeit und leichtes Zufallen. Lernen ist reden und Lernen ist hören. Lernen ist Anstrengung und sinnliches Vergnügen zugleich. Grundsätzlich gilt: Wir können nicht Nicht-Lernen. Aber wir können vielleicht ein bisschen bewusster umgehen mit unserem Lernen. Denn: Lernen ist kein Sport für Zuschauer.

Initiative

Ende der 70er-Jahre haben Aurelio Peccei und seine Mitstreiter vom Club of Rome das Schicksal des Planeten mit der Lernfähigkeit der Menschen verknüpft. «Den Begriff Lernen möchten wir in einem Sinn verstanden wissen, der über das konventionelle Vokabular von Erziehung, Ausbildung und Schulwesen hinausgeht, das heisst in seinem weitesten Sinn. Für uns bedeutet Lernen ein Sich-Annähern sowohl an das Wissen als auch an das Leben, bei dem der Nachdruck auf der menschlichen Initiative liegt», so ihre Definition (26). Und weiter: «Lernen ist der Prozess der Vorbereitung auf neue Situationen. Es kann bewusst oder oft unbewusst erfolgen, gewöhnlich aber durch Erfahrungen des täglichen Lebens.» Zwei Jahre lang haben verschiedenste Gruppen und Einzelpersonen an diesem weltumspannenden Lernprojekt gearbeitet. Zwei Begriffe bilden die Pfeiler für die Brücke in die Zukunft: Antizipation und Partizipation. Es geht darum, sich selbst zu stärken durch die Entwicklung von Optionen und eine aktive Rolle zu übernehmen bei der Gestaltung einer lebenswerten Welt.

Wir hören den Donner erst, wenn der Blitz schon eingeschlagen hat. Die einen sehen aber das Gewitter aufziehen und stellen sich darauf ein. Die anderen stehen plötzlich im Regen und erschrecken, wenn es kracht. Antizipation lässt sich erklären im Vergleich zu Adaption. Adaption ist eine Anpassung an eine eingetretene Situation: Ich stehe im Gewitterregen. Und nun? Das Muster heisst: Reaktion auf eine Problemlage, der es zu entrinnen gilt. Das Verhalten ist mithin eher defensiv und abwartend, geprägt von Unsicherheit. Adaption sucht nach Antworten auf Fragen, die andere gestellt haben.

Dem gesellschaftlichen Wandel ist mittlerweile das gleiche Schicksal beschieden wie dem Borkenkäfer und dem Waldsterben – so oft zitiert, dass niemand mehr hinhören mag. Aber die Informationsflut lässt sich ebenso wenig wegschweigen wie der Borkenkäfer. Die Informationen fallen auf uns nieder wie ein bunter, strukturloser Konfettiregen und formieren sich in den Niederungen des Alltags zu sinnlos zusammengehäuften Datenbergen. Immer mehr, das ist die eine Dimension der Veränderung. Immer schneller die andere. Wer auf diese Entwicklungen nach altem Strickmuster reagieren will, rennt mit hängender Zunge hinterher – immer mindestens einen Schritt zu spät. Der absurde Rausch des Dabeiseins kann eine Folge sein. Oder Forfait geben eine andere.

Noch immer orientieren sich schulische Organisations- und Inhaltskonzepte an den überlieferten Adaptionsmustern. Für die erfolgreiche Lebensgestaltung in der heutigen Welt ist antizipatives Verhalten gefordert. «Man soll die Dinge nehmen, wie sie kommen», sagt ein Sprichwort, «aber man kann rechtzeitig dafür sorgen, dass sie so kommen, wie man sie nehmen möchte.» Das ist Antizipation. Antizipation basiert auf einem offensiven, auf einem lösungs- und entwicklungsorientierten

Verhalten. Das heisst: proaktiv die Fragen selber stellen, die Initiative ergreifen, den eigenen Fähigkeiten vertrauend vorwärts schauen. Antizipation sucht nach Optionen und verschafft sich damit Spielräume. Möglichkeiten entwickeln heisst wählen können. Das Gefühl, zu können statt zu müssen, das ist der Humus, auf dem das Selbst gedeihen kann: Selbstvertrauen, Selbstsicherheit, Selbständigkeit.

Partizipation ist dann gegeben, wenn aus Betroffenen Beteiligte werden. Sie ist Leben, in dem man handelt. Nicht, in dem man über das Handeln redet. Handeln ist das Bindeglied zwischen dem Subjekt und der Umwelt. Partizipation hat deshalb zu tun mit aktiver Teilnahme an Entwicklungen. Wer partizipieren will, will sich auseinandersetzen – mit sich, mit anderen Menschen und mit den Dingen, um die es geht. Das impliziert die Fähigkeit und Bereitschaft zur Reflexion, diese aufmerksame Begleitung des eigenen Denkens und Handelns. Es heisst aber auch, authentisch zu sein, eigentlich sich selbst zugehörig zu fühlen, eine gewisse innere Balance zu erreichen. Kurz: Es bedeutet, sich erfolgreich zu fühlen, erfolgreich im Sinne der Selbstakzeptanz. Alfred Adler hat auf dem Prinzip der Gleichwertigkeit – im Gegensatz zum Gefühl der Minderwertigkeit – seine Individualpsychologie aufgebaut. Demnach nimmt der Mensch zu sich und seiner Umwelt subjektiv Stellung und entwickelt ein Gemeinschafts- oder eben ein Minderwertigkeitsgefühl. Die anderen, die Erziehung, die körperliche Konstitution oder das soziale Milieu an sich sind keine zwingenden Determinaten. Massgebend ist die individuelle Stellungnahme dazu, die sich in der Frage findet: Was mache ich daraus? Ich bestimme also selber. Und übernehme damit auch die volle Verantwortung. Und damit basiert menschliches Handeln nicht auf dem Prinzip der Kausalität (Frage nach dem Grund), sondern auf jenem der Finalität (Frage nach dem Zweck). Kurz: Ich nehme immer individuell Stellung zu mir und zur Welt und bestimme damit selber und eigenverantwortlich über mein Gefühl der Gleichwertigkeit oder eben der Minderwertigkeit. Letzteres macht mich zu einem egoistischen Gegen-Menschen, der auf diese Weise seine Minderwertigkeitsgefühle kompensiert und überkompensiert. Gleichwertigkeit dagegen macht Mit-Menschen, die zu einer offenen und konstruktiven Interaktion fähig und damit sinn- und bedeutungsstiftende Partner sein können. Dieser Prozess einer

ANTIZIPATION	ADAPTION
Finalität	Kausalität
Proaktiv	Reaktiv
Lösung	Problem
Solution building	Problem solving
Frage	Antwort
unternehmen	unterlassen
Zukunft	Vergangenheit
Mehrere Lösungen	Eine Lösung
Vertrauen	Ängstlichkeit
Optimismus	Pessimismus

konstruktiven Auseinandersetzung des selbstverantwortlichen Individuums mit seiner Umwelt verleiht den Menschen das Gefühl, Beteiligte zu sein. Der Erfolg manifestiert sich in der (Selbst)Akzeptanz.

Antizipation und Partizipation gründen auf einem Verständnis, das die Menschen zum Mittelpunkt macht. Nicht zum Mittel. Punkt! Die Tatsache, dass es ohne Menschen keine Schule gibt, ist wohl so banal, dass sie kaum berücksichtigt wird. Zur Sicherheit sei es deshalb noch einmal gesagt: Schule entsteht erst durch die Existenz von Menschen. Damit ist klar: Die Schule ist für die Menschen da. Nicht umgekehrt. Menschen werden als Originale geboren. Weshalb sollen sie durch schulische Vereinheitlichungsprozesse zu Massenkopien verkümmern? «Früchtchen seid ihr, Spalierobst sollt ihr werden. Vom Baum des Lebens in die Konservenfabrik des Schulsystems.» So beklagt Erich Kästner den Schritt vom «Leben» in die Schule.

Der heutigen Schule wohnt in der Tat ein unheilvolles, weil scheinheiliges Prinzip der Gleichmacherei inne. Zum Zwecke der Vergleichbarkeit werden vordergründig alle über den gleichen Kamm geschoren.
So lässt sich denn heute schon voraussagen, auf welche Durchschnittsnoten in zehn Jahren die Maturanden eines x-beliebigen Gymnasiums in der Schweiz zurechtgestutzt werden. Eigentlich spielt es gar keine Rolle, wer an solchen Scheininszenierungen und Entlastungsarrangements teilnimmt: Das Durchschnittsergebnis steht schon Jahre zum Voraus fest. Durchschnitt, das ist der Begriff, der Schule macht.

Durch gezieltes Fragen und Fallen stellen, kann das zu bearbeitende Schülermaterial von Berechtigungsbeamten durchsortiert und den entsprechenden Plätzen unter der Gauss'schen Kurve zugewiesen werden. Auch wenn die Kriterien absolut undurchsichtig sind und alle einschlägigen Forschungen das ganze Rangzuweisungsprozedere längst und gründlichst als Farce entlarvt haben, aus purem Systemerhaltungstrieb wird weiter totes Wissen in Antworten verpackt, zu denen es eigentlich gar keine echten Fragen gibt. Schüler werden dafür belohnt, dass sie die eingelagerten Lernprodukte auf Abruf unbeschädigt und unverändert dem Absender retournieren können. «Ungebraucht zurück» steht dann auf dem Grabstein toten Wissens. Prüfung nennt sich der sauertöpfisch inszenierte Ernstfall. Und alles kommt so schön handfest und solide daher, plausibel berechenbar auf zwei Kommastellen. Falls die arithmetische Kulissenschieberei eines Beweises bedarf, die Universität Bern liefert ihn: Mehr als die Hälfte der Prüflinge an der Juristischen Fakultät sind durch die Prüfung gefallen. Grund für die exorbitante Versagerquote: das erstmals angewendete neue Prüfungssystem. Wohlverstanden, nicht das Nichtwissen der Studierenden führte zum vernichtenden Ergebnis, nein, das Prüfungssystem! Die ganzen Prüfungen sagen

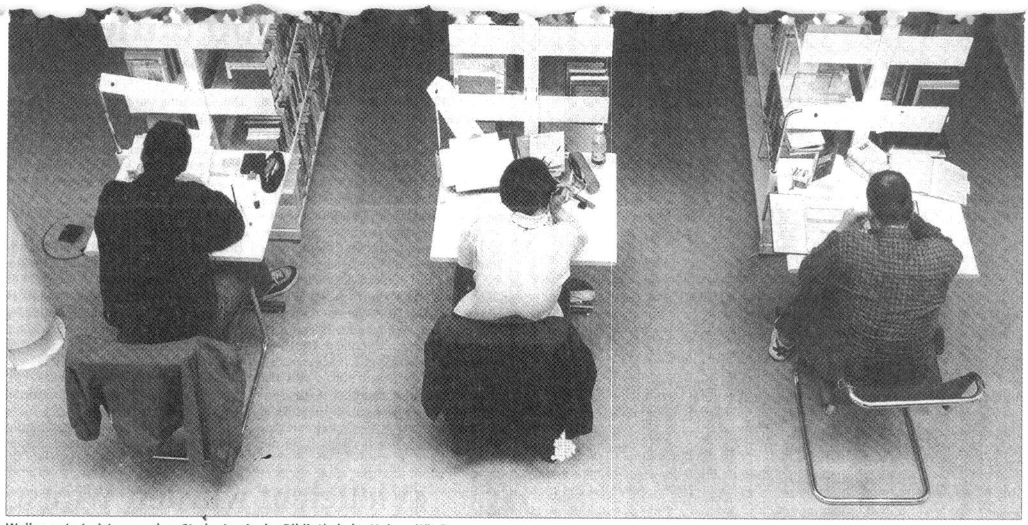

Wollen gute Juristen werden: Studenten in der Bibliothek der Universität Bern

FOTO: MICHAEL STAHL

Büffeln, büffeln – und durchfallen

Mehr als 50 Prozent der Prüflinge an der Juristischen Fakultät Bern haben nicht bestanden. Bloss ein Systemfehler?

BERN • Trotz grosser Aufregung in der Universität Bern blieb der Vorfall bisher einer breiten Öffentlichkeit vorenthalten – nicht zuletzt deswegen, weil man den Studierenden gemäss Aussagen Einzelner nachdrücklich empfohlen hatte, damit nicht an die Medien zu gelangen.

Passiert ist es diesen Herbst an der Juristischen Fakultät. Die jungen Leute waren angetreten, den ersten Teil des Lizenziats abzuschliessen. Es folgte ein Desaster: «Mehr als 50 Prozent der Teilnehmer sind durchgefallen», bestätigt der Dekan der Fakultät, Heinz Hausheer. Als Ursache der ausserordentlich hohen Versagerquote wird das erstmals angewendete neue Notensystem angenommen. Von den 98 Prüflingen testete man 53 nach neuem System. Davon fielen fast 30 durch. Angesichts der 1300 Studierenden eine geringe Zahl, doch die Unruhe an der Uni war gross. So gross, dass sich das Dekanat zu einer aussergewöhnlichen Massnahme veranlasst sah: Vorletzten Montag wurde im Beisein von Studentenschaft und Professoren beschlossen, dass die Prüfung wiederholen kann, wer will. «Das gilt für jene, die ganz durchgefallen sind, aber auch für jene, die nur teilweise nicht bestanden haben», sagt Hausheer. Nachgeprüft wird im Frühling, wobei sich für die Studierenden keinerlei Verzögerung ergebe. Das Dekanat gibt sich grosszügig. Die Fakultätsleitung ist sich der Schuldfrage nicht ganz sicher. «Es ist möglich, dass die hohe Durchfallquote nicht nur den Schülern anzulasten ist», sagt einer der Jus-Professoren vorsichtig. Es müsse sich also nicht unbedingt um einen speziell schwachen Jahrgang handeln. Womöglich sei die Vorbereitung auf die neue Gewichtung zwischen mündlichem und schriftlichem Teil ungenügend gewesen.

Bisher konnte man sich mit guten mündlichen Prüfungen durchmogeln

Mit dem neuen System – das dem schweizweit üblichen angepasst wurde – will die Fakultät laut Hausheer eine «etwas schärfere Selektion» erreichen. «Damit wollen wir verhindern, dass wir Leute zu lange ‹mitschleppen›, die dann doch grösste Mühe haben.» Dies sei nicht im Interesse der Bevölkerung, die es später mit ihnen zu tun bekomme. Bisher war es an der Uni Bern möglich, sich mit guten mündlichen Prüfungen durchzumogeln. Laut Hausheer war es schwer abzuschätzen, wie sich der Systemwechsel auswirken würde: «Von diesem Ausmass aber waren wir alle überrascht.»

Bisher sind bei der zuständigen Kommission keine Rekurse gegen die Notenblätter eingegangen. Doch es wird erwartet, dass dies trotz der zusätzlichen Prüfungsgelegenheit im Frühling noch geschehen wird. *Christoph Lauener*

Quelle: Sonntagszeitung, 9.12.2001

damit nichts über die Leistungsfähigkeit der Studierenden aus, aber sie sagen einiges über das System dahinter. Aber zum guten Glück ist «das System» auf solcherlei läppische Unpässlichkeiten vorbereitet. Die Prüfungen werden einfach wiederholt (18). Herr Gaussens Erben können aufatmen.

Dabei sein ist alles, sagen Sportler gerne, wenn sie irgendwo unter «ferner liefen» gelandet sind. Die poetischere und gleichzeitig lebensnähere Version lautet: «Wer spricht vom Siegen? Übersteh'n ist alles!» Sie stammt von Rilke. Sie könnte aber als Leitsatz über allen Schulhaustüren prangen. Im Selektionssystem der Bildungsadaption geht es darum, andere dazu zu bringen, etwas zu tun, was diese aus eigenem Antrieb überhaupt nicht, oder nicht jetzt, oder nicht auf diese Weise tun würden. Tue dies, dann kriegst du das, steht da in Stein gemeisselt. Es ist diese Art von Lernverständnis, die dazu dient, ein existierendes System zu erhalten. Die Menschen sind dabei eigentlich Nebensache. Eine Art Beschulungsobjekte halt, an denen Bildung vollstreckt wird. Und viele Lehrer, Rektoren und Hausmeister wären froh, es ginge ohne die Lernenden, die in den pädagogischen Andachtsräumen die Liturgien stören.

«Am offenkundigsten sind wohl die praktischen Probleme der traditionellen Unterrichtsphilosophie», monieren Gabi Reinmann-Rothmeier und Heinz Mandl. «Das Primat der Instruktion in gegenstandszentrierten Lernumgebungen bedingt in aller Regel eine weitgehend rezeptive Haltung der Lernenden:
Der daraus folgende Mangel an Aktivität sowie die fehlende Eigenverantwortung für den Lernprozess und -erfolg machen es sehr wahrscheinlich, dass Lernende insgesamt passiv werden und bleiben und sich demotiviert oder allenfalls extrinsisch motiviert fühlen. Hinzu kommt, dass das systematisch und logisch aufbereitete Wissen in traditionellen Lehr-Lernsituationen mit den komplexen und wenig strukturierten Anforderungen und Erfahrungen in Alltagssituationen meist nur wenig gemein hat. Damit produziert Unterricht nur ‚träges' Wissen, das zwar erworben, aber in realen Situationen nicht angewendet wird.» (27) Das sind nicht gerade lobende Worte für das, was weitherum unter schulischem Lernen verstanden und praktiziert wird.

Ein Lernverständnis, das ausgeht von Antizipation und Partizipation, von Kompetenzerfahrungen und Erfolg, stellt gerade diese alten Adaptionsmuster auf den Kopf. Der Aktivitätsschwerpunkt verschiebt sich von der Stirnseite des Schulzimmers hin zu den einzelnen Lernenden. Lernende sind Handelnde, die gleichsam danach trachten, Erfolge zu generieren, immer im Vergleich mit sich selbst.

VOM HALS AN AUFWÄRTS

Ich möchte zu Ihnen über Lernen sprechen. Aber nicht über den leblosen, sterilen, nutzlosen und schnell vergessenen Kram, der dem hilflosen, mit eisernen Ketten der Anpassung an seinen Sitz gefesselten Individuum eingetrichtert wird. (...) So wird Bildung zu dem nutzlosen Versuch, Material zu lernen, das keine persönliche Bedeutung hat. Lernen dieser Art betrifft nur den Intellekt. Es ist ein Lernen, das „vom Hals an aufwärts" stattfindet. Es schliesst Gefühl oder persönliche Bedeutungszusammenhänge nicht ein; es hat keine Relevanz für den ganzen Menschen.
Carl R. Rogers

Lernen in Freiheit. Zur Bildungsreform in Schule und Universität. Kösel. München. 1979

Sich den Erfolg organisieren

Erzählungen machen uns zu handelnden Personen. Mag sein, dass wir nicht optimal auf ein Problem reagiert haben, aber im Erzählprozess begreifen wir nach und nach, dass wir Optionen haben. Und wir können lernen, unsere Geschichten so zu erzählen, dass sie unsere Erfolge und Stärken herausarbeiten und erzählend unsere Identität und unser Selbstvertrauen stärken.

Mitunter stossen wir auf Widersprüche zwischen den episodenhaften Erzählungen und dem Denkmodell unseres Lebens. Wer glaubt, mit Mathematik sowieso nichts am Hut zu haben, nimmt nach dem wiederholten Erfolg in just diesem Bereich irritiert zur Kenntnis, dass da etwas nicht aufzugehen scheint. Und in diesem Widerspruch schlummert die Chance zur Veränderung. Erfolge und damit die Erfahrung von Kompetenz sind geeignet, negative Selbstbilder zu korrigieren. Die Wahrnehmung passt sich dieser Veränderung an und damit erhöht sich die Wahrscheinlichkeit, weitere Erfolge zu registrieren. Salopp gesagt: Erfolg führt zu Erfolg.

Im schulischen Kontext tragen zwei wechselwirksam miteinander verbundene Komponenten massgeblich dazu bei, das Lernen als erfolgreiche und erfüllende Aktivität zu erleben. Auf der einen Seite geht es darum, Erfolgserlebnisse bewusst wahrzunehmen, sie zu inszenieren, sich den Erfolg gleichsam zu organisieren. Und auf der anderen Seite sind die Erfolge zu formulieren, zu addieren und in die entsprechende Bilanz einzutragen, damit sie ihre dynamisierende Wirkung entfalten können. Ein Beispiel: Das Lernportfolio (23) und die Portfolio-Präsentationen.

In einem Arbeitsportfolio sammeln die Schülerinnen und Schüler ihre Arbeiten. Nach speziellen Kriterien wählen sie aus diesem Fundus die besten aus und legen sie in ein so genanntes Präsentationsportfolio. Nach dem Motto «die Guten ins Töpfchen ...» birgt dieser erste Schritt bereits eine Reihe kleiner Erfolgsgeschichten.

Die Arbeiten und weitere Dokumente, die über bestimmte Leistungen Auskunft geben, werden durch die Lernenden selbst kommentiert. Sie beschreiben, was diese Arbeit auszeichnet, welchen Erkenntnisgewinn sie erzielt haben. Sie nehmen also mit einem vorwiegend positiven Approach zu den Dokumenten im Portfolio Stellung. Logisch: Sie haben ja die Auswahl entsprechend getroffen. Ergänzt werden kann das Portfolio durch ein Erfolgstagebuch oder eine andere Form der Beschreibung erfolgreich erlebter Situationen (siehe «Layout» Seite 65). Allein die semantische und narrative Ordnung, die die Lernenden in ihre Erfolgserfahrung bringen, wenn sie sie in Worte kleiden, birgt ein stimulierendes Potenzial.

Wöchentlich präsentieren die Lernenden ihren Kolleginnen und Kollegen reihum die «Tops of the Week». Alle wählen jene zwei bis drei Big Points aus, die sie als Erfolge der Woche erlebt und erfahren haben. In vielfältiger Weise stellen sie den jeweils anderen ihre Ergebnisse und ihre Erlebnisse vor. Dabei reicht es allerdings nicht zu sagen, «ich weiss jetzt, wie man eine Kreisfläche berechnet». Es geht vielmehr darum, es gleich zu demonstrieren. Damit lässt sich der Erfolg noch einmal verdinglichen. Das stärkt den Glauben an die eigenen Fähigkeiten. Zudem trägt die Erfahrung des Präsentierens mit der Zeit auch zur Förderung eines selbstbewussten Auftretens bei. Und nicht zuletzt: Das Publikum erhält jede Menge praktischer Hinweise im Hinblick auf die Lösung schulischer Problemstellungen. Die Erfolgsgeschichten der einen gereichen auch den anderen zum Nutzen. Genuss und Nutzen verbinden sich.

Umwege erhöhen die Ortskenntnis; wer nicht vom Weg abkommt, wird auf der Strecke bleiben.

Reinhard Sprenger

Eine Gruppe von Menschen kämpft sich mit Macheten durch den Dschungel. Sie schlagen einen Weg durch das schier undurchdringliche Dickicht. Es ist eine harte, entbehrungsreiche Arbeit. Die heisse und feuchte Luft hängt schwer im Grün des Dschungels. Sie drückt. Der Atem geht stockend. Der Schweiss rinnt in Bächen den ganzen Körper hinunter. Und dazu die Insekten: Instinktsicher finden sie jedes noch so kleine Stückchen Haut und bohren ihre teuflischen Stacheln hinein.

Meter um Meter gewinnen die Menschen an Terrain. Doch langsam kommen ihnen Zweifel auf: Das kann doch nicht der richtige Weg sein. Da, einer klettert auf einen Baum und ruft: «He, Leute, wir sind im falschen Dschungel.» Antwort des Expeditionsleiters: «Sei ruhig, wir kommen gut voran ...»

8 Lernen als Marke

kurz & bündig

- *Lernen ist an Erlebnisse, an Erfahrung, an Begegnung, an Beteiligung und Sinnstiftung gebunden. Dazu braucht es inspirierend-unterstützende Lernlandschaften.*

- *Menschen müssen sich identifizieren können mit dem, was sie tun. Aufgabe der Schule ist es deshalb, ihre Schülerinnen und Schüler eine dauerhafte und unverkrampfte Beziehung zum Lernen aufbauen zu lassen.*

- *Es sind die sinnlich wahrnehmbaren Komponenten, die das Verhalten prägen – auch im Kontext schulischen Lernens. Wie sieht lernen aus? Wie hört es sich an? Denn: Nur der Schein trügt nie.*

Die Welt ist farbig, ist reichhaltig, ist vielfältig. Um das zu erleben, gilt es die ausgetretenen Wege zu verlassen und Seitenpfade einzuschlagen, selbst auf die Gefahr hin, nicht nur manchen Umweg zu machen, sondern auch ins Dickicht zu geraten. Denn nur durch «Verschiebung und Transformation der Denkrahmen, die Modifizierung etablierter Werte», kommt man dazu, so Michel Foucault, «anderes zu denken, anderes zu machen und anders zu werden als man ist.» Wenn andere in den Sackgassen des Gewohnten im Stau stecken, entdecken andere auf den Seitenwegen der Neugier die Welt. Kinder sind solche von Natur aus furchtlose Forscher mit einer schier unbezähmbaren Neugier. Jeder Tag ist ein neues Abenteuer, eine neue Entdeckungsreise. Rückschläge werden lediglich als Teil des Lernprozesses betrachtet. Wenn das kleine Kind hinfällt, steht es einfach wieder auf und versucht es erneut. Und lernt. Es weiss instinktiv: Neugier ist eine der Triebfedern für das Lernen, sie sichert das Erleben und Überleben in einer sich permanent verändernden Welt.

Nur, die Neugier geniesst einen zweifelhaften Ruf. Calvin glaubte zu wissen, Gott habe die Hölle für die Neugierigen geschaffen. Dieser theologische Bannfluch gegen die Neugier wird verständlich, wenn man bedenkt, dass das lateinische Wort für Neugier, nämlich curiositas, von cura (Sorge) abgeleitet ist. Zu sorgen hatten sich die Menschen vor allem aber um ihr Heil, weshalb die Sorge um das Alltägliche und um das, was morgen sein werde, unweigerlich mit dem Glauben in Konflikt geraten musste, da Gott schliesslich für die Seinen schon sorgen würde wie für die Ähren auf dem Felde. In der Schule findet diese Tradition ihre säkularisierte Fortsetzung.

Denn irgendeinmal im Verlaufe der Schulzeit wird den Kindern die Freude an der Neugier verdorben. Lernen wird reduziert auf die Aufnahme von so genanntem Wissen, das man braucht, um Prüfungen zu bestehen und gute Noten zu bekommen. Vorbei ist die Zeit des Lernens als spannende Reise in unentdeckte Gebiete. Und vorbei die Zeit der Erschliessung der Welt mit allen Sinnen. Das sinn-volle Entdecken wird nicht mehr zum Lernen zugehörig gerechnet.

«Irgendeinmal im Verlaufe der Schulzeit wird den Kindern die Freude an der Neugier verdorben.»

Eine breit angelegte Studie ermittelte 1996 in England, welche Begriffe Schüler und Studierende mit Lernen verbinden. Die häufigste Nennung: «harte Arbeit». Das war der erste Gedanke fast der Hälfte aller Befragten. Ganz dicht folgte «Qualifikationen». Dahinter steckt die Überzeugung: «Ich muss die Zähne zusammenbeissen, damit ich die notwendigen Qualifikationen erwerbe.» Man muss sich das vor Augen führen: Stumpfes Büffeln um der Noten willen – das verstehen Schüler unter Lernen. Das muss einem ja kalt den Rücken hinunterlaufen. (31)

Insofern sind Lernende systemkompatibel geworden. Alles beginnt mit Begeisterung und endet im System der organisierten Unverantwortlichkeit. Und dessen Schwächen werden postwendend an den Einzelnen zurückadressiert. Eine freudvolle Aktivität wie Lernen, die Räume zum Vibrieren bringen kann, wenn mächtige Ideen aufeinander treffen, ist amputiert worden um die wichtigsten Ingredienzen: Leistungsfreude, emotionales Engagement, Forschungsdrang, Auseinandersetzung, Freude am Lernen – um die «weichen Faktoren» eben, auf die es im Grunde genommen ankommt. Damit sei klar zum Ausdruck gebracht: Es kann keineswegs darum gehen, dass alles «easy» sein soll, dass die Schule zum Streichelzoo verkommt, wo des heiligen Gewitters der Entrüstung sicher sein kann, wer sich erkühnt, das Wort «Leistung» in den Mund zu nehmen. Im Gegenteil: Lernen und Leistung gehören – auch etymologisch – zusammen. Aber: Ich sei, gewährt mir die Bitte, in eurem Bunde das Dritte – sagt das Wort «Freude» dazu. Daraus entsteht dann Lernfreude, Freude an der Leistung. Dazu braucht es inspirierend-unterstützende Lernlandschaften (supportive environments), die einladen, sich auseinander zu setzen und zwar mit Liebe und Hingabe, nicht mit halbem Herzen und arretierter Spartaste. Leistungen entstehen in einem förderlichen und partnerschaftlichen Umfeld. Lernen ist an Erlebnisse, an Erfahrungen, an Begegnung, an Beteiligung und Sinnstiftung gebunden.

Doch irgendwie ist die Schule gedanklich stehen geblieben im «industriellen Mittelalter» mit seinen rauchenden Schornsteinen und der Sirene am Werktor, die den Marsch an die Stechuhr bläst. Und so wird Lernen dann zu einem Feststoff verarbeitet, der Jahr für Jahr nach den gleichen Stückzahlen und Verteilplänen aus den verstaubten Lagerbeständen hervorgekramt werden kann. Schulen sind gleichsam Lagerhäuser – und Lehrer sind die Magaziner, damit beschäftigt, die eingemotteten Bildungsgegenstände nach einem zwar intransparenten, aber umso ausgeklügelteren Trennsystem in die Schulzimmer zu karren und dort mittels Förderband in die Köpfe der Kinder abzufüllen. Die Produktivität misst sich nicht an dem, was dabei letztlich herauskommt, sondern an dem, was vermeintlich eingefüllt worden ist. Dass dabei das meiste auf der Strecke bleibt, mag eigentlich niemanden gross kümmern.

Männiglich weiss um die relative Wirkungslosigkeit von traditionellen schulischen Arrangements. Und zahlreiche Studien sprechen ja in dieser Beziehung eine deutliche Sprache. Doch für dergestalt kritische Untersuchungsergebnisse findet sich in den Schubladen immer genügend

Stauraum. Dort ruhen systemgefährdende Dossiers still vor sich hin; die Wächter der bestehenden Ordnung sorgen mit Akribie dafür, dass sie auch ja schön Staub ansetzen. Was allenfalls vollmundig als Reform daherkommt, ist ja meist ohnehin nicht viel mehr als ein bisschen warme Luft aus den Stallungen der Amtsschimmel. Und alle wissen: Auch das geht vorbei. Wie die Grippe: ein bisschen hüsteln, erhöhter Puls und rote Köpfe. Quod erat demonstrandum, würde Euklid dazu sagen.

Gut, man könnte sich jetzt auf den Standpunkt stellen: Eigentlich ist ja die Schule gar nicht so wichtig. Also: Sind wir friedlich. Sind wir höflich. Sind wir friedhöflich. Und man könnte getrost zur Tagesordnung übergehen, im Wissen, dass die meisten Menschen in der Vergangenheit das bisschen Schulzeit ja einigermassen schadlos überstanden haben. Dieser milde Blick auf die eigene Biografie legt den Schluss nahe, dass es wohl in Zukunft auch nicht anders sein werde. Na also!

Aber ganz so leicht kann man sich nicht mehr aus dem schulischen Staube machen. Immerhin blättert die kleine Schweiz die stolze Summe von 23 Milliarden Franken für das Bildungswesen auf den Tisch des Hauses. Jahr für Jahr. Gut, auch das lässt sich wohl zur Not verschmerzen. Zumindest wird ja nichts Dümmeres gemacht mit dem vielen Geld. Und das ist doch immerhin auch schon etwas. Doch: Das Problem liegt viel tiefer. Und: Es ist nicht mit Geld aufzuwiegen. Was du in anderen Menschen entzünden willst, sagt ein Sprichwort, muss in dir selber brennen. Der Blick in die Welt zeigt freilich: Es gibt (zu) viele lauwarme Menschen, die ausbrennen, bevor sie richtig Feuer gefangen haben. Das ist in der Welt des institutionellen Lernens nicht anders. Gerade in der Schule wäre es aber von evidenter Bedeutung, innere Feuer zu entfachen – feux sacrés, die nicht schon beim leisesten Hauch eines Gegenwindes erlöschen, sondern ein Leben lang brennen. Das ewige Feuer des Lernens quasi, das die Energie liefert für das lustvolle Entdecken der Welt in einer Zeit des Wandels.

Alle Welt spricht heute von lebenslangem Lernen. Lebenslanges Lernen – das geht den Politikern aller Couleur mit instinktsicherem Gespür für zeitgeistige Rhetorik mit Soupless über die Lippen.

Der Ruf nach lebenslangem Lernen hallt aber mit zunehmender Lautstärke auch durch die Teppichetagen der Wirtschaft. Und er wird mit erhobenem Zeigefinger als geschickt getarnte Drohung von jenen Oberlehrern der Nation missbraucht, die sich früher noch mit der Floskel «du lernst für dich, nicht für die Schule» über die Runden gerettet haben. Kurz: Quer durch den «Pflanzblätz» hindurch hat sich eine deklamatorische Allianz für die Sache des lebenslangen Lernens gebildet.

So weit, so gut! Nur: Die Sache hat einen Haken. Es wird von «Lernen» gesprochen – und es wird «Schule» gemeint. Und das ist nun wahrlich nicht dasselbe. Schulisches Lernen entwickelt sich nach den vielversprechenden Anfängen zumeist zu einer ausweglos verkrampften Angelegenheit, zum schuldbewussten oder trotzigen Absitzen einer Strafzeit. Schule ist etwas, das es zu überwinden gilt. «Da musst du durch, wir mussten das auch», pflegt man dem einst hoffnungsvollen Nachwuchs aufmunternd auf die Schultern zu klopfen, nicht beachtend, dass ein Schulterklopfen nur ein paar Rückenwirbel von einem Tritt in den Hintern entfernt ist.

So entsteht denn im Verlaufe der Schulzeit ein Bild von Lernen als ein Krampfen und Büffeln, von dem man sich schleunigst verabschiedet, wenn immer sich die Möglichkeit ergibt. Und das führt dann eben dazu, dass zwei Drittel der erwachsenen Schweizer Bevölkerung sich in die Lernabstinenz geflüchtet haben. Daran hat die Schule einen wesentlichen Anteil. Es ist ihr ganz offensichtlich nicht gelungen, das Lernen als etwas Lebendiges, Lustvolles, Leichtes zu inszenieren, etwas, für das es sich lohnt, sich ein Leben lang zu engagieren. Im Gegenteil: Sie hat es geschafft, den jungen Menschen das Lernen auszutreiben. Gründlich. Den Auswirkungen wohnt eine dramatische Komponente inne. Denn lebenslanges Lernen ist mehr als der wohlklingende Titel einer bildungspolitischen Sonntagsrede. Lernen ist Dreh- und Angelpunkt einer erfolgreichen Lebensgestaltung. Stell dir vor, das Leben ist Lernen – und keiner geht hin.

Muss die Schule von Grund auf neu gedacht werden? Die Frage stellen, heisst sie beantworten. Ihr erste und vornehmste Aufgabe muss es sein, der unendlichen Leichtigkeit des Lernens Einlass zu gewähren. Noch einmal: Dahinter verbirgt sich nicht die irrige Auffassung, alles müsse leicht gehen. Im Gegenteil: Das Leben ist wie ein Supermarkt – was man haben will, muss an der Kasse bezahlt werden. Oder anders gesagt: Wenn ich etwas will, muss ich etwas tun dafür. Also doch Krampf? Nein, Leistung und Leichtigkeit sind keine Gegensätze. Es ist eine Frage der Einstellung. Es geht um die Einstellung, das zu mögen, was ich tue. Der zeitgemässe Begriff für diese Freude an der Sache (und letztlich an sich) heisst Commitment.
«Die Jugend empfindet immer noch nicht tief genug die Poesie der Arbeit», hat Maxim Gorkij festgestellt. Poesie der Arbeit! Oder vielleicht: Poesie der Leistung, im

Wissen, dass Leistung und Lernen auf die gleichen Wurzeln zurückgehen. Apropos Wurzeln: Das griechische Verb, aus dem «Poesie» sich entwickelt hat, bedeutet etwa so viel wie: «machen, verfertigen, schöpferisch tätig sein, dichten». Und der Poet ist demzufolge ein schöpferisch tätiger Mensch. Na also! Recht hat er, Herr Gorkij, mit seiner Forderung nach der Poesie der Leistung. Denn damit entsteht ein Bild von Lernen, das das forschende und gleichzeitig spielerische Entdecken des Kindes aufnimmt und weiterführt auf eine Ebene der fragenden Neugier in der Begegnung mit der Welt.

Bert Brecht lässt seinen Herrn Keuner sagen: «Ich habe bemerkt, dass wir viele abschrecken von unserer Lehre dadurch, dass wir auf alles eine Antwort wissen. Könnten wir nicht eine Liste der Fragen aufstellen, die uns ungelöst erscheinen?» Übertragen in die Welt der Schule heisst das: Sich schleunigst verabschieden von der gängigen Antwortkultur, wo es vor allem drauf ankommt, das richtige Wort zur richtigen Zeit aufs richtige Blatt zu schreiben. Und es heisst konsequenterweise: Wechsel zu einer Fragekultur, in der die individuelle Fragestellung zum Ausgangspunkt von Entwicklungsschritten gemacht wird. Das Lernen bezieht nämlich seine Energie aus neugierigen Fragen, nicht aus stereotypen Antworten.

Nun, Fragen sind in ihrer Art immer persönlich. Sie entstehen auf dem Hintergrund von Biografien. In einer Klasse sässen dann plötzlich nicht mehr zwanzig Schüler, sondern es sässe zwanzig mal ein Schüler da, zwanzig mal ein Mensch, zwanzig mal ein Individuum mit seinen entsprechend individuellen Fragestellungen. Wer neugierig fragt, wer «es» wissen will, ist in der Regel innerlich präsent. Dieses Da-Sein ermöglicht eine Beziehung zum Lernen. Und das ist vielleicht der wichtigste Gradmesser: die Beziehung zum Lernen. Oder die wichtigste Frage: Welche Beziehung hat ein Schüler zum Lernen? Damit sind nicht all diese deklamatorischen Leerformeln gemeint, getreu dem Motto: «Ja, ich weiss, das ist wichtig für mich.» Schön auswendig gelernt, das Verslein, das alle hören wollen. Wird besonders oft zitiert im zeitlichen Umfeld von Zeugnissen, Elterngesprächen in der Schule oder Besuchen des Erbonkels. Nein, es stellt sich die Frage nach der wirklichen Beziehung zum Lernen – oder zu dem, was unter Lernen verstanden wird.

Der Anspruch der Schule, durch Unterricht Bildung zu erzeugen, steht quer zu den Vorstellungen von Ivan Illich. Er wünscht sich Beziehungsstrukturen: «Als Institution ruht die Schule auf dem Grundsatz, dass Lernen ein Ergebnis von Lehren sei. (...) Den grössten Teil dessen, was wir wissen, haben wir alle ausserhalb der Schule gelernt.» Und: «Unsere derzeitigen Bildungseinrichtungen dienen den Zielen des Lehrers. Wir brauchen aber Beziehungsstrukturen, die es jedermann ermöglichen, sich selber dadurch zu entwickeln, dass er lernt und zum Lernen

anderer beiträgt.» (14)
Wer lernt und arbeitet, wer sich mit Dingen beschäftigt, einfach weil ihm das am Herzen liegt, tut das freiwillig, ohne äusseren Druck oder Zwang. Das Verhalten ist geprägt von Interesse. «In einer sehr allgemeinen Charakterisierung bezeichnet Interesse eine besondere, durch bestimmte Merkmale herausgehobene Beziehung einer Person zu einem Gegenstand,» erklärt Andreas Krapp. Und weiter: «In zahlreichen empirischen Untersuchungen konnte nachgewiesen werden, dass eine auf persönlichen Interessen beruhende Lernmotivation in der Regel positive Effekte auf die Art und Weise der Lernsteuerung und den kurz- und langfristigen ‚Output' des Lernens hat.» (27) Mit anderen Worten: Auf die Beziehung kommt es an.
Wie wäre es, wenn die Schulen aller Stufen es sich zur (einzigen) Aufgabe machen würden, ihre Schülerinnen und Schüler eine persönliche, eine konstruktive, eine dauerhafte, eine unverkrampfte Beziehung zum Lernen aufbauen zu lassen? Mit Beziehung ist gemeint: eine menschlich-persönliche Verbindung, ein innerer Zusammenhang, eine Art Kurzschluss zwischen Herz und Hirn – damit der Funke springt. Eine Beziehung zum Lernen ist nicht etwas, mit dem man gesegnet ist oder eben nicht. Die Liebe zum Lernen, zur kreativen Auseinandersetzung mit der Welt, ist etwas, das sich aufbauen und entwickeln lässt. Zu einem wesentlichen Teil hat es mit den Lernumwelten und Arrangements zu tun, die eine entsprechend vitalisierende Wirkung haben. Begeisterung, Erlebnis, Leidenschaft, das sind die Stichworte.
Das Lernen als Beziehungskiste – und darauf sei explizit hingewiesen – hat nichts, aber auch gar nichts mit vergeistigt entrücktem Sozialklimbim zu tun, sondern mit ganz praktischem Nutzen. Und mit Erfolg. Mit Lebenserfolg! Nur die Beziehung – zu mir, zu anderen, zu den Dingen – macht es möglich, stolz und mit leuchtenden Augen von der eigenen täglichen Arbeit zu erzählen. Diese Art von Lernen ist eine nie versiegende Quelle der Vitalität. Und damit eine Voraussetzung dafür, dass es ein Leben lang andauert. Nicht weil die Lehrer und die Medien und die Politiker und die Chefs mir sagen, ich müsse. Weil ich es will! Und weil ich es gerne will!

«Aufgabe der Schule ist es», definieren denn auch die dänischen Schulen auf deutscher Grenzseite ihren Auftrag, «einen solchen Rahmen von Erlebnis- und Schaffensfreude zu schaffen, dass die Schüler Fantasie und Lust am Lernen entwickeln, dass sie ihre Erkenntnisse vertiefen und Vertrauen in ihre eigenen Fähigkeiten fassen können.» Schaffensfreude, Lust am Lernen. Wohlan denn!

Image

Schulen stehen im Dienste ihrer «Kunden». Die Folgerung ist klar: Schulen sind der Kategorie der Dienstleistungsunternehmen zuzurechnen. Unternehmen, das wissen wir, ist das Gegenteil von unterlassen. Schulen haben vor diesem Hintergrund nicht die Aufgabe zu unterlassen. Sie sind keine Reservate, und ihre Exponenten unterstehen keineswegs, wie fälschlicherweise oft angenommen, einem Artenschutz-Abkommen. Damit ist klar: Die Schule hat die Aufgabe zu unternehmen, ein Unternehmen zu sein, das Dienstleistungen anbietet. Die Dienstleistung, die sie anbietet, heisst Lernen. Sie erbringt damit eine Leistung, die mit den Bedürfnissen der heutigen Zeit in Einklang steht. Denn: «Zukunftsforscher prognostizieren einen fünfmaligen Berufswechsel pro Erwerbsleben. Um so wichtiger wird da die Selbstverantwortung, indem wir unsere Kompetenzen erkennen, fähig bleiben, immer Neues dazu zu lernen und auch lernen», schreibt die Schweizerische Gesellschaft für Zukunftsforschung. Und folgert: «The time to get ready for the next society is now.» Wer sich also in den dynamischen Veränderungen in Wirtschaft und Gesellschaft zurechtfinden will, dem ist das Lernen in vielerlei Facetten ein vitales Bedürfnis. Etwas, das den Bedürfnissen entspricht, wird gemeinhin als «Qualität» definiert. Bedürfnisgerecht ist damit ein Synonym für ein Wirkungsbündel namens Qualität. Und es ist ein Synonym für «Marke». So gesehen wird Lernen zur Marke! Oder «neuhochdeutsch»: zum Label!
Marke? Das ist jede Leistung, die sich im Verlaufe einer bestimmten Zeit einen guten Namen gemacht hat. Marken sind freilich nicht einfach Produkte, sie vermitteln ein Lebensgefühl. Lernen – just do it! Für alle Lernwege: Quattro! Lernen erfrischt! Lernen so – macht Kinder froh. Lernen verleiht Flügel. Lernen – alles ausser gewöhnlich. Marken schaffen Identifikationsmöglichkeiten. Denn Marken sind sinnlich wahrnehmbar, sie sind ein Arrangement sinnlich wahrnehmbarer Komponenten. Marken bringen also etwas zum Ausdruck, das man sehen, hören oder fühlen kann. Marken sind erkennbar. Das führt zur Erkenntnis: Das, was an Rhetorik verbreitet und in Konzepte hineingedichtet wird, ist bestenfalls dem guten Schlaf zuträglich. Es ist fast beliebig austauschbar. «Nur der Schein trügt nie,» hat Oscar Wilde dazu gesagt. Hoppla! Nur der Schein trügt nie? Ja! Nur der Schein trügt nie! Will heissen: Es sind die sinnlich wahrnehmbaren Komponenten, die das menschliche Verhalten (auch das Lernen!) prägen – und umgekehrt. Was denn sonst?

«The time to get ready for the next society is now.»

Der amerikanische Psychologe Philip Zimbardo hat im Jahre 1959 ein altes Auto in der gutbürgerlichen Kleinstadt Palo Alto abgestellt und eines in der Bronx von New York. Bei beiden Autos waren die Kennzeichen abmontiert. In der Bronx begannen Leute schon nach zehn Minuten mit dem

Ausbauen noch brauchbarer Teile. Nach einem Tag war bereits nichts mehr zu holen. Die Zerstörung nahm ihren Lauf.

Derweil passierte in der Idylle von Palo Alto über eine Woche gar nichts. Niemand wagte es, das Auto auch nur zu berühren. Nachdem jedoch Philip Zimbardo eine Scheibe des Wagens zertrümmert hatte, dauerte es nur wenige Stunden, bis das Auto völlig demoliert auf dem Dache lag. Für die so genannte Broken Windows Theory hat dieses Experiment Geschichte geschrieben. Und die Moral von der Geschicht': Ein eingeschlagenes Fenster ist mehr als nur ein Schaden. Es ist ein Symbol, eine Aufforderung. Erfolgt nämlich keine Reparatur, stellt das «Broken Window» für die Umwelt eine Botschaft dar: Niemand kümmert sich darum! Auf das erste kaputtgeschlagene Fenster folgt das nächste. Und der Vandalismus setzt ein. Inmitten solcher Zeichen von Verwahrlosung beginnen die Menschen, sich anders zu verhalten. Die Spirale dreht sich. Das New York Police Departement hat unter dem Namen Zero Tolerance ein (Gegen)Konzept entwickelt und ist damit weltberühmt geworden. In Zusammenarbeit mit den Bürgern ging es darum, bereits präventiv oder spätestens auf die ersten Zeichen von Bagatelldelikten, Zerstörung und Vandalismus zu reagieren. Die Hemmschwellen wurden dadurch heraufgesetzt. Und der Erfolg lieferte die Bestätigung: Die sinnlich wahrnehmbaren Zeichen prägen das Verhalten der Menschen – in destruktiver wie in konstruktiver Hinsicht.

«Die sinnlich wahrnehmbaren Zeichen prägen das Verhalten der Menschen – in destruktiver wie in konstruktiver Hinsicht.»

In seiner filmischen Dokumentation *«Die Dritten kommen»* illustriert Reinhard Kahl diesen Prozess der Rückkoppelung zwischen den Menschen und ihrer Umwelt. Er macht in beeindruckender Weise deutlich, wie eine Schule sich aus ihrer desolaten Lage befreit, ja, wie sie sich quasi neu erfindet und wie die grossen und kleinen Zeichen an diesem Wege der Erneuerung allgegenwärtig sichtbar, hörbar, fühlbar werden. Und er zeigt, wie die Betroffenen diese Botschaften verstehen, wie sie zu Beteiligten werden und wie sie in konstruktiver Weise ihre Umgebung so gestalten helfen, dass sie für ihre eigene Entwicklung zur Energiequelle wird. Menschliches Verhalten folgt eben nicht trivialen Ursache-Wirkungs-Ketten, sondern entwickelt sich über Rückkoppelungsschleifen und vernetzte Interaktionsmuster.

Marken folgen letztlich den gleichen Prinzipien. Denn Marken bringen irgendetwas zum Ausdruck, eine Mischung aus Werthaltungen, Gefühlen, Qualitäten. Bei Parfums, Autos und Klamotten ist das einsichtig. Aber es geht eben viel weiter. Beispiel gefällig? Das Tennisturnier von Wimbledon. Ja, sogar ein Tennisturnier ist eine Marke. Zwar gibt es zahlreiche Turniere in allen Ecken der Welt. Zwar wird überall mit den gleichen Bällen gespielt, die Netze werden auf die gleiche Höhe gespannt, die Regeln sind überall die gleichen. Und auf der Teilnehmerliste finden sich die gleichen Namen. Und trotzdem: Wimbledon ist Wimbledon. Es ist nicht austauschbar. Es hat eine sinnlich wahrnehmbare Gestalt. Der peinlich genau geschnittene Rasen, die Hüte der Königsfamilie, das Verhalten des Publikums. Und: Alle spielen in weisser Kleidung. Klaus Brandmeyer weiss zu berichten, dass seinerzeit Verhandlungen geführt worden waren mit André Agassi. Seine Teilnahme war bereits so gut wie geklärt, als man ihn darauf hingewiesen hat, dass in Wimbledon in Weiss gespielt wird. Aber er, Agassi, der Paradiesvogel der Tennisszene, zeigte sich nicht bereit, auf diese Bedingung einzugehen. Also hat das Turnier ohne ihn stattgefunden. Ein Jahr später, André Agassi war mittlerweile zur Nummer Zwei des Welttennis avanciert, die gleiche Situation. Wieder wurde keine Ausnahme gemacht. Also spielte Agassi – in Weiss selbstverständlich, wie eine Braut. Und er gewann. (3) Solche Dinge sind es, die die Marke Wimbledon ausmachen. Und andere Marken.

Marken wohnt – für jene, die sich angesprochen fühlen – ein gewisses Etwas inne. Bedeutungsvolle, prägende Markenbegegnungen sind kleine Geschichten über uns selbst. Und sie sind Deutungsmuster oder brain-scripts für die Bewältigung neuer Erfahrungen. Marken sind von einer Art Mythos umgeben. Wer Entscheide trifft, sucht – bewusst oder unbewusst – nach guten Gründen für diese Entscheidungen. Marken und der Nimbus, der sie umgibt, rechtfertigen in psychologisch subtiler Weise die entsprechenden Entscheide. Denn: Aus der Interpretation von Merkmalen einer Marke bildet sich eine Art Hypothese. Solche Hypothesen wirken sich prägend auf die Wahrnehmung aus, insbesondere dann, wenn die Hypothesen in der Vergangenheit bereits häufig bestätigt wurden und wenn sie sich in allgemeine Sinnstrukturen einbetten lassen.

Das mag ja gut und recht sein. Für den Marktauftritt von Sportartikeln oder anderen Trendprodukten. Wo Konkurrenz die Szene prägt, kann das Image einer Marke durchaus den Entscheid beeinflussen. Aber was hat das mit schulischem Lernen zu tun? In der Tat: Die Schulen haben eine Zwangskundschaft. Niemand kann ihnen ernstlich die Kunden abspenstig machen. Das Monopol hält ihnen nicht nur die unliebsame Konkurrenz vom Leibe, sondern im gleichen Aufwische auch noch die anstrengende Auseinandersetzung mit den sich verändernden Bedürfnissen der Kundschaft. Es gibt, was es gibt. Punktum!
Und dennoch – oder vielleicht gerade deswegen – ist schulisches Lernen frostigen Winden der Konkurrenz ausgesetzt. Diese Konkurrenz kommt freilich nicht im Kleide anderer Schulen daher. Der «Kampf» um die Gunst der Schülerinnen und Schü-

ler findet auf einer ganz anderen Ebene statt. Die grösste Konkurrenz für ein Hotel in einem schweizerischen Wintersport-Ort ist ja nicht das Hotel am gleichen Ort. Auch nicht das vergleichbare Haus in einer anderen Destination der Schweiz. Und mittlerweile auch nicht mehr die Wintersport-Orte in Österrreich, sondern die Weihnachtsferien an den Sonnenstränden der Karibik. Bref: Konkurrenz findet längst nicht mehr nur auf gleicher Ebene unter gleichen Anbietern statt.

Das heisst: Konkurrenz erwächst dem schulischen Lernen in den staatlichen Wissensvermittlungsanstalten nicht von privaten Institutionen. Dazu müsste das Recht

«Wir weinen nicht, weil wir traurig sind. Wir sind traurig, weil wir weinen.»

auf freie Schulwahl kombiniert werden mit dem Umleiten der staatlichen Geldströme von den Anbietern auf die Nachfrager (Stichwort Bildungsgutschein). Und da die Saurier ja auch nicht an einem Tage ausgestorben sind, wird der Bildungsprotektionismus sich wohl noch lange nicht vor unliebsamer Konkurrenz zu fürchten haben. Zumindest, was schulische Anbieter anbelangt. Denn der Kampf um die gedankliche Energie und die Aufmerksamkeit der heranwachsenden Generation – und nicht nur der – wird ohnehin ganz anderswo ausgetragen: In der Freizeit. Beim Eishockey. Im Pferdestall. Auf dem Tennisplatz. In der Disco. Vor dem TV-Gerät. Beim PC-Game. Beim Herumhängen. Bei anderen Kompensationsritualen.

Noch nicht allzu lange ist es her, als die Schule fast beliebig über das Zeitbudget der heranwachsenden Generationen verfügen konnte. Konkurrenz entstand höchstens, wenn der Klerus rief oder die Ernte eingebracht werden musste. Die Situation hat sich dramatisch verändert. Die als Kunden allseits umworbenen Schülerinnen und Schüler haben mittlerweile die Qual der Wahl und damit die Möglichkeiten (und die Notwendigkeit), Prioritäten zu setzen. Schule ist nurmehr ein Angebot unter vielen anderen. Und beileibe nicht das attraktivste. Der Zwang zur physischen Präsenz sagt deshalb nichts über den Grad der inneren Emigration.

Als der einstige Stolz der Nation mit dem Schweizerkreuz auf der Heckflosse als Folge des Missmanagements kümmerlich am Boden bleiben musste, war ein bislang wenig bekanntes Wort plötzlich in aller Leute Mund: Grounding. Die Schule hat das Grounding längst hinter sich. Wie die Swissair. Wer bei der Swissair gearbeitet hatte, war stolz auf «sein» Unternehmen. Man trug die Uniform sogar im Bett. Denn die Uniform war ein Symbol für Erfolg und Ansehen. Und mit einem Mal hatten die Leute nichts als ein mitleidiges Lächeln übrig, unter das sich mitunter sogar eine Prise Schadenfreude mischte. Das kränkte. Zum Vergleich: Es gab Zeiten, da galten die Lehrer noch etwas im Dorfe. Sie standen weit oben auf der Leiter beruflichen Sozialprestiges und konnten sich entsprechend hohen Ansehens erfreuen. Tempi passati. Wer heute noch zu sagen wagt, er sei Lehrer, dessen erbarmt man sich. Eine Mischung aus Mitleid und Kopfschütteln keimt auf. Kein erbauendes Gefühl. Kein Wunder, dass der Grauschleier der Mutlosigkeit sich über die Schulhäuser senkt und die Klagelieder der Ohnmacht in den pädagogischen Hallen ertönen. Das sagt natürlich einiges aus über die Position des Unternehmens «Schule» und über die Akzeptanz der Marke «schulisches Lernen» auf der nach unten offenen Image-Skala.

Mit anderen Worten: Das Gerangel unter Lehrkräften um die Sympathie von Lernenden ist im Grunde genommen ebenso unsinnig wie die Konkurrenz unter Schulen. Das ist etwa so, wie wenn der eine Esel dem anderen «Langohr» sagt. Oder so, wie wenn die Hotels im Skiort einander den Schmutz unter den Fingernägeln nicht gönnen mögen, dieweil die Gäste längst nach Mallorca abgeflogen sind. Natürlich hat es mit den einzelnen Lehrern zu tun, mit der Art, wie sie ihre Aufgabe wahrnehmen. Und natürlich hat es mit den Schulen zu tun und der Art, wie sie ihre Dienstleistung erbringen. Aber es geht eben weiter: Es ist das schulische Lernen insgesamt, das Gefahr läuft, dem langsamen Zerfall preisgegeben zu werden. Die Broken Windows Theory manifestiert sich dabei weniger an Schulhausfenstern als vielmehr im übertragenen Sinne an vielen zerbrochenen Illusionen.

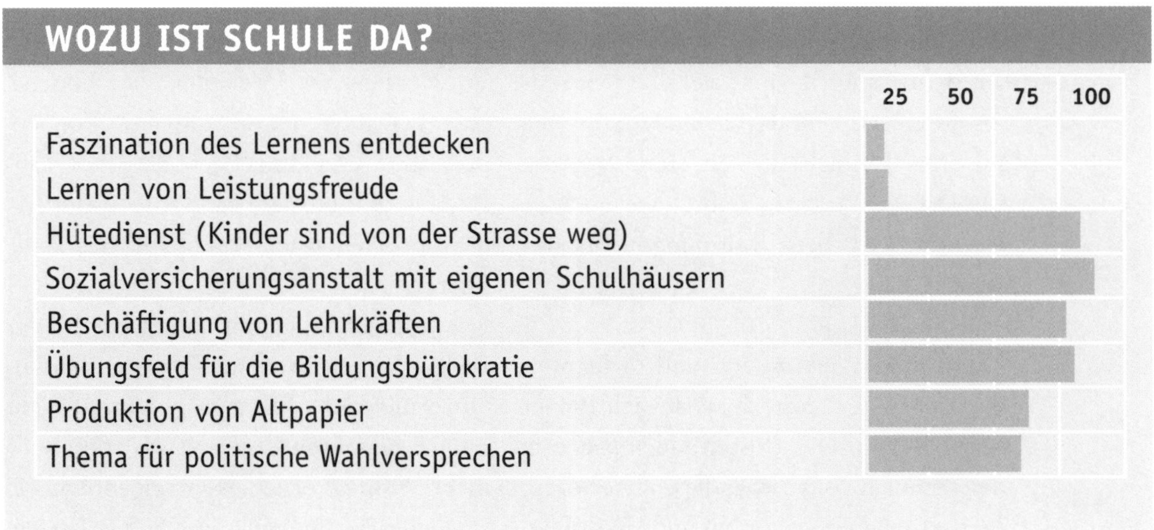

Die sinnlich wahrnehmbaren Komponenten schulischen Lernens entsprechen immer weniger den Bedürfnissen der Kundschaft. Angesichts der Verfallssymptome wäre das Heil nicht in Konzepten zu suchen, die ein bisschen Asphalt in die tief ausgetretenen Pfade einer überholten Ich-weiss-etwas-das-du-nicht-weisst-Kultur schütten wollen. Die Reformitis nach dem Helikopter-Prinzip (mit grossem Lärm daherkommen

«Jede heilige Kuh ist ein potenzielles Steak.»

und viel Staub aufwirbeln) ist im besten Fall nutzlos, in der Regel sogar kontraproduktiv. Das bildungsbürokratische Hüst und Hott der letzten Jahre hat natürlich spornstreichs jene auf den Plan gerufen, die gerne mit den Muskeln spielen und im Stall der heiligen pädagogischen Kühe lauthals nach Zucht und Ordnung schreien. Aber zum Glück ist jede heilige Kuh ein potenzielles Steak. Denn zumindest auf dem Papier beginnt sich die Erkenntnis durchzusetzen, dass lebendiges Lernen in einer Drillanstalt dem Tode geweiht ist. Dagegen vermag selbst eine noch so intensive künstliche Beatmung nichts auszurichten.

Kaum moderater im Ton und nicht minder klar in der Sache äusserte sich Rainer Maria Rilke: «Die grossen Ideen haben in den Schulen alle Lebendigkeit verloren, sie sind abstrakt geworden und langweilig, weil in sie die Absichtlichkeit hineingelegt, angewachsener, unpersönlich gewordener Vorrat von Wissen, leblos wie ein Konversationslexikon und ohne inneren Zusammenhang wie dieses. Nicht wonach das Kind fragt, gibt man ihm, sondern irgend ein bestimmtes Quantum von fertigen Resultaten, die ihm vollkommen gleichgültig sind.» Und weiter: «Eine Reihe unsäglicher Irrtümer hat die Schule zum Gegenteil werden lassen; immer mehr ist Leben und Wirklichkeit aus ihr herausgedrängt worden.» Und wohlverstanden: Es ist bereits hundert Jahre her, seit Rilke der Schule dieses wenig schmeichelhafte Zeugnis ausgestellt hat. Und er blieb ja beileibe nicht der Einzige. Ingo Richter kann jedenfalls auch ein Jahrhundert später keine wesentlichen Änderungen erkennen, wenn er eine eigentliche Verwahrlosung der schulischen Institutionen im Sinne von Beliebigkeit und Gleichgültigkeit diagnostiziert. «Erziehung und Bildung werden nicht erwartet und finden nicht statt – Anomie.» Und weiter: «Das traurigste Kapitel der bildungspolitischen Entwicklung ist zweifellos die Tatsache, dass wir nicht davon ausgehen können, dass das Schulklima sich ändert.» (30) Bildung und Lernen wandern zunehmend aus den Schulen aus. Was bleibt: Gähnende Lehre!

Seit Jahrzehnten ertönt immer wieder der Ruf nach etwas Neuem. Wer sich nicht ins Unvermeidliche fügen mag, kommt nicht umhin zu spüren: Irgendetwas stimmt da nicht! Sollte Lernen nicht eigentlich ein sinnliches Vergnügen sein? Sollte Lernen nicht unmittelbar etwas mit dem Leben zu tun haben? Aber das Leben findet doch immer in der Gegenwart statt?! Es lässt sich wahrnehmen. Es ist da! Und wie! Freilich: Das steht in krassem Widerspruch zum schulischen Lernen, dessen Nutzen der argumentativen Bequemlichkeit halber immer auf «später» veranschlagt wird. So verkommt die Schule zum Wartesaal. Warten worauf? Auf das Leben. Das kommt nach der Schule.

Konsequenz: Es braucht ein neues Management der sinnlich wahrnehmbaren Gestalt schulischen Lernens. Das heisst: Die Fragen sind neu zu formulieren. Und sie sind auf die Gegenwart zu beziehen, auf das, was abläuft in schulischen Arrangements. Wie sieht denn schulisches Lernen eigentlich aus? Wie riecht es? Wie hört es sich an? Nicht in den Leitbild-Ordnern, sondern in der alltäglichen Wahrnehmung der Kunden! Der Schülerinnen und Schüler! Leiten ihre Sinne sie zum Sinn?

Also, noch einmal: Wie sieht schulisches Lernen aus? Was offenbart der Blick in ein Schulzimmer? Was spiegelt sich auf den Gesichtern – der Lehrer und der Schüler? Wie bewegt (in vielerlei Hinsicht) zeigen sie sich? Oder sitzen sie? Wo? Und wie? Und wie lange? Wer ist aktiv? In welchen konkreten Handlungen zeigen sich diese Aktivitäten? Womit be-fassen sich eigentlich die Schüler den lieben langen Tag? Wie liebevoll ist die Lernumwelt gestaltet? Wird angeschaut – oder zugeschaut? Was hängt an den Wänden? Und wie lange schon? Wie sehen die Tische aus? Was findet sich alles darauf? Mit welcher Haltung betreten die Menschen den Raum? Und wie verlassen sie ihn? Wie bleibt der Raum zurück? Ist der Gesichtsausdruck draussen derselbe wie drinnen? Und wie hört sich schulisches Lernen an? Wer spricht? Worüber? Wie lange? Wie laut? Zu wem? Mit wem? Wer schweigt beredt? Flüstert? Stöhnt? Spricht man miteinander oder übereinander? Welche Geräusche dominieren? Wie oft wird gelacht? Ausgelacht? Schrillt eine Glocke? Und wie riecht es? Frisch? Abgestanden? Was liegt in der Luft?

Schule existiert einzig und allein durch die Anwesenheit von Menschen. Diese Menschen wollen in irgendeiner Form stolz sein auf das, was sie tun. Und sie wollen sich in irgendeiner Form zugehörig fühlen. Sie tragen letztlich eine Marke, ein Label. Und je schlechter es gefühlsmässig um diese Marke bestellt ist, desto geringer ist die Identifikation und desto dringender das Bedürfnis, sich ihrer zu entledigen. Die Marke «Lernen» stellt sich dar als Begegnung mit sich selbst, sich manifestierend in der Frage: Was hat das mit mir zu

«Viele Pädagogen meinen immer noch, es reiche, den Schülern einfach dreimal dasselbe zu erzählen.»

Gerhard Roth, Universität Bremen

tun? Und mindestens ein Teil der Antwort orientiert sich an den sinnlich wahrnehmbaren Komponenten. Am Sinn, den die Sinne wahrzunehmen vermögen. Und am gewissen Etwas, das daraus entsteht. Wenn es entsteht!

«Lehren» weist darauf hin, wer aktiv ist. Der Lehrer. So will es der Sinn des Wortes. Es weist darauf hin, wer Recht hat. Der Lehrer. Und es weist darauf hin, wer im Recht ist. Der Lehrer. Das ist die Optik aus der stirnseitigen Position des Klassenzimmers. Es gibt aber auch eine andere. Die sinnliche Wahrnehmung des einzelnen Schülers, der einzelnen Schülerin. Aus dieser Optik sieht alles ganz anders aus. Zwangsläufig. Ausgangspunkt ist das Lernen. Der Mensch ist zwar lernfähig, aber unbelehrbar. Mit anderen Worten: Lernende und ihre Anliegen ernst nehmen entspricht dem eigentlich recht plausiblen Gebot von Klugheit und Kalkül: Denn Menschen tun im Grunde genommen immer nur das, was sie tun wollen. Alles andere zu glauben wäre naiv.
Die Aufgabe schulischer Lernarrangements besteht folglich darin, menschliche Energien freisetzen zu helfen auf dem Weg zur Leistungsentstehung und zum Lebenserfolg. Lernen als Quelle des Wohlbefindens! Eingepackt in einen wirkungsvollen Marketingmix wäre das ein Label. Mit einer solchen Marke könnte die Schule selbstbewusst an- und auftreten. Sie könnte das Lernen zu einem Thema machen, zu einem gesellschaftlichen Megathema sogar. Man stelle sich vor: Schule und Lernen mutieren zum gesellschaftlichen Quotenrenner. Das liesse nicht mehr zu, dass sich Politiker, Bürokraten und Lehrer gegenseitig den Schwarzen Peter in die Hosentasche schieben und sich mit dem Hinweis auf fehlendes Geld billig aus der Verantwortung stehlen. Und es verhinderte, dass larmoyant die immer gleichen fadenscheinigen Ausreden herumgeboten werden, wenn die Resultate von Schulvergleichen und anderen Untersuchungen zeigen, dass das Gelbe vom Ei wohl deutlich ausserhalb der heutigen Schulstuben liegt.

MEHR ALS NUR LEHRER

«Ein guter Lehrer, eine gute Lehrerin ist eine Person, die ein Klassenklima der Neugierde und der Lernwilligkeit schaffen kann. Ein guter Lehrer ist aber auch jemand, der dafür schaut, Lernziele zu erreichen, sich zudem selbst auch prüft, inwieweit er diese erreicht, und am eigenen Verbesserungsprozess arbeitet. Die dritte wesentliche Eigenschaft ist schliesslich, im Kollegium dazu beizutragen, dass die Schule als Einheit eine Kultur schafft, um diese Ziele zu erreichen – quasi einen Rahmen von Geborgenheit.»

Ernst Buschor, Bildungsdirektor des Kantons Zürich (Tages Anzeiger / 10.07.02) z.B.

Früchte vom Baum der Erkenntnis

Jedes Spiel hat seine Schlüsselszenen. Eine Art von Schlüsselszenen in schulischen Settings bilden bestimmte Rituale, die in emotional-konstruktiver Weise das Klima beeinflussen. Und dass ein anregendes Arbeitsklima sich positiv auf das Leistungsverhalten auswirkt, ist nun wahrlich keine epochal neue Erkenntnis. Gleichzeitig gilt es zu beachten, dass nicht einfach die «anderen» für Klima und Wohlbefinden verantwortlich gemacht werden können. Ausschlaggebend sind in erster Linie individuelle Dispositionen. Vor diesem Hintergrund zählen positiv wahrgenommene Gemeinschaftsaktivitäten zu den wichtigen Klimafaktoren. Oder eben: zu den Schlüsselszenen.

Ein Beispiel ritualisierter Schlüsselszenen: Die Portfolio-Präsentationen (siehe Seite 124). Diese Tops of the Week liessen sich freilich auch noch anders inszenieren: als Früchte vom Baum der Erkenntnis. Im Schulzimmer, im Seminar- oder Arbeitsraum findet sich ein Baum – aus Styropor an der Wand oder freistehend im Raum. Der gestalterischen Fähigkeit sind keine Grenzen gesetzt. Es handelt sich um einen Baum der Erkenntnis, der so konstruiert ist, dass Gegenstände angebracht werden können.

Im Verlaufe einer Woche befestigen die Schülerinnen und Schüler ebenso wie die Lehrkräfte je zwei, drei Gegenstände an diesem Baum. Das kann eine Arbeit sein, ein Symbol, ein Bild, was auch immer. Die Gegenstände repräsentieren neue wichtige Erkenntnisse, die die Beteiligten haben gewinnen können.

Im Rahmen eines regelmässigen Meetings – vielleicht gegen Ende der Woche – werden diese Erkenntnisse einander vorgestellt und die damit zusammenhängenden Erfahrungen und emotionalen Befindlichkeiten ausgetauscht. Anschliessend lassen sich die «Früchte» ernten und ins Lernportfolio ablegen.
Natürlich können auch richtige Früchte oder Fruchtsäfte den Anlass ergänzen. Das Ambiente trägt das seinige dazu bei, dass die Menschen und ihre Leistungen eine Wertschätzung erfahren. Um es mit Heinrich von Kleist zu sagen: «Wie viele Freuden gewährt nicht schon allein die richtige Wertschätzung der Dinge!»

Wer glaubt, etwas zu sein, hat aufgehört, etwas zu werden.

Philip Rosenthal

Die Zen-Mönche setzen sich zum Meditieren vor einen Felsen. «Wir warten, dass der Fels ein wenig wächst», sagen sie.

Der Meister sagt: «Alles um uns herum verändert sich ständig. Jeden Tag bescheint die Sonne eine neue Welt. Was wir Routine nennen, steckt voller neuer Vorschläge und Möglichkeiten. Doch wir bemerken nicht, dass jeder Tag sich von allen bisherigen unterscheidet.

Heute wartet irgendwo ein Schatz auf dich. Es könnte ein flüchtiges Lächeln sein, es könnte ein grosser Sieg sein. Doch nicht darauf kommt es an. Das Leben besteht aus grossen und kleinen Wundern. Nichts ist langweilig, weil alles sich ständig verändert. Langeweile ist nicht Teil der Welt, sondern sie entsteht dadurch, wie wir die Welt ansehen.»

Aus: Coelho, Paulo: Der Wanderer

9 Verändern durch Verstehen

kurz & bündig

- *Wenn ein Stein ins Wasser geworfen wird, entwickeln sich Wellen. Von innen nach aussen, kreisförmig. Auch Lernen entwickelt sich so, als zirkulärer Prozess vom Ereignis, zum Erlebnis, von der Erkenntnis zur Erfahrung.*

- *Bildung bezieht ihre sprachliche Legitimation vom Bild. Es geht darum, im Bilde zu sein, sich ein Bild machen zu können. Kurz: zu verstehen. Das fällt nicht vom Himmel. Verstehen ist eine handelnde Tätigkeit, ein schöpferischer Akt.*

- *Die aktive Gestaltung von Lernprozessen verlangt nach selbstwirksamer Beteiligung. Wer beteiligt ist, setzt sich auseinander – mit den Dingen und mit sich selbst.*

Das Pflatsch-Prinzip

Wenige Exemplare der Spezies Mensch werden je eines dieser extraterrestrischen grünen Männchen zu Gesicht bekommen haben. Die Wahrscheinlichkeit ist – gelinde gesagt – sehr gering. Und ebenso gering ist die Wahrscheinlichkeit, dass wir die Aufgaben, die das Leben uns stellt, gesammelt am Ende des Tages präsentiert erhalten, nummeriert und mit Fragezeichen versehen. Logisch, ist doch sonnenklar. So funktioniert das Leben wirklich nicht.

Aber die Schule! Sie denkt und handelt genau so: Männiglich tut irgendetwas (oder tut zumindest so). Und am Ende des Kapitels folgt der Test. Die entsprechenden Fragen sind schön nummeriert. Abhaken! Dann kommt das Nächste. Abhaken. Und das Nächste. Ende. Fertig. Aus. Eines folgt aufs andere. Seite auf Seite. Kapitel auf Kapitel. Thema auf Thema. Alles fein säuberlich voneinander getrennt. Und alle denken, das sei so. Das müsse wohl so sein.

Nein, muss es nicht! Ist es nicht! Nichts im Leben ist so. Stellen wir uns einmal folgende Szene vor: Der Fahrlehrer heisst den neuen Fahrschüler beim Auto willkommen. Er bittet ihn, auf dem Fahrersitz Platz zu nehmen. «So», sagt er, «Lernen ist etwas, das wir Schritt für Schritt aufbauen müssen. Sie kennen das ja aus Ihrer Schulzeit. Eines kommt schön nach dem anderen, vom Einfachen zum Schwierigen.» Der Fahrschüler nickt. Klar, das kennt er. «Wir haben diese bewährte Art des schulischen Lernens übernommen. Ich werde Ihnen vom Strassenrand aus sagen, was sie tun sollen. Heute beginnen wir mit dem Gaspedal. Ich zeige Ihnen zuerst, wie man das Gaspedal mit dem rechten Fuss hinunterdrückt. Dann können Sie das gründlich üben. Bremse oder Steuerrad nehmen wir dann in der nächsten Stunde dran …»

Unvorstellbar! Logisch, beim Autofahren können ja nicht einfach einzelne Teilfunktionen isoliert geübt werden. Es lässt sich nicht das Steuern üben, wenn das Fahrzeug nicht in Bewegung ist. Und damit das Auto sich bewegt und wieder zum Stillstand gebracht werden kann, müssen verschiedene Tätigkeiten ausgeführt und aufeinander abgestimmt werden. Informationen von «aussen» werden vom Fahrer wahrgenommen: der Radfahrer weiter vorne, das entgegenkommende Fahrzeug, die Verkehrsmeldungen im Radio, die Hinweise des Mitfahrers – eine Fülle von

Informationen begleitet jede Sekunde der Fahrt. Die individuell unterschiedlichen Wahrnehmungsmuster und inneren Dispositionen werden dann ebenso individuell und unterschiedlich in die Bedienung des Fahrzeuges umgesetzt.

Das gilt auch für das Steuern des eigenen Lebensautos. Das Leben – und damit das Lernen – ist ein selbstreferentieller Prozess. Das heisst: Eine Person kann nicht von aussen zu einer bestimmten Reaktion veranlasst und determiniert werden. Es ist immer die interne Struktur der Person, die bestimmt, was mit den Anregungen aus dem Umgebungsmilieu zu geschehen hat. Was jemand tut und was jemand dabei denkt und wie sich das äussert, das lässt sich nicht fremdsteuern. Individuelles Verhalten ist das Ergebnis eines inneren Prozesses. Man kann also sagen, dass sich ein System selbst zum Massstab macht im Hinblick darauf, ob eine Operation als geeignet angesehen wird oder nicht. Selbstreferentialität bezeichnet die Fähigkeit jedes lebendigen Systems, einen Bezug zu sich selbst in Abgrenzung zur Umwelt herzustellen.

Mit anderen Worten: Lernen geht nicht auf den Strich! Lernen folgt nicht den linearen monokausalen Ursache-Wirkung-Ketten. Damit kann Lernen keine mechanistische Folge von Belehrungen sein. Lernen folgt vielmehr dem Pflatsch-Prinzip. «Pflatsch» – dieses Geräusch entsteht, wenn ein Stein ins Wasser geworfen wird. Von einem Zentrum aus entstehen Wellen. Von innen nach aussen. Wie die Wellen sich im Einzelnen aber entwickeln, das ist nicht steuerbar. Denn die Wirkungszusammenhänge sind komplex. Wie das Leben.

Alles was wir tun – und was wir nicht tun – ist in irgendwelche Rückkoppelungsschleifen eingebunden. Wir können nicht nicht-kommunizieren, so die fundamentale Feststellung von Paul Watzlawick. Wir senden und empfangen dauernd Signale.

Diese Signale (oder wie man sie auch immer nennen will) werden in einer Art Pingpong-Spiel zwischen den Spielern unseres inneren Teams und den vielfältigen Umweltbeziehungen hin und her gespielt. Jeder Schlag, bewusst geführt oder aus einem Reflex heraus, ist ein Vergleich, eine Antwort, eine Bewertung und gibt dem Ball einen neuen Drall. Dieses mentale und emotionale Pingpong-Spiel findet zudem mit einer permanent wechselnden Anzahl von Spielern statt, an verschiedenen Tischen und mit einer Unzahl von Bällen. Gleichzeitig! Ich bewege mich, bin immer in der Mitte und spiele. Von hinten, von vorne, von der Seite, von überall her kommen die kleinen weissen Bälle dahergeflogen. Dass ich meines eingeschränkten Wahrnehmungsfeldes wegen dabei nicht alle Mitspieler in gleicher Weise einbeziehen kann und mir die Bälle halt manchmal nur so um die Ohren fliegen, versteht sich von selbst.

Das heisst: Lernen entwickelt sich von einer Mitte aus, aber nicht eindimensional, sondern in einem dauernden wechselwirksamen Auseinandersetzungsprozess mit mir selber und mit meiner Lebenswelt. Übrigens: Die Mitte – die ist immer dort, wo ich bin. Das heisst: Der Mensch – an sich schon ein komplexes System – steht als solches in einem komplexen, sich dynamisch verändernden Geflecht von Beziehungen und Rückkoppelungsschleifen. Alles wirkt auf alles. Die Wahrnehmungen und damit die (Wechsel)Wirkungen sind von Mensch zu Mensch sehr unterschiedlich. Auch wenn zwei Menschen genau das Gleiche tun, Nägel einschlagen, Mathematikaufgaben lösen, Babies wickeln, ihre sinnliche Wahrnehmung, ihre Erfahrung – und als Ergebnis davon ihr Lernen – ist immer ein anderes. Das heisst: Lernen ist immer persönlich. Es passiert bei mir. Immer. Und ausschliesslich. Kurz: Der Mensch lernt selbst – und ständig.

Komplexe Systeme sind von aussen nicht – oder zumindest nur sehr beschränkt – steuerbar. Wenn ich folglich an einem

«Der Mensch lernt selbst und ständig.»

komplexen System etwas verändere, entsteht keineswegs immer die beabsichtigte Wirkung. Im Gegenteil! Es stellen sich unbeabsichtigte Nebenwirkungen ein. Ein Beispiel: Zu Zeiten der englischen Kolonialverwaltung soll es in Indien einmal zu viele Kobras gegeben haben. Um der Plage Herr zu werden, setzte der Gouverneur eine Prämie für jeden abgelieferten Kobra-Kopf aus. Doch was passierte: Statt Kobras einzufangen, züchteten die Inder sie. Die Absicht zeitigte nicht die erwartete Wirkung. Das führt – auf die Schule übertragen – letztlich zur Folgerung: Es wird nicht gelernt, was gelehrt wird. Denn der Mensch ist halt eben keine triviale Antwortmaschine. Auch wenn es der Schule noch so gelegen käme.

Wie sonst ist es zu erklären, dass das Auswendiglernen offensichtlich so schwierig ist? «Wäre es anders», stellt Ellen Langer

fest, «würden die meisten Schüler in ihren Prüfungen besser abschneiden. Als Schüler haben wir unseren Stoff auswendig gelernt, weil man es uns gesagt hatte. Das Auswendiglernen ist aus verschiedenen Gründen noch immer sehr verbreitet: Lehrer können die Schulleistung leichter beurteilen, wenn sie sich an auswendig gelerntem Stoff orientieren; häufig ist zu hören, bestimmte Dinge, z.B. die Grundlagen, müssten gründlich gelernt werden, bevor man sich anderen Gebieten zuwenden könne; die Vorstellung, dass es in unserer Welt gewisse Grundwahrheiten gäbe, die von jedem akzeptiert werden müssten, ruft ein Gefühl der Stabilität hervor; und Lehrer unterrichten meist auf die gleiche Weise, nach der sie selbst unterrichtet wurden – durch Auswendiglernen.» (17)
Das Denkmuster der Industriegesellschaft war ein mechanistisches. Die Welt schien planbar, kalkulierbar, kontrollierbar. Wenn Maschinen vorne mit Energie und Informationen gefüttert werden, ist steuerbar und berechenbar, was hinten herauskommt. Und mögliche Störfälle lassen sich reparieren. Diese technologisch-bürokratische Rationalität hat sich auch im Bildungswesen breit gemacht. Lernende wurden (und werden) behandelt wie triviale Maschinen. Aber eben: Was bei technischen Systemen funktioniert, lässt sich nicht auf lebendige Systeme übertragen. Unser Nervensystem, unser Bewusstsein, soziale Systeme, Organisationen, Gemeinschaften, Kulturen sind komplexe, vernetzte, zirkuläre Systeme. Sie funktionieren durch Rückkoppelungen, Eigendynamik, Wachstum. Ihre Entwicklungen verlaufen nicht linear, sondern diskontinuierlich, ja chaotisch.

«Der Mensch ist keine triviale Antwortmaschine»

Das heisst: Schülerinnen und Schüler sind nicht passive Reiz-Reaktions-Objekte, die nach linear-monokausalem Muster funktionieren. Sie stehen mit ihrem Denken, Fühlen und Handeln in dauernder Beziehung zu sich und zu ihrer Umwelt. Informationen, die Teil dieser Beziehung werden, erhalten dadurch eine Bedeutung. Dieser Selbstreferenz-Effekt macht Informationen zu einer persönlichen Angelegenheit. Sie machen Sinn. Lernen entwickelt sich so gesehen aus der Interaktion der Menschen mit sich und mit ihrer Umwelt.

Lernen, und das ist eine Konsequenz daraus, ereignet sich also immer hier und jetzt. Ergo: If not now, then when, if not me, then who. Selbst wenn wir ein Fotoalbum aufschlagen und uns alte Jugendbilder ansehen, betrachten wir die Fotos jedesmal neu und anders. Erinnerung ist kein blosses Abrufen von Informationen aus einem Speicher, Erinnerung ist eine Konstruktion in der Gegenwart, eine aktuelle Inszenierung unseres Nervensystems. Oder anders gesagt: Es ist gleichsam eine Orientierungsleistung, die die Vergangenheit mit der Zukunft verbindet und sich in der Gegenwart ereignet.

Die alte, raumorientierte Vorstellung der Erinnerung als eines Speichers wurde durch den modernen Vergleich des Gehirns mit der Funktionsweise eines Computers und dessen Zugriff auf Daten noch verfestigt. Nonsens! Denn diese irrige Vorstellung suggeriert eine feste, vom Menschen nicht zu beeinflussende Verbindung zwischen der Vergangenheit, der Speicherung dieser Vergangenheit im Gedächtnis und der Vergegenwärtigung dieser Vergangenheit durch Erinnerung. An dieser Vorstellung ist aber nur richtig, dass sich der Inhalt des Erinnerns auf die Vergangenheit bezieht. Das ist aber auch schon alles. Denn das Erinnern selbst vollzieht sich in der Gegenwart und wird durch gegenwärtige Ereignisse hervorgerufen. Das heisst: In die Erinnerung fliessen immer auch die unmittelbaren Bedürfnisse, Wünsche, Hoffnungen, Ängste und Emotionen und Lügen mit ein. Erinnerung dient folglich der aktuellen Lebensbewältigung; die Vergangenheit wird aus dem Horizont der Gegenwart und der erhofften oder befürchteten Zukunft immer wieder neu konstruiert.

Zwischen unseren Ohren haben wir also kein Wissen eingelagert, das wir bei Bedarf aus dem Hut zaubern können. Wissen wird auf der Bühne unseres Lebens immer neu inszeniert, weil es sich verbindet und vernetzt mit dem, was jetzt grad ist. Aber eben, was heisst: Mit dem, was ist? Das was ist, ist das Ergebnis dessen, was wir wahrnehmen. Nicht mehr und nicht weniger. Und was wir «für wahr nehmen», ist das Ergebnis der «Ordnung», die wir in die Fülle der Eindrücke gebracht haben. Also nicht irgendeine Wahrheit ist das Kriterium, sondern die subjektive Plausibilität und Zweckmässigkeit. Wahr ist, was ich wahr-nehme. Wahr ist mithin, was nützt. Denn dieser Nutzen dient letztlich der Selbsterhaltung des Systems. Kurz: Unser Denken und Fühlen dreht sich ständig um die aktuelle Position und stellt permanent, aber meist unbewusst und unreflektiert, Aufwand-Nutzen-Rechnungen an, wählt aus, steuert, ergänzt und korrigiert unsere sinnliche Wahrnehmung entsprechend. Ein Radarschirm, der denkt und fühlt – und wählt.

Lernen folgt also nicht einfach einer externen Einflussnahme, Lernen ist vielmehr das Ergebnis interner Wachstums- und Entwicklungsprozesse. Entwickeln oder auswickeln kann ich nur das, was drin ist. Irgendetwas steht also im Zentrum. Nein, nicht «irgendetwas» – der Mensch. Jeder für sich. Von dort geht die Entwicklung aus, kreisförmig, als zirkulärer Prozess. Zirkularität ist eine kreisförmige Bewegung. Und Bewegung ist identisch mit Leben.

Diese Art von Entwicklung steht in offensichtlichem Widerspruch zum Machbarkeitswahn curricular-pädagogischer Verfahrensplanungen.
Der entsprechende Schlüsselbegriff heisst Kontingenz. Kontingenz meint Zufälligkeit, Nicht-Planbarkeit, Mehrdeutigkeit, Unkalkulierbarkeit. Die Sprache ist ein

Beispiel dafür. Am Anfang war das Wort – dann folgte das Missverständnis. Da gibt es doch die schöne Geschichte des Ehepaares, das sich zu Hause aufhält. Der Mann sitzt in seinem Büro. Er hört seine Frau von irgendwoher rufen: «Ist es angekommen?» Obwohl der Mann keine Ahnung hat, was mit «es» gemeint ist, antwortet er: «Ja!»

«Wissen wird auf der Bühne unseres Lebens immer neu inszeniert.»

Auf die Frage seiner Frau: «Wo hast du es hingetan?» antwortet er: «Zu den anderen.» Tagtäglich können wir uns vor Augen führen, dass menschliche Kommunikation auf dem blanken Eis des Zufalls meist auf dem Hintern landet.

Oder die ganze Erziehung, sie offenbart die beschränkte Steuerbarkeit noch drastischer: Denn eigentlich möchten doch (fast) alle Eltern, dass ihre Kinder zu wohlgeratenen, glücklichen Menschen heranwachsen. Es ist mit Fug und Recht davon auszugehen, dass sie dieser Wunschvorstellung Rechnung tragen und ihre Erziehungsbemühungen darauf ausrichten. Und was ist das Ergebnis?

Oder nehmen wir die Schule: All die ernst gemeinten und durchaus seriösen Bemühungen der Lehrenden, ihren Schülerinnen und Schülern wichtige Dinge beizubringen – den Dreisatz, das Passé Simple, die Nagelfluh der Rigi, die lateinische Schrift bis zur Entstehung der karolingischen Minuskel oder die indische Interpretation rigvedischer Dialoglieder. Hand aufs Herz: Was ist bei Lichte besehen das Ergebnis?

Denn erstens kommt es anders ... Voilà, das meint Kontingenz: Eine Ursache, eine Intervention kann mehrere auch graduell ganz unterschiedliche Wirkungen haben. Kontingenz orientiert sich am Möglichsein (im Gegensatz zur Notwendigkeit). Die Aufgabe schulischer Arrangements muss folgerichtig darin bestehen, die Schülerinnen und Schüler anzuregen, ihre Konstruktionen von Wirklichkeit zu hinterfragen, zu überprüfen, weiterzuentwickeln, zu verwerfen, zu bestätigen. Wenn die Lernprozesse von aussen nur angeregt, nicht aber gesteuert werden können, muss es darum gehen, dem Zufall ein bisschen nachzuhelfen. Oder anders gesagt: Die Schule muss Ermöglichungsstrukturen schaffen. Sie muss Settings gestalten, die zur Interaktion einladen, damit aus Informationen Bedeutung wird und sich die Wahrscheinlichkeit erhöht, dass schulische Lernprozesse eine lebensbejahende Eigendynamik entfalten und Sinn generieren können.

Das AHA-Prinzip

Um Archimedes ranken sich zahlreiche Legenden. So soll er 212 v. Chr. in Syrakus von einem römischen Soldaten ermordet worden sein, weil dessen Schatten auf einer geometrischen Figur im Sand ihn veranlasst hatte zu sagen: «Störe meine Kreise nicht!» Und als er im Bade sass, das Prinzip entdeckend, das heute seinen Namen trägt, soll er vor Freude über seinen Geistesblitz vergessen haben, Kleider anzuziehen. So rannte er nackt durch die Gassen und rief immer wieder: «Heureka, heureka ...». Zu deutsch: Ich hab's, ich hab's. Das will nun zweierlei nicht heissen:

Es ist nicht nötig, dass Schulen zu Badesälen umgebaut werden. Und es ist auch nicht nötig, dauernd nackt in der Gegend umherzurennen wie ein sturmes Huhn. Aber ein bisschen von der echten, tiefen Freude des Verstehens und Begreifens könnte dem schulischen Lernen wohl nur zum Vorteile gereichen.

«Heureka» hat offensichtlich bis weit in unsere Zeit hinein die Phantasie beflügelt. Die Suchmaschine spuckt immerhin mehr als vierzehntausend Nennungen aus, wenn man sie mit diesem Stichwort füttert. Auch das vielleicht Ausdruck einer ungestillten Sehnsucht der Menschen, die Dinge um uns herum verstehen und begreifen zu können. Es geht noch weiter: Archimedes' ekstatisches «Heureka» hat auch einem anerkannten Zweig der wissenschaftlichen Methodologie, die mittels nicht-analytischer, zufälliger Verfahren nach Lösungen sucht, ihren Namen gegeben: der Heuristik.

Ahaaaa – jetzt habe ich es begriffen. Begreifen, verstehen, erkennen, Zusammenhänge sehen, sich ein Bild machen, das sind Charakteristika von Lernen. Das Aha-Erlebnis bezeichnet jenes glückhafte Gefühl, wenn nach langem, anstrengendem Nachdenken über ein Problem plötzlich der Groschen fällt: Freude am Denken, Lust durch Einsicht. Aha steht aber auch für jene Erkenntnisse, die uns wie zufällig zufallen, für die plötzlichen Eingebungen, die uns die Dinge in neuem Licht erscheinen lassen. Eben: Ich hab's! Und damit verbunden der ganze Wirbelsturm guter Gefühle, die von solchen Aha-Erlebnissen ausgelöst werden.

Heinz von Foerster spricht in diesem Zusammenhang von der magischen Vorsilbe «Er-», die auf aktive Prozesse und einen Moment der Schöpfung deutet. «Es wird etwas kreiert, was nicht schon da sein muss. Wenn ich davon spreche, dass Wirklichkeit ‚er'-funden, ‚er'-rechnet und ‚er'-kannt wird, geht es nicht um eine passive Reproduktion des Vorhandenen, sondern stets um schöpferische und lebendige Vorgänge: Es wird etwas erzeugt, es wird etwas erfunden – und nicht gefunden.» (36) Noch einmal: schöpferisch und lebendig sind also lernende Menschen. Aktiv beteiligt. Will heissen: Sie sind Teil der Geschichte. «Begreifen», darin ist «greifen» enthalten. Um «greifen», so der Duden, «gruppieren sich die Bildungen Griff und Grips». Grips, das wissen wir, ist umgangssprachlich geläufig für Verstand und Auffassungsgabe. Auch durch diesen sprachlichen Hintereingang erschliesst sich Verstehen als eine handelnde Tätigkeit und als ein schöpferischer Akt.

So weit, so gut. Doch: «Was tut das Gehirn», fragt Tony Buzan ketzerisch, «wenn es sich langweilt? Es schaltet ab und geht schlafen. 95 Prozent der Menschen, die schreiben und lesen können, machen sich ihre Notizen auf eine so langweilige Art,

«Bildung bezieht ihre sprachliche Legitimation aus dem Bild.»

dass sie sich schliesslich nicht mehr konzentrieren können und in einen Zustand verfallen, der an Bewusstlosigkeit grenzt. Schauen wir uns doch einmal in den Bibliotheken der Schulen, Universitäten, Gemeinden und Städte um. Was tun fünfzig Prozent der Leute dort? Sie schlafen! Die Orte, an denen wir eigentlich lernen sollten, haben sich in gigantische öffentliche Schlafsäle verwandelt!» (31)

Worauf will er hinaus? Der menschliche Verstand stützt sich in seinen Interaktions- und Wahrnehmungsprozessen auf bildhafte Vorstellungen, die den Gedankengängen zugrunde liegen. Das heisst: Die Vorstellungen gehen den Worten voraus. Oder anders: Wir denken in Bildern. Wir spulen ganze Serien von Bildern in einer solchen Geschwindigkeit und in einer solchen Menge ab, dass es uns im wahrsten Sinne des Wortes die Sprache verschlägt. Die Fülle der inneren Bilder übertrifft den rationalen Sprachgebrauch bei weitem. Dennoch nimmt mit steigender Schulstufe die Text(re)produktion exponentiell zu. Der Weg der schulischen Ernsthaftigkeit verläuft entlang von Texten, von oben links nach unten rechts. Aber, lässt sich entgegnen, viele Lehrmittel sind heutzutage reich und farbig illustriert. Stimmt. Aber es geht ja gar nicht darum, Bilder anzuschauen. Es geht darum, sich ein Bild zu machen, zu veranschaulichen, sich die Dinge vor Augen zu führen, mündend in Verstehen und Begreifen.

In vielen Sprachen besteht dieser Zusammenhang von Sehen und Wissen auch etymologisch. Im Griechischen zum Beispiel ist die Wurzel des Wortes «eidénai» (wissen) mit der von «ideîn» (sehen, erkennen) identisch. Und das deutsche Wort «wissen», dessen Nähe zum lateinischen «videre» (sehen) offensichtlich ist, bedeutet im Grunde nur «gesehen haben». Die ganze Sprache ist mit diesen etymologischen Verbindungen durchtränkt und lässt erkennen, wie viele Ausdrücke aus dem Bereich des Gesichtssinns eine erkenntnistheoretische Funktion haben. Deutsche Begriffe wie Anschauung, Gesichtspunkt, Ansicht, Einsicht machen das ebenso deutlich wie die Perspektive (aus dem Lateinischen) oder Horizont, Idee und Theorie (aus dem Griechischen). Wer etwas begreiflich machen will, muss folglich zum Auge reden und fürs Ohr schreiben. Bildung bezieht ihre sprachliche Legitimation vom Bild. Wer lernt, kann sich ein Bild machen von den Dingen.

Lust auf ein kleines Beispiel? «Ein Zweibein sass auf einem Dreibein und ass ein Einbein. Da kam ein Vierbein und nahm dem Zweibein das Einbein. Das Zweibein nahm das Dreibein und verjagte das Vierbein». Alles klar? Ohne eine gewisse Leidensfähigkeit lässt sich diese Aneinanderreihung mehr oder weniger sinnloser Silben nicht «lernen». Also, geben wir ihm einen Sinn! Ganz einfach: Wenn man sich unter dem Zweibein einen Menschen vorstellt, der auf einem dreibeinigen Hocker sitzt und der Lust des Hundes (Vierbein) auf den Pouletschenkel (Einbein) mit dem Hocker energisch Einhalt gebietet, bekommt die Sache plötzlich Gestalt. Der Text lässt sich wie ein Film vor dem geistigen Auge rekonstruieren. Und es wird klar: Aha, das ist gemeint!

NACHHALTIGES LERNEN

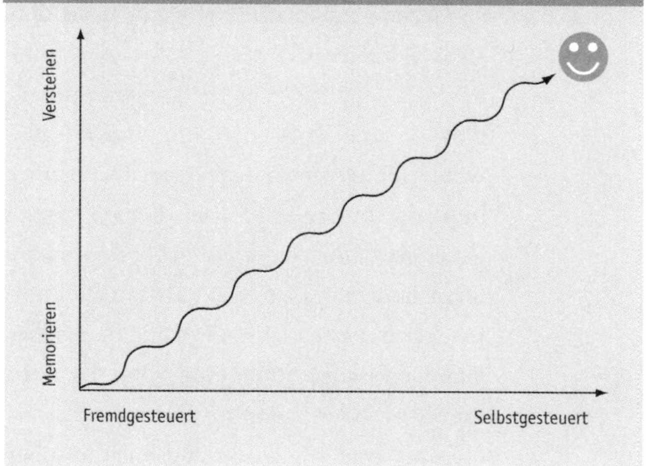

Schulisches Lernen begnügt sich zumeist mit dem Identifizieren von Standard-Situationen, denen mit entsprechenden Standard-Antworten begegnet wird. Wie sonst ist es zu erklären, dass einem Schüler einer bernischen Schule mittels Lernbericht vorgehalten wird, er stelle noch zu viele Fragen ...?! Verstehen hat wenig bis nichts zu tun mit diesem unsäglichen Anhäufen toten Wissens. Verstehen entsteht vielmehr aus aktiver Gestaltung, aus Vernetzung und Verbindung, aus der Suche nach inhaltlichen Unterschieden oder Gemeinsamkeiten. Und es entsteht in einer unüberschaubaren Fülle von Einzelereignissen, die freilich im schulischen Kontext meist abstrakt und theoretisch daherkommen.

Kein Wunder, dass der Ruf nach Erlebnissen vor den Schulhaustüren nicht Halt macht: Man besorge mir Erlebnisse, bitte, wobei «bitte» meist durch «aber subito» ersetzt wird. Mit «man» sind selbstverständlich die Lehrkräfte gemeint, die «anderen» jedenfalls, die dann nach dem samstäglichen «Wetten dass ...» schuldbewusst zu Einsicht gelangen müssen, dass sie der Rolle des Showmasters nur unzureichend gewachsen sind. Die häufige implizite Erwartung, dass «der da vorne» gefälligst dafür zu sorgen habe, dass es mir nicht langweilig ist, wird als unreflektierte Selbstverständlichkeit im schulischen Handgepäck mitgeschleppt. Und der fiktiv erhobene oder gesenkte Daumen charakterisiert dann – wie weiland im römischen Zirkus – im Anschluss an die Mathematik-Lektion den Erlebniswert der Vorstellung.

Amüsiert sich die Erlebnisgesellschaft wirklich zu Tode durch all die Vergnügen, die ihr zugefügt werden? Vielleicht ist vorgängig die Frage anders zu stellen: Was sind denn eigentlich Erlebnisse? Hansruedi Müller vom Forschungsinstitut für Freizeit und Tourismus der Universität Bern macht klar: «Erlebnisse ...

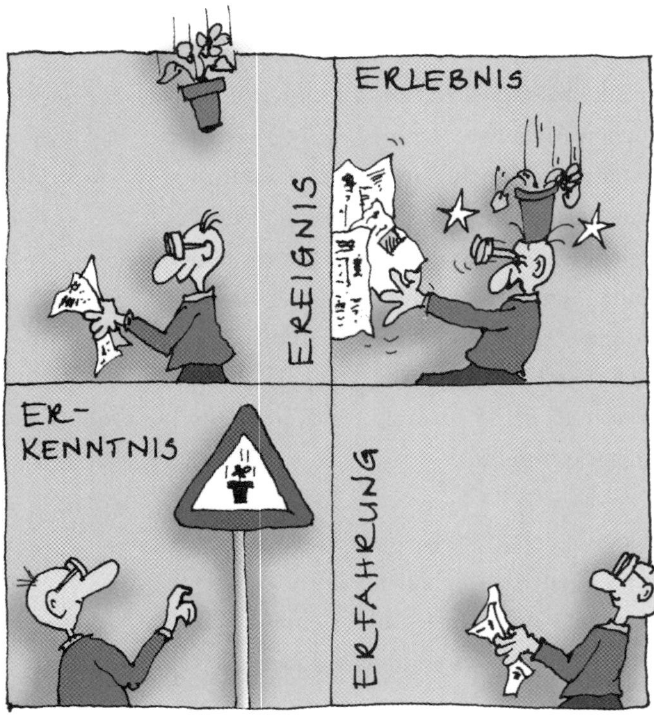

... sind abhängig von der einzigartigen Lebensgeschichte dessen, der sie erlebt;
... sind selbstbezügliche «innere» Ereignisse, die bildhaft wahrgenommen werden und vorerst nur subjektiv eine Bedeutung haben;
... sind gesteigertes Erleben, gründen in lust- oder unlustvollen Affekten und sind deshalb einprägsam;
... sind selbstwertsteigernd, denn wer viele Erlebnisse hat, lebt kein banales Leben;
... sind unwillkürlich; sie werden eher passiv erduldet als aktiv hergestellt;
... sind unzweifelhaft wahr und richtig: Über Erlebnisse lässt sich nicht streiten;
... sind noch keine Erfahrungen: Erfahrung gewinnt man durch wiederholte, reflektierte und damit verarbeitete Erlebnisse.
Also: Erlebnisse setzen Ereignisse voraus, die aber erst durch Erkenntnisse zur persönlichen Erfahrung werden.» (24)

Kurz: Erlebnisse können gar nicht von aussen verabreicht werden. Erlebnisse bilden sich auf der Basis von Ereignissen. Die Schule – oder wer und was auch immer – bildet sich aus einer immensen Fülle von grossen und kleinen, von beabsichtigten oder unbeabsichtigten Ereignissen. Die Darstellung des Strahlensatzes an der Wandtafel oder das rhetorische Feuerwerk über das Komma beim Infinitiv steht als Ereignis in Konkurrenz zur akrobatischen Einlage der Stubenfliege, zum Gebell des Hundes vor dem Fenster, zur neuen Frisur der Mitschülerin, zur zielgenauen Landung des Radiergummis. Alles sind Ereignisse, die zur Auswahl stehen. Wer aus dieser unüberschaubaren Fülle von Einzelereignissen was wahrnimmt und wie, ist nicht steuerbar. Aber immerhin lässt sich wohl sagen: Je wirkungsvoller ein Ereignis gestaltet ist, desto wahrscheinlicher und stärker ist das beabsichtigte Erlebnis. Ergo: Aufgabe der Schule, der Lehrkräfte – und natürlich der Schülerinnen und Schüler – ist es, Lern-Ereignisse zu inszenieren. Welche Erlebnisse sich daraus entwickeln, ist eine ganz andere Frage. Denn eben: Erlebnisse sind persönliche, individuell wahrgenommene, psychologische Konstruktionen und entziehen sich mithin jeglicher Steuerung von aussen.

Immer davon ausgehend, dass dem Lernen (im schulischen Kontext) auch irgendwelche inhaltlichen Ansprüche zu Grunde liegen, darf die Wirkungskette nicht schon beim zweiten E aufhören. Die spielentscheidenden Punkte werden beim dritten E eingefahren, dort wo die Erkenntnis zu Hause ist. Dieser Teil der Kaskade ist nun wieder beeinflussbar. Hier werden die Weichen Richtung Verstehen gestellt. Und hier müssen folglich die Akzente gesetzt werden: bei der Gestaltung der Erkenntnisprozesse, bei der Umwandlung der Erlebnisse in Sinn und Bedeutung. Daraus entstehen jene beglückenden Momente, die Archimedes nackt in der Stadt umherrennen liessen. Erkenntnisse gewinnen heisst reflektieren, sich auseinandersetzen, abwägen, be-greifbar machen, damit die Dinge erfahrbar werden.

Lernen definiert sich als Prozess, durch den ein Organismus sein Verhalten als Resultat von Erfahrung verändert. Lernen ist also die Erfahrung von Erkenntnis. Alles klar? Noch einmal: Lernen ist die Erfahrung von Erkenntnis. Und es ist damit die Gestaltung von Erkenntnisprozessen, die zum beglückenden Gefühl führen: Aha, so ist das! Oder eben: Heureka!

«Wir glauben, Erfahrungen zu machen, aber die Erfahrungen machen uns.»

Eugène Ionesco

Von einem festen Punkte aus wollte Archimedes die Welt aus den Angeln heben. Verstehen ist ein solch fester Bezugspunkt, der das Schwindelgefühl auf dem Grat des Erkenntnisweges zu verhindern weiss. Verstehen heisst, irgendeinen festen Grund zu haben, auf den man sich stellen und von dem aus man zwar nicht die Welt aus den Angeln heben, sie sich aber immerhin ein bisschen näher bringen kann.

Das Delphi-Prinzip

Die Runde am Stammtisch hört gelangweilt zu. Nicht schon wieder! Karl erzählt von seinen Heldentaten im Militär. Wie kalt es gewesen sei. Und nass. Und wie der Leutnant sie durch den Dreck habe kriechen lassen. Er, Karl, allen voran. Und wie alle gejammert und geflucht hätten, diese Warmduscher. Diese Sitzpinkler. Er lasse sich doch von solchen Bagatellen nicht unterkriegen. Wenn schon, dann schon.

Anna ist froh, sich ihrer Freundin mitteilen zu können. Die kranke Tante im Altersheim braucht sie. Jeden Tag diese Besuche. Die Gespräche mit dem Pflegepersonal. Und jetzt ist auch noch die Nachbarin krank geworden. Sie ist auf ihre Hilfe angewiesen. Einkäufe besorgen. Essen kochen. Putzen. Nur für sich selber hat sie, Anna, kaum mehr Zeit. Sie ist selber halb krank. Warum immer sie?
Peter ist ausser sich. Niemand wagt etwas zu sagen am Familientisch. Dieser Chef. Keine Ahnung hat der. Aber heute hat er ihm mal die Meinung gesagt. Deutsch und deutlich. Was stellt der sich eigentlich vor. Seine Inkompetenz an den anderen auslassen und den grossen Lohn kassieren. So nicht! Nicht mit ihm!

Das Leben ist eine permanente Selbstinszenierung. Wir erzählen Geschichten. Und es sind immer Geschichten über uns selbst. Wenn wir vom Chef reden. Oder von der Tante. Oder vom Schüler. Oder vom Leutnant. Dann reden wir eigentlich von uns. Von unserer Wahrnehmung. Dann bringen wir letztlich uns selber zum Ausdruck. Kurz: Wir können nur über uns selber reden. Noch einmal: Alle Geschichten sind Geschichten über uns selbst.

Gehen wir einmal davon aus, dass die Menschen «gut» sein – oder zumindest gut dastehen – wollen. Das heisst: Unsere Inszenierungen dienen der Akzeptanz, der Zugehörigkeit. Diese Akzeptanz entwickelt sich aus der sozialen Interaktion. Die «anderen» und ihr erhobener oder gesenkter Daumen sind der Referenzwert. Damit entsteht eine prinzipielle Abhängigkeit, die paradoxerweise auch ein Gefühl von Sicherheit vermittelt. Auf der anderen Seite und gleichzeitig manifestiert sich bei den Menschen ein grosses Bedürfnis nach «selbst». Das impliziert Eigenständigkeit, Unabhängigkeit, ja Konflikt und Auseinandersetzung.

Zwischen «gut» und «selbst» besteht also ein immanenter Spannungszustand. Es ist ein Spagat zwischen den innersten Überzeugungen und der zu spielenden Rolle in irgendwelchen sozialen Kontexten. Und je grösser dieser Spagat, desto unbequemer die Situation. Wer es permanent allen Leuten recht machen will, läuft Gefahr, sich selbst zu verleugnen. Und kann sich aus der unbequemen Position zwischen allen Stühlen nicht mehr befreien. Klar: Unser Körper ist nicht für den Dauerspagat gebaut. Und unser Denken und Fühlen noch weniger. Je näher «gut» und «selbst» beieinander liegen, je authentischer der Mensch in seinen sozialen Interaktionen, desto fester steht er auf seinen eigenen Beinen. Basis der Befreiung aus dem Spagat ist folglich der bewusste Umgang mit sich selbst.

«Viele Männer gehen ihr ganzes Leben lang zum Angeln, ohne zu wissen, dass es nicht die Fische sind, denen sie nachjagen», sagt Henry D. Thoreau. Und wie viele Schüler, Lehrerinnen, Studenten, Rektorinnen, Professoren gehen tausende und abertausende von Stunden zur Schule, ohne zu wissen, dass es eigentlich gar nicht die Noten und Prüfungsergebnisse sind, – oder besser: sein sollten – denen sie nachjagen.

Erkenne dich selbst, heisst folglich die Devise. Lernen heisst deshalb auch, auf sich selbst hören zu lernen. Das fördert das Gefühl von Selbstwirksamkeit. Und reduziert gleichzeitig die Abhängigkeiten. Das Orakel von Delphi war wohl das berühmteste und reichste Heiligtum der ganzen antiken Welt. Im Tempel des Apollo sass die Pythia auf einem Dreifuss. Ihre verschlüsselten Orakelsprüche beeinflussten unzählige private und gesellschaftliche Entscheidungen. So fragte König Kroisos nach dem Ausgang des von ihm geplanten Krieges gegen Kyros. Die Pythia orakelte, ein grosses Reich werde versinken, wenn er den Grenzfluss Halys überquere. Kroisos blies daraufhin wohlgemut zum Angriff. Doch: Sein eigenes Reich war gemeint … Auch Ödipus führte eine Fehlinterpretation in die Irre. Das Orakel verhiess ihm, er werde seinen Vater töten und seine Mutter ehelichen. Spornstreichs verliess er seine Heimat, ohne zu wissen, dass er ein Findelkind war. Sein Weg führte ihn in die Stadt seiner leiblichen Eltern, wo das Schicksal, dem er zu entrinnen hoffte, unerbittlich zuschlug.

SELBSTERKENNTNIS IST …

Fühlst du dich mit verkniff'nen Brauen
von jemand übers Ohr gehauen,
reg dich nicht auf und denk dabei,
dazu gehören schliesslich zwei,
und stell mit Selbsterkenntnis fest:
Auch einer, der sich hauen lässt.

Karl-Heinz Söhler

Die Selbsterkenntnis beginnt genau an dem Punkt, an dem wir für unseren Misserfolg nicht andere, sondern uns selbst verantwortlich machen.

Sprichwort

Nicht alle Angebote im antiken Warenhaus der Lebenshilfen gereichten also dem Käufer zum Nutzen. Sie trugen etwa gleich viel zum Glück bei wie der Rat, sich in zweifelhaften Fällen für das Richtige zu entscheiden. Es macht deutlich, dass man letztlich jede Entscheidung selbst treffen und verantworten muss und dass einem kein noch so gut gemeinter Rat das Risiko dieser Entscheidung abnehmen kann. Die Regelsysteme des Alltags und die gewerbsmässigen Anbieter von Orientierungshilfen können bestenfalls mehr oder weniger brauchbare Vorschläge liefern, wie man die Welt verstehen und sich in ihr zurechtfinden kann. Die permanenten bewussten und unbewussten Entscheidungen, etwas zu tun oder zu lassen, die Arbeit in Angriff zu nehmen oder einen Schritt zurückzutreten, wenn es heisst, «Freiwillige vor», diese Entscheidungen kann mir nichts und niemand abnehmen.

«Selbststeuerung steht in direkter Abhängigkeit zur Auseinandersetzung mit sich selbst.»

Also: Wenn ich schon in einem permanenten Entscheidungsprozess gefangen bin, lohnt es sich wohl, die Muster und Mechanismen zu erkennen und zu durchschauen, nach denen die inneren Wegweiser ausgesteckt werden, die hinausführen aus den Denkfallen. Der Weg zum Selbst ist halt eben nicht mit guten Vorsätzen gepflastert, sondern mit den Fragezeichen der Reflexion. Selbststeuerung steht mithin in direkter Abhängigkeit zur klärenden – und häufig auch unbequemen – Auseinandersetzung mit sich selbst. Sich selbst erkennen beschränkt sich freilich nicht darauf, das Selbst als etwas Vorhandenes zu erkennen, das lediglich entdeckt werden muss. Nein, erkenne dich selbst meint auch: Erkenne deine Möglichkeiten, deine Fähigkeiten, deine Entwicklungspotenziale. Und es meint: Erkenne deine Themen, deine Herausforderungen, deine Chancen. Es geht also nicht einfach darum, dem eigenen Bild ein paar schärfere Konturen zu verpassen, sondern sich ebenso als Teil von Interaktionen und Prozessen auf die Schliche zu kommen.

Die Weissagungen des Orakels von Delphi bedurften ihrer scheinbaren Widersprüchlichkeit wegen der Interpretation. Schulische Kontexte präsentieren sich im Gegensatz dazu als Orte der Eindeutigkeit. Alles ist klar, unterscheidbar in richtig oder falsch. Die Pythia hat den Fragestellern die Entscheidungen nicht abgenommen. Die Schule tut das. Sie ist – zumindest an ihrer Oberfläche und aus ihrem Lehrverständnis heraus – ein Ort, wo oben noch oben und unten noch unten ist. Tue dies, dann kriegst du das!

Das schulische Basisrepertoire an Du-Botschaften verfehlt seine Wirkung nicht. Du bist, du hast, du musst, unterstützt durch den fiktiv erhobenen Mahnfinger: die sprachliche Fackelübergabe von der

Kaserne und der Kirche an die schulischen Würdenträger ist reibungslos vonstatten gegangen. Und es blieb und bleibt nicht ohne Folgen. Du-Botschaften bergen nicht selten ein sprachliches Angriffspotenzial in sich. Angriffe – das ist bekannt – führen zu Flucht oder Verteidigung. Die vorherrschende Reaktionsweise heisst Flucht. Flucht in Ausreden! Zehn- bis fünfzehntausend Stunden sitzen Schülerinnen und Schüler während ihrer obligatorischen Schulzeit in einem Intensivtraining für das Erfinden von Ausreden und das Abschieben von Verantwortung. Der entsprechende Lernerfolg ist kolossal.

Das Gegenkonzept muss heissen: Ich-Botschaften und Raum für Fragen, für Interpretation, für Entscheidungen, für Widersprüchlichkeiten, für Unsicherheiten, für Auseinandersetzung. Das wiederum bedarf eines angemessenen Selbstvertrauens, damit das, was diese Offenheit zurückspiegelt, nicht als Bedrohung wahrgenommen wird. Nun, Selbstvertrauen fällt nicht einfach vom Himmel. Es entwickelt sich. Dafür gilt es die Voraussetzungen zu schaffen. Lust am Können wird vorab dann erlebt, wenn dieses Können zum permanenten Abbau von Unsicherheit eingesetzt wird. Wer – selber – Unsicherheit in Sicherheit verwandelt, erlebt Leistung als Lust und erfährt Anerkennung und Bindung. Die Freude entsteht damit nicht direkt durch das Können, sondern indirekt durch den erreichten Gewinn an Sicherheit und Vertrauen. Er macht es möglich, wenigstens ein paar Millimeter über den Dingen zu stehen. Er macht es möglich, nicht immer alles so verdammt ernst nehmen zu müssen – auch sich selber nicht. Diese Position des Vertrauens ist gleichsam eine Gegenposition zum Gefühl des Angegriffen-Seins und damit zur Dauerverschanzung hinter dem Beton der inneren Maginot-Linie.

Beunruhigung durch Fragen

Die Bewunderung fällt jenen zu, die streamline und wie aus der Pistole geschossen die erwartete Antwort geben können. Ihnen wird die Krone der schulischen Erschöpfung aufs Haupt gesetzt. Denn die erwartete Antwort ist gleichsam die richtige Antwort. Der schulische Erfolg bemisst sich daher nach der Anzahl richtiger Antworten. Und wenn die nicht gerade auf der Zunge brennen, heisst konsequenterweise die Devise: Beschäftigt tun. Und ja nichts Falsches sagen.

Da es in der Regel nur eine richtige Antwort gibt, kann auch nur ein Schüler damit Punkte sammeln. Und man weiss ja: Die Gesprächsanteile in einer Schulklasse oder einer ähnlichen Lerngruppe sind sehr ungleich verteilt. Das heisst: Meistens beteiligt sich die immer gleiche Handvoll Schülerinnen und Schüler am Spiel um die richtigen Antworten. Das wiederum verbannt die Mehrzahl der Lernenden auf die harten Zuschauerbänke. Macht sie zu unbeteiligt Betroffenen.

Beteiligung entsteht aus Fragen. Und da nun Fragen halt immer persönlich sind und sich aus der Situation heraus stellen, lassen sie sich nur bedingt vorbereiten. Eine Fragekultur – statt der vorherrschenden Antwortkultur – impliziert Dynamik und Unvorhersehbarkeit. Fragen schaffen Unruhe. Fragen führen von der Hauptstrasse weg in unwegsames Gelände. Und dennoch oder gerade deswegen: Nicht die richtigen Antworten, sondern die richtigen Fragen stehen im Zentrum. Es geht darum, sich und anderen die relevanten Fragen zu stellen. Fragenlernen heisst der rote Faden, der sich durch alle schulischen Arrangements hindurch ziehen muss. Oder ein bisschen poetischer: die Kunst des Fragens.

Fragen bringen Interesse zum Ausdruck, manifestieren Beteiligung und sind ein Zeichen innerer Präsenz. Eine Fragekultur aktiviert das Geschehen. Eine Fragekultur ist eine Lernkultur. Denn wer etwas lernen will, weiss und kann es ja noch nicht. In der heutigen Antwortkultur geht es aber vorab darum zu wissen. Wer weiss, muss nicht fragen. Ergo: Wer fragt, weiss nicht. Und wer nicht weiss, ist doof. Kurz: Wer fragt, ist doof. Dieses Muster hat sich eingebrannt. Deshalb werden landauf, landab an Veranstaltungen und Versammlungen die Aufrufe zum Fragenstellen mit hilflos suchenden Blicken zu nicht vorhandenen Gegenständen an Böden und Decken beantwortet. Wer will schon doof sein? Wer will schon das Risiko eingehen, offen oder hinter vorgehaltener Hand ausgelacht zu werden?
Eine Fragekultur stellt die eingefahrenen Muster auf den Kopf. Wenn individuelle Fragen als Ausgangspunkt von Lernprozessen entsprechend kultiviert werden, treten mit einem Mal jene Schülerinnen und Schüler ins Zentrum des Geschehens, die fragen. Sich und andere. Ein kleines Beispiel für den Einstieg in eine Fragekultur: die Fragewand.

An einem prominenten Platz im Schulzimmer, im Arbeits- oder Seminarraum wird ein riesiges Fragezeichen aus einem weichen Material aufgehängt. Gleich dabei finden sich postkartengrosse Zettel und Filzstifte. Dieses Material kann aber auch an den Arbeitsplätzen vorhanden sein. Im Verlaufe des Geschehens notieren sich die Lernenden die für sie relevanten Fragen und heften sie an die Fragewand. Am Schluss oder im Rahmen spezieller Sequenzen werden die Fragen thematisiert. Die Auseinandersetzung kann gemeinsam vor Ort stattfinden. Es ist aber auch möglich, die Fragekarten zu verteilen, damit sich die Lernenden individuell oder in kleinen Gruppen mit den sie interessierenden Fragestellungen auf Spurensuche begeben können.

Mit diesem kleinen Schritt Richtung Fragekultur lassen sich verschiedene Interessen unter einen Hut bringen. Alle Lernenden sind einigermassen gleich in die Aktivitäten einbezogen. Fragende Selbstdarstellungen lassen sich ebenso verhindern wie das Risiko, dass marginalen Aspekten zu viel Raum beigemessen wird und sich das Geschehen letztendlich im Gestrüpp von Einzelinteressen verliert. Die Fragewand bündelt und öffnet gleichzeitig. Und: Sie setzt optisch ein Zeichen.

In einer Fragekultur erhält auch die Reflexion einen anderen Stellenwert. Reflexion kann übersetzt werden als: Beunruhigung durch Fragen. Wie der Stein, der ins Wasser geworfen wird: Er geht in die Tiefe und beunruhigt die Oberfläche. Auf der

Fähigkeit zur Reflexion basiert letztlich die Fähigkeit zur Selbststeuerung. Metakognitive Ansätze (Modeling/Monitoring/Reflection/Evaluation/Conferencing) machen es möglich, dass die Lernenden ein handlungswirksames Wissen über das Wie und Warum ihres eigenen Lernens aufbauen und permanent erweitern können.

Gefördert werden Lernreflexionen natür-

METAKOGNITION

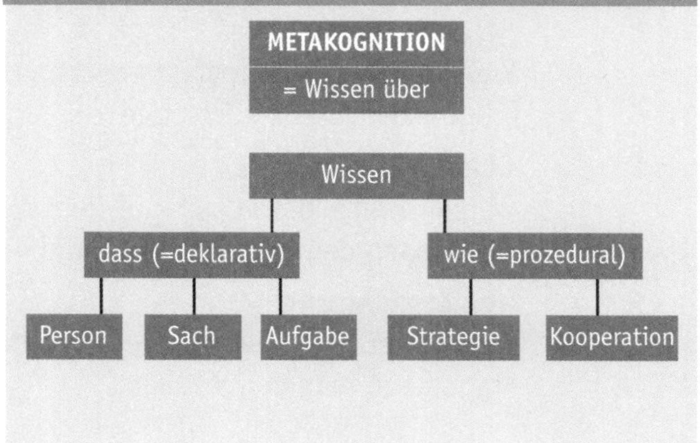

VERWENDUNG DER INSTRUMENTE

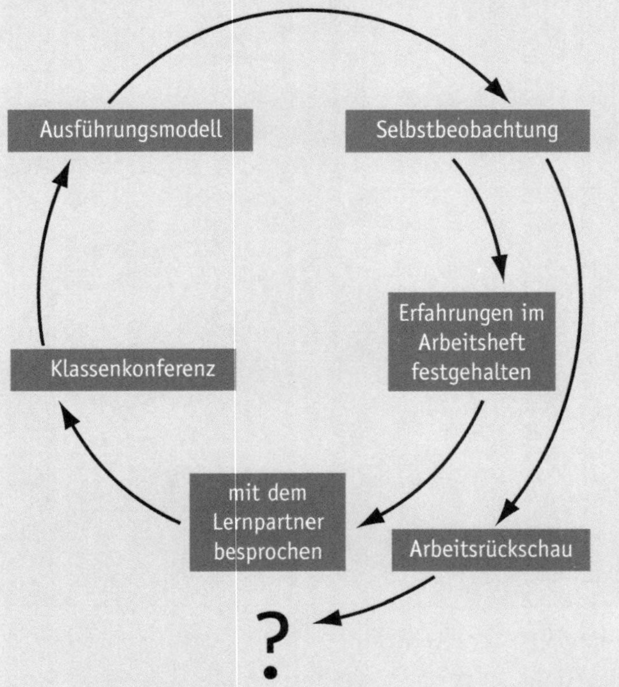

lich auch mittels Tools (siehe Seite 65) und im Rahmen reflexionsaktivierender Settings. Dazu gehört unter anderem das Lernsparring, die entwicklungs- und lösungsorientierte Auseinandersetzung mit einem Sparringpartner (22/23).
Das Stichwort heisst: Solution building.

SOLUTION BUILDING: CHECKPOINTS

C **Change**
Was soll anders sein?
Frage nach dem Unterschied

H **Hilfe**
Welche Hilfestellungen kann/will ich nutzen und/oder leisten?
Frage nach dem Kooperationsverhalten

E **Effektivität**
Welches sind die erfolgversprechendsten Vorgehensweisen?
Frage nach der Best Practice

C **Chancen**
Welche Werte lassen sich auf dem Weg und am Ziel generieren?
Frage nach dem praktischen und emotionalen Nutzen

K **Konkretisierung**
Welche Verbindlichkeiten gehe ich in welcher Form ein?
Frage nach dem Commitment

Es gibt den, der aus der Sonne einen gelben Fleck macht. Und es gibt den, der aus einem gelben Fleck die Sonne macht.

Pablo Picasso

Die Vorstellung, dass Abspülen etwas Unangenehmes ist, kann nach meiner Ansicht nur entstehen, solange du es nicht machst. Wenn du einmal vor der Spüle stehst mit heraufgekrempelten Ärmeln und deinen Händen im warmen Wasser, ist es tatsächlich nicht so schlimm. Ich habe Freude daran, mir für jedes Geschirr Zeit zu lassen, in vollem Bewusstsein des Geschirrs, des Wassers und jeder Bewegung meiner Hände. (...) Ich muss zugeben, dass ich etwas länger brauche, um abzuspülen, aber ich lebe ganz in jedem Augenblick und bin glücklich. Das Geschirr abspülen ist ein Mittel und Zweck zugleich – das bedeutet, wir spülen nicht nur ab, um sauberes Geschirr zu haben, wir spülen auch ab, einfach um abzuspülen, um in jedem Augenblick, in dem wir abwaschen, voll zu leben. Wenn ich unfähig bin, Geschirr fröhlich abzuwaschen, (...) werde ich nie fähig sein, im gegenwärtigen Augenblick zu leben.

Aus: Thich Nhat Hanh: Die Sonne, mein Herz

10

Geheimnis des Beginnens

kurz & bündig

- *Wer dem schulischen Alltag die Farbe zurückgibt, schafft sich Raum für gegenwärtig gelebtes Leben. Das heisst ganz unspektakulär: Die alltäglichen Dinge und Situationen bewusst registrieren und erleben. Der Alltag wird zum Ausnahmezustand.*

- *Wer an sich glauben will, muss sich glauben können. Wer sich verspricht, etwas zu tun, muss seine Versprechen einlösen. Dazu braucht es keine aufopfernde Verpflichtung. Es braucht nur die Bereitschaft zu beginnen.*

- *Jeder kleine Sieg über sich selbst ist eine Investition – eine Investition in die Beziehung zu sich selbst. Tun statt warten, geben statt erwarten heisst die Devise. Denn was ich gebe, kommt zurück.*

Das WHOW-Prinzip

Whow – ein Ausdruck von Überraschungen, von freudigem Erstaunen, von Eindrücklichkeit. Eindrücke sind Spuren. Was Eindruck macht, hinterlässt Spuren – auch und besonders Spuren der Freude. Im Gegensatz dazu: Das Empfinden von Routine, das killt die Freude am Tun. Dafür sind zwei Aspekte in einer Art Rückkoppelungsprozess verantwortlich: Das Umfeld und die innere Einstellung.

Das Umfeld und die innere Einstellung der Beteiligten beeinflussen sich wechselseitig. Der ewiggleiche Speiseplan verdirbt die Freude am Essen. Es verkommt zur Nahrungsaufnahme. Der ewiggleiche Stundenplan – «sie chöme am achti und göh am zwöufi ...» – verdirbt die Freude am Lernen. Es verkommt zur Stoffaufnahme. Allein schon mit der Gestaltung der Settings lässt sich zumindest die Wahrscheinlichkeit erhöhen, dass Schule und Lernen zu einer eindrücklichen Angelegenheit werden. Aber das Umfeld ist nicht einfach da. Es wird mitgestaltet durch die Beteiligten. Sie sind damit Teil des Settings. Die innere Einstellung der Beteiligten bleibt nicht ohne Einfluss auf das Umfeld. Und umgekehrt.

Wer es einen Schmarren findet, den Rasen zu mähen, wird mit griesgrämigem Gesicht während einer halben Stunde der Grünfläche zu Leibe rücken und den Rasenmäher malträtieren. Er kann aber auch singen dazu. Und lachen. Und braucht ebenfalls eine halbe Stunde. Für den gleichen Rasen.

Es ist eine Frage der Einstellung. Das gilt nicht nur für den Rasen. Es gilt auch für die Schule. Für das Leben überhaupt.

Oft gehört und viel zitiert, meist mit larmoyantem Unterton: Die Rede vom grauen Alltag. Der graue Berufsalltag. Der graue Schulalltag. «Ein Leben ohne Fest», befand der griechische Philosoph Demokrit nicht ohne Humor, sei «wie ein langer Weg ohne Gasthäuser.» Nichts gegen die griechischen Philosophen, doch dieser Spruch lobt nur die Rast auf Kosten des Weges, der lediglich unter dem Aspekt betrachtet wird, mühsam und beschwerlich zu sein. Wenn heutzutage also vom grauen Alltag gesprochen wird, ist das lediglich ein neuer Text auf eine alte griechische Melodie.
Natürlich verläuft der Alltag in der Regel nicht sehr aufregend und spektakulär. Er

bewegt sich in bekanntem Gelände, auf eingefahrenen Geleisen, mit vetrauten Handgriffen und Gewohnheiten. Deshalb: Was einmalig ist, ist eben «nicht alltäglich». Durch die gewohnheitsmässige Begegnung erlahmt die Aufmerksamkeit für das, was einem begegnet, denn was regelmässig geschieht, muss nicht immer wieder neu bemerkt werden. Als Folge davon

«Es wäre sehr viel besser, wenn wir Arbeit und Freizeit das ganze Jahr hindurch miteinander verbinden könnten.»

Mihaly Csikszentmihalyi

verlieren die Dinge ihre Bedeutsamkeit, sie werden selbstverständlich, gleichgültig – eben alltäglich.

Die Alternative dazu heisst: Weg aus der Alltagsroutine. Aber nicht im Sinne einer Flucht. Im Gegenteil. Es geht darum, sich mit den Dingen des täglichen Lebens näher zu befassen. Dem Alltag Raum zu geben für ein intensiveres Leben, für geistige und mentale Abenteuer, für Reize und Überraschungen, die im gewohnten Gang der Dinge normalerweise einschlafen und unter die Oberfläche abtauchen. Dieser innere Dispens vom täglichen Leben mit gleichzeitigem verklärtem Heraufbeschwören dessen, was wäre, wenn es nur anders wäre, zieht einen ganzen Rattenschwanz von Folgen nach sich. Logisch: Denn erst auf dem Hintergrund von gleichgültig gewordener Welt und stumpfer Apathie wird der Alltag grau. Und das nährt die Sehnsucht nach etwas anderem. Wer aber versucht, aus dem Leben auszusteigen, macht bald die Erfahrung, dass ein vermeintlich anderes Leben keinen anderen Menschen aus ihm macht. Die alten Routinen schleifen sich ein. Das Andere wird mit der Zeit eben auch gewöhnlich. Der Elan, mit dem man zu neuen Ufern aufbrach, erlahmt. Deshalb: Bevor changing your adress, change your mind.

Das Theater wiederholt sich doch in stets wechselnder Besetzung und vor immer neuen Kulissen. Mathematik ist öde. Also suche ich nach Wegen, der Mathematik ja nicht in die Quere zu kommen. Oder: Sport stinkt mir. Also werde ich genügend Argumente aufzuschichten wissen, hinter denen der Sport mich sicher nicht findet. Oder: Der «Job» ist mühsam. Also werde ich einen möglichst grossen Bogen um ihn herum machen und mich cooleren Dingen – Chips vor dem Fernseher, Gleitschirmfliegen (Werbung einer Flugschule: «Fly now, work later»), Modelleisenbahnen – zuwenden. Damit ist nichts gesagt gegen Chips, nichts gegen Gleitschirme und schon gar nichts gegen Modelleisenbahnen. Freilich: Je mehr der täglichen Arbeit die Farbe des Interesses und die Buntheit des Engagements entzogen und der Freizeit zugeführt werden, desto farbloser wird als Folge davon der Alltag selbst. Der Alltag ist also nicht einfach grau – wir sehen ihn so. Und vor allem: Wir machen ihn so.

Aus: www.kartoffel.ch

Der graue Schulalltag wäre also eigentlich eine Fiktion. Und dennoch wird landauf, landab «etwas» dagegen unternommen. Es werden Belohnungen versprochen, nach dem Motto, «wer fertig ist, kann früher nach Hause gehen.» Und es wird versucht, die unerfreuliche Pflicht durch mehr oder weniger angenehme Einlagen oder durch Projektitis in allen Variationen aufzulockern. Doch solche Aktionen werden leicht zum Bumerang. Sie liefern dem Verhalten eine aufgesetzte Rechtfertigung und bestärken die Auffassung, dass es sich bei schulischem Lernen um eine höchst unangenehme Sache handeln muss.

Das Rezept kann deshalb nicht heissen, den ach so grauen Alltag durch alle möglichen Ausweichmanöver auf andere Schauplätze letztlich noch grauer zu machen, sondern «von der Alltäglichkeit ausgehend das Alltägliche innerhalb des Alltäglichen aufheben» (Henri Lefebvre). Das heisst ganz unspektakulär: Die alltäglichen Dinge und Situationen überhaupt wieder registrieren und sie bewusst erleben. Kurz: Den Alltag zum Ausnahmezustand erklären. Wer dem Alltag die Farbe zurückgibt, schafft sich Raum für gegenwärtig gelebtes Leben. Und plötzlich erscheint der berufliche und schulische Alltag gleichsam in neuem Lichte.

Das Stichwort heisst «Commitment». Es bedeutet ein «Ja!» zu dem, was ich tue, auch wenn einige Erwartungen unerfüllt bleiben, auch wenn die Aufgaben auf den ersten Blick nicht so spannend sind, auch wenn die Wege sich manchmal als steinig erweisen. In einer idealen Situation bedarf es keines Commitments. Aber ideale Situationen sind eben nicht von dieser Welt. Jedenfalls nicht auf Dauer.

Es ist in Mode gekommen zu glauben, der Mensch solle nur das tun, was er gerne mache; das Leben sei zu kurz, um die Zeit mit alltäglichen Dingen zu verschwenden. Damit verbindet sich häufig die Erwartung, jemand (zum Beispiel eine Lehrperson oder ein Chef) präsentiere auf dem Silbertablett ein stets neues und saisongerechtes Sortiment von Ablenkungen und werfe bunte Kügelchen ins graue Weltbild. Und tatsächlich tappen gerade Lehrpersonen reihenweise in diese Falle. Sie übernehmen wie selbstverständlich die Zuständigkeit für Spass und Freude der Lernenden, motivieren wie wild drauflos und sehen sich schliesslich dem gesenkten Daumen gegenüber, wie weiland im römischen Zirkus. Also, ein bisschen weniger «edu» und dafür ein bisschen mehr «tainment» für das gelangweilte Publikum? Nein! Ganz und gar nicht! Dieses unstete Suchen nach etwas anderem verhindert das Finden dessen, was das gegenwärtige Leben zu bieten hätte, wenn wir liebten was wir tun, auch wenn wir im Augenblick vielleicht nicht gerade tun, was wir lieben.

LANGEWEILE IM ÜBERFLUSS

Aus soziologischer Sicht lassen sich heute vier Arten von Langeweile unterscheiden:

Die situative Langeweile

Hier fühlen sich die Betroffenen vorübergehend eingeengt, eingesperrt, beschnitten und an der persönlichen Entfaltung gehindert – z.B. im Autostau oder in langweiliger Gesellschaft.

Die existentielle Langeweile

Die Wirklichkeit wird als inhalts- und sinnarm erlebt, das eigene Innere wirkt tot und vertrocknet. Das Gefühl einer inneren Leere bedrückt: «Ich» langweile mich! Ein Leerlauf der Seele mit nagenden Gefühlen.

Die überdrüssige Langeweile

Das Leben verläuft öde und gleichförmig, alles wirkt banal, spiessig und kleinkariert. Es langweilt «das alles». Und «das alles» steht fast für «die ganze Welt». Der Überdruss ist eine Folge von Übersättigung. Der inflationäre Genuss verursacht grosses Gähnen.

Die schöpferische Langeweile

Die Leere wird als Chance eines neuen Beginns, als Anreiz zum Gestalten und mitunter sogar als «Schwelle zu grossen Taten» (Benjamin) empfunden. Lange Weile haben wird zum dynamischen Impuls – der Situation eines «Traumvogels» vergleichbar, der «das Ei der Erfahrung» (Benjamin) ausbrütet.

Opaschowski, Horst:
Wir werden es erleben. Zehn Zukunftstrends für unser Leben von morgen.
Wissenschaftliche Buchgesellschaft. Darmstadt. 2002.

Das JETZT-Prinzip

Er steckt in erheblichen Schwierigkeiten. Die Mappe liegt noch immer auf dem Stuhl. Das ginge ja noch. Aber in der Mappe warten die Hausaufgaben. Die Arbeit über den römischen Zirkus beispielsweise, die er morgen präsentieren muss. Jeden Tag hat er sich vorgenommen, sich nach der Schule als Erstes hinter diese Aufgabe zu setzen. Sogar einen Zeitplan hat er aufgestellt. Und nun sitzt er da. Mit leeren Händen. Die französische Grammatik wartet auch noch darauf, begriffen zu werden. Und an die Mathematik mag er schon gar nicht denken. Das Telefon erlöst ihn. Der Freund von nebenan will eine Runde Basketball spielen.

Eigentlich sollte er jetzt mit der Arbeit beginnen. Aber ein bisschen Bewegung kann ja nicht schaden … Die eine oder andere Familie wird von solchen und ähnlichen Kapriolen ihrer Sprösslinge ein Liedlein singen können. Das Muster gehört in die Kategorie der volitionalen Komponenten, jener willentlichen Handlungen, Strategien und Steuerfertigkeiten also, die den Schritt vom Wollen zum Tun aktivieren. Oder eben nicht!

Wer sich in den Hintern klemmen kann, bevor er sich drauf setzt, verfügt über die nötige Portion an Selbstdisziplin, um inmitten all der konkurrierenden Aktivitätsbedürfnisse den lockenden Versuchungen zu widerstehen und seinem Vorsatz zum Arbeiten treu zu bleiben. Die volitionale Stärke gehört mit zu den zentralen und notwendigen Voraussetzungen selbstregulierten Lernens, des Lernens überhaupt. «Die Menschen, die etwas von heute auf morgen verschieben, sind dieselben, die es bereits von gestern auf heute verschoben haben», bringt es Peter Ustinov auf den Punkt. Aufschieberitis heisst der flächendeckende Virus, von dem mindestens zwei Drittel der Schülerinnen und Schüler aller Stufen befallen sein sollen. Unentwegt schieben sie die Arbeiten vor sich her wie der Pflug den Schnee. Aller guten Vorsätze zum Trotz. Sie müssen als Folge davon nicht nur mit den Pendenzen jonglieren, sondern auch noch mit ihrem schlechten Gewissen fertig werden. Denn wer permanent gegen die eigenen Vorsätze verstösst und sich selbst belügt, verliert an Selbstachtung. Immer ein bisschen. Das wirkt lähmend und macht die Aufgaben zu noch höheren Klippen. Und so weiter. Und so fort. Aufschieberitis wird

WIE HOCH IST IHR «AUFSCHIEBERITIS-QUOTIENT»?

	fast immer	öfter	fast nie
Ich erfinde Gründe und suche nach Entschuldigungen, um Arbeiten aufzuschieben.			
Ich brauche Druck, um an schwierige Aufgaben heranzugehen oder an ihnen weiterzuarbeiten.			
Ich nehme mir mehr vor, als ich schaffen kann, weshalb es mir nicht gelingt, überhaupt zu arbeiten zu beginnen.			
Wegen vieler Unterbrechungen bleibe ich nicht an der vorgenommenen Arbeit dran.			
Ich setze mir immer wieder neue Zeitpunkte, um mit Aufgaben zu beginnen, die ich dann nicht einhalte.			
Ich verschiebe Aufgaben auf Wochenenden, freie Tage und Ferien.			
Es quält mich ein schlechtes Gewissen, weil ich nicht das tue, was ich mir vorgenommen habe.			
Ich bin zu müde und zu nervös, um wichtige Arbeiten anzupacken.			
Ich erledige erst das Nebensächliche, bevor ich mich dem Wichtigen zuwende.			
Ich bin enttäuscht, wenn ich meine Arbeitsergebnisse mit der dafür aufgewendeten Zeit vergleiche.			

Durchführung:
Kreuzen Sie spontan und ohne langes Nachdenken in der obigen Tabelle an, ob die Aussagen auf Sie „fast immer", „öfter" oder „fast nie" zutreffen.

Auswertung:
Addieren Sie alle Kreuzchen in den einzelnen Spalten.
Multiplizieren Sie die Spaltenergebnisse mit „3" bei „fast immer", mit „2" bei „öfter", mit „1" bei „fast nie"!
Addieren Sie die Ergebnisse zu Ihrem persönlichen „AQ".

10-15 Punkte: Sie haben im allgemeinen keine Aufschieberitis-Probleme.
16-22 Punkte: Ihr Aufschieberitis-Problem ist durchschnittlich.
23-30 Punkte: Wahrscheinlich haben Sie ein ernsthaftes Aufschiebe-Problem.

Quelle: http://home.t-online.de/home/stephan.reuthner/aufschi2.htm

zum Teufelskreis. Selbstvorwürfe tauchen immer häufiger hinter den Pendenzenbergen auf. Der äussere und innere Druck nimmt zu, man gerät in einen Strudel aus unerledigten Arbeiten und ausgewichenen Verpflichtungen. In dieser wenig erfreulichen Situation kommt jeder Strohhalm gerade recht, an den man sich klammern kann. Der meistgehörte: «Ich brauche den Termindruck, damit ich arbeiten kann.» Wie heisst es im Märchen: Wer's glaubt, bezahlt einen Taler …

Die Bummelei kann auch eine Form von Selbstschutz sein, ein Versuch, das eigene Selbstwertgefühl zu verteidigen, das bedroht ist durch diffuse Ängste, die sich in vielen missglückten Leistungssituatio-

nen aufgebaut haben. Oder sie entspringt einem Mangel an sinnstiftenden Komponenten, dann nämlich, wenn die Aufgaben irgendwie anmuten wie Sandwischen in der Wüste. Die Verzögerungstaktiken verbinden sich dann mit der heimlichen Hoffnung auf einen praktischen Nutzen. Und tatsächlich: Manchmal stellt sich heraus, dass die Arbeiten gar nicht kontrolliert worden sind, dass sich die Sache quasi von selbst erledigt.
Die Bummelei hat sich – vordergründig und zeitlich begrenzt – gelohnt. Von Nutzen kann in diesem Zusammenhang freilich nur dann gesprochen werden, wenn Arbeiten für andere gemacht werden (müssen). Wenn ich andere betrügen kann, muss ich es nicht mit mir selber tun. So gesehen können unerledigte Aufgaben paradoxerweie sogar Erfolgsgefühle generieren, dann nämlich, wenn es mir auf diese Weise gelingt, es den anderen zu zeigen, den Beweis zu liefern, dass ich ein Quäntchen schlauer bin, dass ich mich nicht erwischen lasse. Das Denken und Handeln verlagert sich damit weg von Inhalten auf eine Ebene von heimlichen Spielchen um Macht und Ohnmacht.

Verschiebe nicht auf morgen, was du übermorgen auch noch tun kannst, heisst ein schulisches Organisationsprinzip. Ein anderes: Nichts ist so dringend, als dass es übermorgen nicht noch dringender wäre. Ganze Völkerstämme von Schülerinnen und Schülern sind permanent damit beschäftigt, ihre Pendenzen vom einen Verschiebebahnhof zum anderen zu karren. Das sagt einiges aus über die Leistungs- und Organisationskultur in schulischen Kontexten. Und es sagt mindestens ebenso viel über die Bedeutung, die den Arbeiten beigemessen wird.

Damit werden die Weichen für die Energien und Ressourcen so gestellt, dass die Geleise sich im Niemandsland verlieren, dort wo der Müll des Unerledigten deponiert ist. Aus den Augen aus dem Sinn heisst die Losung. Das erinnert an die kleinen Kinder, die sich die Augen zuhalten und meinen, die anderen würden sie nicht mehr sehen. Aber sie sind noch da! Und die Aufgaben, die das Leben stellt, sind auch noch da. Zwar können im einen oder anderen Fall Ausweichmanöver und Verzögerungstaktiken dazu führen, dass Aufgaben vergessen werden und unerledigte Arbeiten ohne unmittelbare Konsequenzen bleiben. Was nicht verschwindet, ist die Trödelhaltung dahinter. Im Gegenteil: Sie erhält laufend neue Nahrung. Und damit entwickelt sich der Last-Minute-Virus zur weitverbreiteten Seuche in schulischen Leistungssituationen. Sie zeigt sich resistent gegen die herkömmliche Behandlung mit Moralspritzen.
Auf der anderen Seite sind auch die Schuldgefühle – und ihre negativen Aus-

«Die wirkungsvollste Medizin gegen Aufschieberitits heisst: Beginnen!»

wirkungen auf den Erfolg – nicht so leicht auszurotten. Unerledigte Dinge und die mit ihnen verbundenen schlechten Gefühle mit sich selbst, sie sammeln sich an wie Fett. Schön kontinuierlich, immer ein bisschen. Zuerst nur Gramm um Gramm, nicht sichtbar, kaum spürbar. Doch irgendwann beginnt die Hose zu spannen. Es wird eng. Und plötzlich entsteht Handlungsbedarf. Will heissen: Gewohnheiten müssen sich ändern. Aber eben: Gewohnheiten sind zuerst wie Spinnweben; mit der Zeit werden sie zu Stahlseilen. Wer sich über Jahre in ein lähmendes Abseits manövriert hat, wird nicht einfach durch guten Zuspruch und ein paar aufmunternde Worte so mir nichts dir nichts zum zupackenden Macher.

Wer sich um die Arbeiten herumdrückt, schiebt sie auf die lange Bank. Die Redewendung bezieht sich darauf, dass früher bei den Gerichten die Akten nicht in Schränken, sondern in langen bankähnlichen Truhen aufbewahrt wurden. Was dorthin kam, blieb lange unerledigt liegen, während die Akten, die auf dem Tisch des Richters blieben, vorab zur Bearbeitung kamen. Deshalb: Auf den Tisch mit den Dingen, damit sie keinen Staub ansetzen können. Die wirkungsvollste Strategie gegen Aufschieberitis heisst: Beginnen! Jedes Kilo, das ich nicht zunehme, muss ich nicht abnehmen. Das ganze Geheimnis besteht darin, einen Anfang zu machen. «Wenn ich mehr Zeit habe, werde ich die Blätter in den Ordner legen.» Falsch! «Wenn jemand mitkommt, werde ich anfangen zu joggen.» Nein! «Wenn ich Ruhe habe, werde ich mich der Lektüre zuwenden.» Vergiss es! Die Begeisterung für eine Tätigkeit kommt nach dem Beginn. Nach! Die Energie stellt sich ein als Folge des Engagements. Die Motivation entwickelt sich durch das Tun und nicht, wenn ich mir vornehme, etwas zu tun. Mit dem Tun kommt die Freude, mit dem Tun eröffnen sich neue Möglichkeiten.

Wer an sich glauben will, muss sich glauben können. Wer sich verspricht, etwas zu tun, muss seine Versprechungen einlösen. Wer sich verspricht, die Schuhe ins Gestell zu stellen, joggen zu gehen, Blätter einzuordnen, Vokabeln zu lernen, muss sich dafür einsetzen, es auch wirklich zu tun.

GLÜCK SELBST SCHAFFEN

«Glück ist etwas, das wir selbst schaffen müssen, indem wir die Lust an inneren Abenteuern entdecken. Dann fühlen wir uns von äusseren Abenteuern unabhängig, die auf uns warten mögen oder auch nicht. Auf Glück stösst man nicht durch einen Glücksfall, so wie man zufällig ein vierblättriges Kleeblatt entdeckt.»

Mihaly Csikszentmihalyi (Focus/29/2002)

Sonst fühlt er sich als Waschlappen. Und das tut niemand gern. Wer die Dinge immer erst auf den letzten Drücker hinschludert, füttert den inneren Schweinehund. Und das ist dem guten Gewissen nicht gerade zuträglich. Wer die Energie dauernd für die Flucht ins Drumherumreden benötigt, wird keine überdurchschnittlichen Leistungen erbringen. Und das macht auf Dauer keinen Spass. Wer sich mit dem Last-Minute-Virus angesteckt hat, ist dauernd daran, kopflos in der Gegend umherzurennen und all die Brände zu löschen, die er selber gelegt hat.

Wie sollen Dynamik und Begeisterung entstehen, wenn die Zeit mit Wursteln und Warten verbracht wird? «Du sollst nicht töten», hat Erich Kästner ans fünfte Gebot erinnert und gemahnt, «also schlag die Zeit nicht tot.» Man kann auf alles Mögliche warten: auf den Bus, auf bessere Zeit, auf eine günstige Gelegenheit, darauf, dass etwas passiert, auf die Motivation, die gute Idee, die göttliche Eingebung oder auf Belohnungen. Die sicherste Belohnung ist jedoch immer die, die uns die Gegenwart liefert. «Was du machst, ist unwichtig», hat Gandhi gesagt, «aber wichtig ist, dass du es machst.»
Das Rezept heisst also: Machen! Ernst und einen Anfang. Und es genussvoll zu zelebrieren, die Versprechen, die man sich selbst gegeben hat, einzulösen. Eben: Die Schuhe ins Gestell stellen. Die Blätter einordnen. Es geht um den ersten Schritt. Dieser erste Schritt scheint von grosser Wichtigkeit zu sein. Auf das entsprechende Stichwort liefert jedenfalls die Suchmaschine fast eine halbe Million Antworten. Der erste Schritt zum passenden Partner, zum Glück, aus dem Teufelskreis, zum neuen Haus, aus der Abhängigkeit, zum schnittigen Auto, zum Vermögen – für alle Lebenslagen gibt es den berühmten ersten Schritt.

Und genau dieser erste Schritt, so klein er auch sein mag, macht den Unterschied. Die nächste Sekunde ist die entscheidende Sekunde. Und die nächste. Und die nächste. «Der Appetit kommt beim Essen, die Inspiration beim Arbeiten», versichert Igor Strawinsky. Es braucht keine aufopfernde Verpflichtung, einen ganzen Nachmittag der französischen Grammatik zu widmen. Es braucht nur die Bereitschaft zu beginnen. Einen Anfang zu machen und offen zu sein für das, was dieser Anfang bringt. Und der bringt eine ganze Menge. Zuerst und vor allem bringt er das selbstbestärkende Gefühl, das Verschieben verschoben zu haben. Und er liefert die Antwort auf die Frage im Talmud: «Wenn nicht ich es tue, wer sonst soll es tun? Wenn nicht gleich, wann dann?»

Das Eisblock-Prinzip

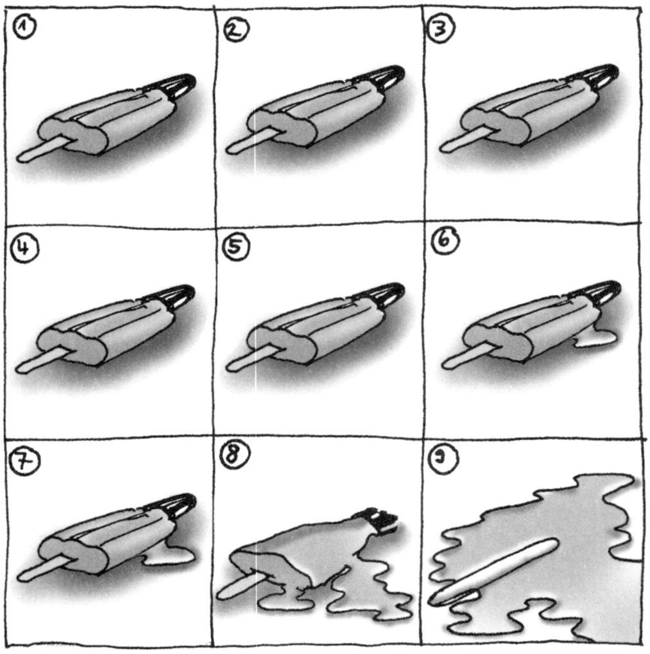

Wer abnehmen will und nach den ersten zehn Liegestützen zum Spiegel rennt, wird keine Wirkung sehen – abgesehen vielleicht von ein paar müden Schweissperlen. Gleiches gilt für jenen, der sich vornimmt, in Mathematik zum Klassenprimus zu avancieren – oder noch besser, die Welt der Zahlen zu verstehen: Er wartet nach den ersten drei zusätzlichen Aufgaben vergebens auf die mathematische Generalabsolution. Und wer in die Fussstapfen von Pele oder Beckenbauer treten will, wird nach einem einzigen Training kaum damit rechnen müssen, dass die Fangemeinde ihm über den Gartenzaun steigt und fünfzig Paparazzi ihre Teleobjektive auf sein Badezimmerfenster richten.

Entwicklungen brauchen Zeit. Und sie verlaufen in homöopathischen Dosierungen. «Wer ist der schlanke Mann mit dem langen Haaren», fragt der Kleine beim Betrachten des Fotoalbums. «Dein Vater», erklärt die Mutter. Darauf der Kleine erstaunt: «Und wer ist der Dicke mit der Glatze, der bei uns wohnt?» Nachhaltige Veränderungen manifestieren sich häufig erst im Verlaufe längerer Entwicklungsphasen. Das Wachstum der eigenen Kinder fällt dann auf, wenn die Hose wieder zehn Zentimeter zu kurz ist.

Nun gut, wenn Entwicklungen Zeit brauchen, lässt sich's ruhig noch ein bisschen zurücklehnen und der Dinge harren, die da kommen mögen. Denn so gesehen kommt es ja eigentlich nicht darauf an, ob heute oder morgen oder übermorgen damit begonnen wird, schulische Vorsätze in die Tat umzusetzen. Oh doch! Und ob es drauf ankommt! Denn die Wirkungen entfalten sich auf zwei ganz unterschiedlichen Ebenen, grob gesagt auf der Beziehungs- und auf der Sachebene.

Wer den Holzstoss vor dem Haus hackt und fein säuberlich aufschichtet, sieht am Abend sehr wohl ein Ergebnis. Die wohlige Wärme des Kaminfeuers lässt sich jedoch erst nach und nach geniessen. Und wer einen Text ins Englische übersetzt, kann zwar das papierne Resultat in Händen halten, die Auswirkungen auf die sprachlichen Fähigkeiten werden erst im Verbund mit anderen Aspekten manifest. Auf der Sachebene sind die Resultate von Aktivitäten zwar sofort zu erkennen, die nachhaltige Wirkung zeigt sich aber in der Regel erst zu einem späteren Zeitpunkt.

Das heisst: Der eigentliche Nutzen ist meist nicht zu trennen vom Faktor Zeit. Nichts da mit «heute per Mausklick bestellen – morgen geliefert». Nichts da mit «her damit, aber subito!»

Im Gegenteil, häufig macht es sogar den Anschein, als ob allen Efforts zum Trotz nichts geschehe. Jetzt habe ich schon zwei Mal hintereinander die Aufgaben gemacht, und niemand zollt dieser Leistung Anerkennung. Und seit einer Woche lese ich täglich einen französischen Text, aber eigentlich ist kein Unterschied festzustellen. Wie bei einem Eisblock. Was passiert, wenn ein Eisblock auf den Tisch gelegt wird? Vorerst mal nichts. Trotz Umgebungswärme. Erst mit der Zeit und immer schneller schmilzt das Eis und wird zu Wasser. Und erhitzt man nun das kalte Wasser, beginnt es mit der Zeit zu blubbern und zu dampfen. Es kocht. Das heisst: Die Energie produziert eine Veränderung, deren Ergebnis erst nach und nach sichtbar wird. Noch einmal: Die Energie fliesst nicht direkt in ein Resultat, sondern wird benötigt für die unsichtbaren Tansformationsprozesse, die schliesslich zu den Resultaten führen. Wenn ich heute Bohnensetzlinge in die Erde stecke, habe ich morgen feuchte und dreckige Bohnensetzlinge. Mehr nicht. Und auch einen Tag später: Nichts! Bohnen brauchen Zeit. Nachhaltige Lernergebnisse auch.
Anders sieht es auf der Beziehungsebene aus, da, wo weniger die Ergebnisse als vielmehr die Lernerlebnisse zu Hause sind. Und damit die Emotionen. Gefühle, die entfalten nun eben subito ihre Wirkung. Die zehn Liegestützen machen mich noch keineswegs zum Adonis. Und dennoch freue ich mich darüber. Nicht über das Ergebnis. Über mich! I did it! Der kurze englische Text trägt mir keinen Pulitzer-Preis ein. Aber ich habe ihn verfasst! Ich! Ohne Griff ins Repertoire der faulen Ausreden. Das ist nicht nur gut, es tut auch gut. Und es wirkt lange nach. Jeder kleine Sieg über mich selbst ist eine Investition in die Beziehung zu mir selbst.

In der Buchhaltung wird unterschieden zwischen Aufwand und Investitionen. Als Investitionen bezeichnet der Duden die «Erhöhung des Bestandes an Gütern für den späteren Bedarf». Es geht also um jene Dinge, die einen gewissen Wert aufweisen. Solche Investitionsmöglichkeiten liefert das Leben – auch das schulische – in rauen Mengen. Jede Gelegenheit, die ich ergreife, alles was ich anpacke, lässt sich übertragen in meine ganz persönliche Investitionsrechnung, jedes französische Wort, jede orthografische Erkenntnis, jede verstandene Zeile. Eines addiert sich zum anderen, vernetzt und verbindet sich zu Zins und Zinseszins.

«Investieren heisst: Etwas von sich geben.»

Investieren heisst: etwas von sich geben. Klingt paradox. Ist aber so! Die Investition in meine gegenwärtige Zukunft und meine zukünftige Gegenwart setzt meine Bereitschaft voraus, etwas zu tun, etwas zu geben. Wenn ich ein Lächeln wünsche, verschenke ich eines. Wenn ich mich nützlich mache, erhalte ich Unterstützung. Und wenn ich Prügel will, teile ich aus. Was ich zu geben bereit bin, hat die Tendenz zurückzukommen. Früher oder später. Die Investitionen in die eigene Person funktionieren deshalb nach dem Prinzip: Tun statt warten, geben statt erwarten. Und zwar ein bisschen mehr, als das, was grad so nötig ist. Nicht weil ich muss, sondern weil ich will.

Der Verkäufer im Sportgeschäft verhält sich unfreundlich. Ausgesprochen unfreundlich sogar. Seinem mürrischen Gesicht ist leicht anzumerken, wie sehr es ihm zuwider ist, noch ein zweites Paar Laufschuhe zum Anprobieren aus dem Lager zu holen. Angesprochen darauf, ob er mit seinem Beruf zufrieden sei, wird er gesprächig. Nein, ganz und gar nicht zufrieden sei er. Und er habe keine Lust, noch länger für diese Pfeife von Chef zu arbeiten. Sobald er etwas anderes gefunden habe, werde er alles stehen und liegen lassen. Lieber heute als erst morgen. Na ja, die Haltung überrascht nicht! Nur: Der Gute lässt etwas Wichtiges ausser acht. Er arbeitet nicht für den Chef, er arbeitet für sich. Wenn er sich mit angezogener Handbremse durch den Tag quält, mehr schlecht als recht bei der Sache ist, leidet er selber viel mehr darunter als der Chef. Der verliert vielleicht ein paar Franken. Er hingegen verliert die Begeisterung, die Selbstachtung und damit einen ganzen Teil seines Lebens. Das gilt nicht nur für Sportgeschäfte. Das gilt für alle Unternehmen. Und alle Schulformen.

Zuschauer und Erfolglose zeigen immer auf die anderen. Und lassen dabei unbeachtet, dass sie gleichzeitig mit drei Fingern auf sich selber zeigen, wenn sie den Zeigefinger auf andere ausrichten. Bei der menschlichen Hand handelt es sich um eine wahrlich geniale Konstruktion. Mit ihr lässt sich zart Streicheln. Und es lässt sich grob Zuschlagen. Es lässt sich eine feine Feder ebenso führen wie ein schweres Schwert. Und eben: Die Hand zeigt mit drei Fingern auf mich, dieweil ich auf andere zeige. Das ist symbolträchtig. Bei sich anfangen, heisst die Botschaft. Mit einem wurstigen Hedonismus hat das nichts zu tun. Denn das Beliebige,

Bequeme, Wohlfeile, Opportunistische ist es letztlich nicht, was der Mensch sucht, was ihm eine Befriedigung verschafft, die über den Moment hinausgeht. Nein, auf sich selber zeigen heisst: sich selber in die Pflicht nehmen, die Erwartungen an sich selber richten. Vor allen anderen.

Nur eben: Menschen ergreifen – von Krisensituationen abgesehen – meist nur dann die Initiative, wenn sie überzeugt sind, der Sache gewachsen zu sein. Das Stichwort dazu: Selbstwirksamkeit. Die Motivation entwickelt sich demnach aus dem Glauben an die eigenen Fähigkeiten. Im schulischen Kontext heisst das: Anstrengungsbereitschaft, Ausdauer und die Bereitschaft zum Belohnungsaufschub stehen in direktem Zusammenhang mit den Selbstwirksamkeitsüberzeugungen der Schülerinnen und Schüler.

Dazu gehört nicht einfach der simple Glaube, eine bestimmte Rechnung lösen zu können. Es geht weiter: Eine zentrale Rolle für die Motivation spielt die Überzeugung der Lernenden, selbst Einfluss auf den Unterricht nehmen und über die eigenen Aktivitäten selbst entscheiden zu können. Damit verbindet sich das Gefühl der Kontrollierbarkeit von Ereignissen. Motivation hat demnach mit Autonomie zu tun. Dabei kommt es weniger auf die tatsächliche Autonomie an. Entscheidend sind die subjektiv wahrgenommenen Handlungsspielräume, das individuelle Gefühl, selbst wirksam und nicht ausgeliefert zu sein. In einer restriktiven Lernumwelt schätzen die Schülerinnen und Schüler ihre Kompetenzen niedriger ein, was sich natürlich entsprechend fatal auswirkt auf die Bereitschaft zum Engagement. Rigide Systeme sind Motivationskiller. Oder anders gesagt: Selbstbestimmtheit und Kompetenz werden vor allem dann erlebt, wenn Lernende sich aktiv engagieren und selbständig arbeiten können. Diese Freiräume und die damit verbundene erlebte Autonomie laden ein zu einer erfolgreichen Interaktion zwischen den Beteiligten und bilden die Voraussetzung für ein kooperatives, supportives Sozialklima. Das schafft die Voraussetzungen, sich selber, seine Stärken und seine Erfolge wahrnehmen zu können.

Das heisst: Erfolgreiches Handeln beruht auf der prädiktiven Kraft der Überzeugungen in die eigene Wirksamkeit und damit verbunden in die Fähigkeit zur Selbstregulierung. Das wiederum heisst, Bedürfnisse und Belohnungen aufschieben zu können und es auszuhalten, mal keinen Applaus zu bekommen. Selbstvertrauen entwickeln – also sich selbst vertrauen – kann ja nur, wer sich selbst über den Weg traut. Und nur wer sich selbst traut, kann dieses Vertrauen auf andere übertragen. Das verleiht Sicherheit und Optimismus im Hinblick auf den Payback der Investitionen: Was ich gebe, kommt zurück.

Rhythmuswechsel

«Was haben wir heute?», fragt der eine Schüler den anderen am Schulhauseingang. Die Frage impliziert, dass der andere weiss, was der Tag bringen wird. Französisch zum Beispiel. Oder Mathematik. Auf jeden Fall irgendetwas Vorhersehbares. Etwas Bekanntes. Irgendeine Sache. Eben: Etwas, das man «hat». Und dann «gehabt hat». Wenn sich die gleichen Personen am Eingang des Fussballstadions treffen, wird die Frage ganz bestimmt nicht lauten: «Was haben wir heute?» Obschon eigentlich das «Fach» auch fixiert und der «Stundenplan» auch vorgegeben ist. Und dennoch heisst die Frage nicht: Was haben wir heute? Und die Antwort heisst nicht: Fussball.

Herkömmliches schulisches Unterrichtsgeschehen verläuft in vorgezeichneten Bahnen. Stundenpläne – nomen est omen – bestimmen den Takt. Von acht bis neun: dies. Von neun bis zehn: das. Und von zehn bis elf: jenes. Tag für Tag. Woche für Woche. Routine bestimmt die Szene. Die Routine steht zwar auf keiner Fahndungsliste. Aber dennoch: Die Routine ist eine Killerin. Sie killt Beziehungen, Unternehmungslust, Leistungsfreude, Motivation, Interesse. Die Routine tötet langsam, schleichend. Sie verbreitet ein ätzendes Gift, im Fachjargon Langeweile genannt.

Nun, alle Menschen haben die Möglichkeit, sich den Fängen der Routine zu entziehen. Ihr Gift erreicht nicht jene, die sich durch individuelle Perspektivenwechsel jenseits von Angst und Langeweile bewegen. Das kann sich in kreativer und konstruktiver Lebensgestaltung äussern. Die ganz persönliche Art, sich in schulischen Kontexten die Routine vom Leibe zu halten, findet ihren Niederschlag freilich auch in ganz anderen Formen menschlichen Verhaltens. Vom «Schiffliversenken» über versteckte SMS-Botschaften zu raffinierten Spickzetteln, von teilnahmslosem Aussitzen über clowneske Einlagen bis zu offener Aggression, alles ist gleichsam Ausdruck selbstwirksamen Abwehrverhaltens gegen die anödende Langeweile. Es läuft wenigstens etwas.

Aktivierende und inspirierende Arrangements können also wesentlich dazu beitragen, die individuelle Actio wider die Routine in konstruktiver Weise zu initiieren und zu unterstützen. Eine Veränderung in den Settings verändert die Wahrnehmung. Es entsteht Bewegung. He, da läuft etwas! Aber Achtung: Es kann keinesfalls darum gehen, ein bisschen Klamauk zu veranstalten, um Schülerinnen und Schüler auf oberflächlich unterhaltsame Weise bei Stange zu halten. Vielmehr sind Rhythmuswechsel nicht die Ausnahme, die die Regel bestätigen, sondern integrale Bestandteile des gesamten Arrangements. Sie gehören einfach dazu. Da kommt man natürlich an den Fragen um die individuellen Möglichkeiten schulischer Programmgestaltung nicht vorbei (siehe «Verbindlichkeit in Offenheit»/Seite 65). Andrerseits lassen sich auch mehr oder weniger traditionelle Settings ganz anders rhythmisieren.

Ein Beispiel: Special Learning Days. In unregelmässigem Abstand werden die üblichen Programme über Bord gekippt und ersetzt durch komplett andere Angebote. Zuerst zur zeitlichen Folge: Die Abstände sind so zu wählen, dass die Specials als Bestandteil des gesamten Angebots wahrgenommen werden. Mit anderen Worten: Es reicht nicht, halbjährlich einen Farbtupfer zu setzen. In – beispielsweise – monatlichem Rhythmus an unterschiedlichen Wochentagen kommt schulisches Lernen anders daher. Die Arbeitszeiten fallen ebenfalls aus dem üblichen Rahmen. Vielleicht heisst es einmal «From nine to nine», und dann dauert ein Arbeitstag halt zwölf Stunden. Oder es heisst «learn around the clock» und – richtig! – der Lernspass zieht sich bis in die frühen Morgenstunden hinein.

Der inhaltlichen Gestaltungsmöglichkeit solcher spezieller Lerntage sind keine Grenzen gesetzt. Von der Funktionsweise einer Dampfmaschine bis zur Frage, was der Wind macht, wenn er nicht weht, hat alles Platz. Die Vielfalt der Themen kumuliert sich mit einer Vielfalt von Methoden. Die Lerngruppen formieren sich immer wieder neu. Das kann so funktionieren, dass den Schülerinnen und Schülern einer ganzen Schule ein bunter Strauss von Angeboten unterbreitet wird. Pro Zeiteinheit stehen ihnen mehrere Möglichkeiten zur Verfügung. Die Auswahl erfolgt nach persönlichen Interessens-Kriterien, unabhängig von Alter und Klasse.
Das gleiche Stichwort – Interesse – gilt auch für die Lehrkräfte. So hat die Physiklehrerin Gelegenheit, ihre Begeisterung für das Bogenschiessen weiterzugeben und der Lateinlehrer kann sich mit einer Gruppe von Lernenden in die Geschichte seines Hobbys, des Formel-1-Rennsports, vertiefen. Das Ergebnis ist ein Jahrmarkt von verblüffenden Lernanlässen. Verblüffend nicht nur, was die thematische und methodische Vielfalt anbelangt, verblüffend auch deshalb, weil Menschen sich plötzlich von einer ganz anderen Seite zeigen und sich entsprechend neu und anders begegnen können.

Die Phantasie ist ein ewiger Frühling.

Friedrich von Schiller

Ende der 20er-Jahre in New York. Es herrschte eine grosse Arbeitslosigkeit. Eine Firma hatte eine Stelle ausgeschrieben für einen Morse-Operator. Etwa 300 Leute meldeten sich. Auf einer Seite einer riesigen Halle waren einige kleine Interview-Räume eingerichtet worden. Jemand verteilte den Bewerbern Nummern in der Reihenfolge ihres Ankommens. Es war heiss, im Hintergrund wurde gehämmert. Und immer noch kamen Bewerber. Ein junger Mann erschien und erhielt die (späte) Nummer 254. Er setzte sich auf den Boden. Doch nach ein paar Minuten stand er auf und ging zielstrebig zu einem Raum auf der anderen Seite der Halle, klopfte an und begab sich hinein. Nach ein paar Minuten kam er in Begleitung eines älteren Herrn wieder heraus. Dieser teilte den Wartenden mit, sie könnten nach Hause gehen, die Stelle sei eben an den jungen Mann vergeben worden. Was war da los?

Aus: Birkenbihl, Vera: StoryPower (2)

Der Herr gab folgende Erklärung ab: «Sie sassen da und hörten ein Hämmern. Vielleicht dachten Sie, wir würden renovieren. Aber wir renovieren nicht. Sie sind Morse-Operatoren. Mit dem Hammer wurde Ihnen eine Nachricht geklopft: Gehe zu Raum Nr. 1220, klopfe an, trete ein und du hast die Stelle.»

11

Sich zu helfen wissen

kurz & bündig

- *Der Mensch ist eingebunden in wechselseitige Interaktionen. Lernen hat also immer etwas zu tun mit der Beziehung zwischen dem Individuum und seiner Umwelt. Oder anders gesagt: Alles ist kontextabhängig.*

- *Unorthodoxe Ideen entstehen, wenn der Mut zum divergenten Denken sich paart mit der Bereitschaft, Widerstände zu überwinden. Kreativität ist das Resultat einer neugierigen Suche nach mehreren Lösungen.*

- *Organisieren geht über lamentieren. Wer Ergebnisse erzielen will, tut gut daran, sich mit System und einem Repertoire an geeigneten Methoden an die Arbeit zu machen.*

Das Badehose-Prinzip

Palmen gedeihen miserabel in Grönland. Was sagt das aus über Palmen? Eigentlich nichts! Und was sagt es aus über Grönland? Auch nichts! Es lässt sich aber ohne weiteres daraus schliessen, dass Palmen und Grönland schlecht zusammenpassen. Beerdigungen sind geprägt von Trauer, von Respekt für den Verstorbenen und die Hinterbliebenen, von Würde und Anteilnahme. Dem Anlass entsprechend ist die Trauergemeinde in dunkles Tuch gewandet. Selbst in der sommerlichen Mittagshitze erscheint niemand in Badehosen. Damit ist nichts gegen Badehosen gesagt. Gar nichts! Aber sie passen einfach wesentlich besser zu Palmen als zu Beerdigungen.

Jedes Verhalten – das Wachstum von Palmen oder das Tragen von Badehosen – steht in direkter Abhängigkeit zum Kontext. Wechselseitig: Die Umgebung nimmt Einfluss auf ein bestimmtes Verhalten und gleichzeitig prägt das Verhalten die Umgebung. Was jemand über die Umgebung denkt, bestimmt, was er fühlt. Und was er fühlt, formt als Folge davon das Verhalten. Menschliches Verhalten entwickelt sich nicht losgelöst von einem sozialen Kontext. Auch in der Schule nicht!

Wie subtil und unbewusst kontextuelle Mechanismen manchmal wirken, hat ein Experiment mit Strafrichtern gezeigt: Diese hatten an einem Tag lauter Fälle zu beurteilen, in denen es um die Festsetzung von Kautionen für Straftäter ging. Eine Gruppe von Richtern erhielt am Morgen, vor Beginn des Arbeitstages, den Anruf eines Beerdigungsinstitutes. Der Anrufer fragte, ob man schon ausreichend Vorsorge für die eigene Bestattung getroffen habe. Die andere Gruppe von Richtern ging ohne dieses memento mori an ihre Fälle. Am Abend wurde dann registriert, wie hoch die Kautionen jeweils angesetzt worden waren. Die Richter der ersten Gruppe, die am Morgen bereits mit ihrer eigenen Beerdigung konfrontiert worden waren, gingen erheblich strenger zu Werke; ihre durchschnittlichen Kautionen für kleinere Vergehen lagen bei 455 Dollar. Die Richter der zweiten Gruppe waren zehnmal nachsichtiger, sie verlangten im Durchschnitt nur 50 Dollar!

Was auch immer abläuft: Der Mensch ist eingebunden in wechselseitige Interaktionen mit seiner Umgebung. Das betrifft nicht nur Palmen, Beerdigungen und Kautionen, das betrifft auch schulisches Lernen. Menschliche Interaktionen sind eine Voraussetzung für Lernprozesse im Interesse einer proaktiven Anpassung an die sich verändernden Lebensbedingungen. Das macht fit (well adapted) for life. Lernen hat also immer etwas zu tun mit der wechselwirksamen Beziehung zwischen dem Individuum und dem Milieu. Schülerinnen und Schüler nehmen die Situation in der Schule auf ihre Weise wahr, verhalten sich entsprechend und prägen damit wiederum das Bild, das sie sich machen. Die selbstreferentiellen Operationen der Menschen stehen gleichsam in dynamischer Beziehung zum Milieu. Der Motor des Autos läuft zwar auch im Stand, aber beim Autofahren müssen ständig die Verhältnisse berücksichtigt werden.

«Lehrpläne sind in geistigen Beton gegossen.»

Ähnlich verhält es sich mit der Schule. Auch hier sind die Verhältnisse zu berücksichtigen, sonst läuft sie Gefahr, dass die Routine ihren unveränderlichen Lauf nimmt, dieweil der Kontext sich ändert. Nun, die Frage drängt sich auf, wie weit die Inhalts- und Rollenkonserven schulischen Lernens, deren Verfalldatum irgendwo in der Ewigkeit liegt, diesem Zusammenspiel Rechnung tragen. Kaum: Die Lehrpläne sind dermassen durchtränkt von persönlichen Interessen, faulen Kompromissen und bürokratischen Regelungsexzessen, dass die Forderung, sie dem Wandel der Welt anzupassen, keine rechte Begeisterung auszulösen vermag. Im Gegenteil: Sie sind in geistigen Beton gegossen, Klotz für Klotz (sprich: Fach für Fach). Entsprechend isoliert vom Rest der Welt innerhalb und ausserhalb der Schule werden mathematische Operationen und grammatikalische Regeln geübt (wie es so schön heisst), bis man sie beherrscht. Auswendig natürlich.

Nur eben: «Eine der hartnäckigsten Mythen in allen Bereichen der Ausbildung ist die Überzeugung, man müsse eine Fertigkeit, um sie zu erlernen, so lange üben, bis man sie ausführen kann, ohne nachzudenken. Egal, ob ich Kollegen frage, die an Hochschulen lehren, Eltern mit kleinen Kindern oder die Studenten selbst, sie alle scheinen sich darin einig zu sein, dass man sich die Grundlagen nicht anders aneignen könne. Ganz gleich, was es zu lernen gibt – Baseball, Autofahren oder Lehren –, der Rat bleibt immer der gleiche: Übe die Grundlagen, bis sie dir zur zweiten Natur geworden sind! Ich glaube, falscher kann man die Sache gar nicht anfangen.» Die das sagt, ist Ellen Langer. (17) Und was sie damit meint: Isoliertes, mechanistisches Büffeln hat wenig mit lebendigem Lernen zu tun. So verlangt denn auch Dieter Lenzen, «dass man sich von dem Gedanken freimachen muss, es sei möglich, mit Hilfe von Unterricht bestimmte Lernziele beim Lernenden durchzusetzen.» (19)

Woche für Woche sitzen hunderttausende von Menschen in Stadien oder vor dem Fernseher, um sich Fussballspiele anzusehen. Fussball übt, wie andere Sportarten auch, eine grosse Faszination aus. Man stelle sich vor: Die Spieler zweier Mannschaften üben im Training verschiedene fussballerische Grundfertigkeiten. Sie üben, den Ball zu treffen. Sie üben, ihn möglichst weit zu kicken. Oder möglichst genau. Sie üben, mit dem Ball zu jonglieren. Dann laufen sie am Sonntag ins Stadion ein und zeigen, was sie können. Sie spielen nicht Fussball, sie kicken und jonglieren einfach mit den Bällen. Wer als Zuschauer nicht grad zwangsverpflichtet ist, würde sich schleunigst aus dem Staube machen. Klar, Fussball lebt nicht davon, dass jemand einen Ball möglichst lange jonglieren oder möglichst weit spielen kann. Fussball ist ein Zusammen-Spiel. Fussball lebt von der Spannung, von der Unsicherheit und von der Nicht-Planbarkeit. Natürlich wird jeder Spieler danach trachten, seine Sache möglichst gut zu machen. Natürlich wird er Grundfertigkeiten trainieren und Standardsituationen üben. Aber er ist eingebunden in ein ganzes Geflecht von Wirkungsfaktoren. Das Wetter spielt ebenso eine Rolle wie die Begeisterung der Zuschauer, wie das Offensiv- oder Defensivverhalten der gegnerischen Mannschaft, wie die Genauigkeit der Pässe und der Spielwitz seiner Mitspieler. Alles, was er tut oder unterlässt, hat Auswirkungen auf die Umgebung. Die Mitspieler werden seine Zuspiele aufnehmen können oder sie werden ins Leere laufen. Das Publikum wird applaudieren oder pfeifen. Er ist Teil eines Systems und wirkt entsprechend darauf ein. Gleichzeitig bleibt das sich permanent verändernde Umfeld nicht ohne Wirkung auf sein Spiel. Die Verletzung eines Mitspielers macht eine andere Aufgabenteilung nötig. Der Gegentreffer kurz vor Halbzeit verlangt nach einer Änderung des taktischen Verhaltens. Die gelbe Karte des Schiedsrichters mahnt zur Vorsicht. Kurz: Alles wirkt auf alles. Nicht nur in der Champions League, auch beim Grümpelturnier. Und nicht nur beim Fussball, auch im Flötenensemble, in der Familie, der Selbsthilfegruppe, dem Unternehmen – überall und jederzeit.

Mit anderen Worten: Lernen heisst (auch), sich die Bedingtheiten bewusst zu machen. Fussballstars werden nicht als solche geboren. Sie trainieren wahrscheinlich viel mehr als andere. Sie können die Bedingtheiten des Systems verstehen und sich zu Nutze machen. Sie verstehen sich nicht als Balltreter, sondern als gestaltenden Teil eines ganzen Ensembles. Sie sind nicht booksmart, sondern streetsmart. Gemeint ist damit: Fussball lässt sich nicht theoretisch spielen, man muss es tun. Dadurch entsteht eine Komplexität, die sich der Planbarkeit weitgehend entzieht. Das verlangt – neben der Freude an und der Bereitschaft zur Leistung – nach einer Mischung aus Offenheit, Aufmerksamkeit, innerer Präsenz, Cleverness, gewürzt mit einer Prise Humor und Gelassenheit. Oder noch anders gesagt: Es geht um die aktive Teilnahme am dauernden Prozess

der Auseinandersetzung mit sich und mit der Umwelt.
Nur: Die Umwelt ist ja nicht einfach da. Sie entsteht durch die Art, wie wir sie wahrnehmen – und wie wir sie wahrnehmen wollen. Dazu eine kleine Geschichte: Für Lehrpersonen und Schulleitung sind in der Nähe des Einganges ein paar Parkplätze reserviert. Der Rektor ist ein bisschen spät dran. Er traut seinen Augen kaum. Ein Auto steht quer und verstellt gleich drei Parkfelder. Sonst ist nichts mehr frei. Jetzt muss er sein Auto ins Parkhaus stellen. Von dort aus hat er fünf Minuten zu Fuss. Er wird es nicht mehr rechtzeitig zum Unterrichtsbeginn schaffen. Wutentbrannt hetzt er vom Parkhaus der Schule zu. Welcher Vollidiot stellt einfach sein Auto so hin? Ausser Atem und stinksauer erreicht er das Gebäude. Ein Mann und ein Mädchen rennen an ihm vorbei. Sie steigen ins fragliche Auto. Bevor er seinem Ärger Luft machen kann, fahren sie davon. Da kommt ein Kollege daher: «Schrecklich», sagt er, «seine Frau ist eben gestorben. Jetzt hat er die Tochter aus der Schule geholt.» Und jetzt? Der Rektor schämt sich für seine Gedanken. Und seine Gefühle fahren Achterbahn. Denn andere Gedanken rufen andere Gefühle hervor.

Unsere Gedanken determinieren die Gefühle, die ihrerseits das Verhalten formen. Die Richter wurden gedanklich mit ihrem Tod konfrontiert. Das brachte wohl eine gewisse Disharmonie in ihr Gefühlsensemble. Und flugs veränderte sich ihr Verhalten (Kautionen). Das bedeutet: Am Anfang stehen die Gedanken. Die gedankliche Auseinandersetzung mit der Umwelt schafft folglich die Voraussetzung, anders zu denken, anders zu fühlen und anders zu handeln. Mit anderen Worten: Handlungsoptionen entstehen durch die Interaktion mit dem Kontext. Je differenzierter die (Selbst)Wahrnehmung, desto mehr Alternativen eröffnen sich: Ein Moment des Nachdenkens, eine kurze Unterbrechung, um sich selbst ein paar kritische Fragen zu stellen, ein kurzes Umsehen, bevor man wild drauflos schlussfolgert. Bedingung ist natürlich ein vitales Interesse an sich und

MENTALE MODELLE

Mentale Modelle sind die Bilder, Annahmen und Geschichten, die wir von uns selbst, von unseren Mitmenschen, von Institutionen und von jedem anderen Aspekt der Welt in unseren Köpfen tragen. Wie eine Glasplatte, die unsere Vision einrahmt und auf subtile Weise verzerrt, bestimmen mentale Modelle darüber, was wir wahrnehmen. Menschen können sich in den komplexen Umgebungen unserer Welt nur mit kognitiven, «mentalen Landkarten» zurechtfinden; und all diese mentalen Entwürfe sind per definitionem fehlerhaft und unvollständig.

Aus: Senge, Peter M. e.a.: Das Fieldbook zur Fünften Disziplin. Klett-Cotta. Stuttgart. 1997 seinen Lebensumständen, denn, so Hegel, «nichts kommt ohne Interesse zustande.» Oder ohne Neugier. Denn, so Nietzsche: «Die Glücklichen sind neugierig.»

Bezogen auf die Schule bedeutet das: Fachlehrkräfte müssen ihre kustodiale Funktion (kustos = Wachmann) aufgeben und sich nicht länger als Gralshüter der Grammatik, der Arithmetik oder der Konjugation verstehen. Fächer sind nicht isolierte Bastionen spezifischen Wissens, sondern stehen immer im Zusammenhang mit etwas und mit jemandem. Mathematik in der Schule hat folglich mehr mit Menschen als mit Mathematik zu tun und ebenso viel mit der Sprache, über die sie erschlossen wird. Kurz: Es geht darum, die leitplankengesäumte Schnellstrasse durch Kapitel und Lektionen hindurch zu verlassen und sich auf Nebenwege zu begeben. Ellen Langer dazu: «Lernen auf Nebenwegen soll für einen klugen Bewusstseinszustand sorgen. Klugheit stützt sich auf bestimmte psychische Zustände, die in Wahrheit verschiedene Seiten eines Phänomens sind: 1. Offenheit für Neuartigkeit, 2. Aufmerksamkeit für Unterschiede, 3. Empfänglichkeit für verschiedene Kontexte, 4. Implizites, wenn nicht explizites Gewahrsein vielfältiger Perspektiven und 5. Orientierung an der Gegenwart. Jeder Zustand zieht die anderen nach sich und führt wieder zu sich selbst zurück. Wenn wir ein Fach oder eine Fertigkeit lernen und dabei offen sind für Neuartigkeit, Unterschiede, Kontexte und Perspektiven – die Merkmale des Lernens auf Nebenwegen –, dann sind wir empfänglich für Veränderungen in Situationen, die noch nicht abgeschlossen sind.» (17) Das schulische Sezieren in einzelne Teile

«Die Glücklichen sind neugierig.»

Nietzsche

verhindert demnach das Erkennen von Gemeinsamkeiten und Unterschieden. Wenn Schülerinnen und Schüler fremde Erfahrungen in vorgeschnittenen Häppchen appliziert erhalten, verringern sich die Aussichten drastisch, in Zusammenhängen denken, fühlen und handeln zu lernen. Wozu auch? Das beginnt schon damit, dass das bisschen Sprache in der Mathematik bis zur Verunstaltung malträtiert werden darf. Spielt ja keine Rolle, ist ja Mathematik, nicht Deutsch. Wo kämen wir auch hin, wenn der Mathematiklehrer sich auch noch um die sprachlichen Formulierungen kümmern müsste? Der Isolationismus führt weiter bis hin zum passiven Konsum von strukturlosen Wissenspartikeln quer durch den schulischen Fächerkanon hindurch. Dabei wird vorausgesetzt, das müsse wohl so sein, weil es immer schon so gewesen sei. Mithin heisst «voraussetzen» im schulischen Kontext, dass der Verstand vorher aussetzt. Kein Wunder, dass der Drang zum mechanistischen Erledigen meist grösser ist als die Neugier und das Interesse an der Sache.

Aber Moment mal! Fächerkanon? Kanon? Ist das nicht dieses miteinander Durcheinandersingen? Das Bild der Lehrerin taucht auf, die wild dirigierend vor der Klasse steht wie der Polizist auf einer fünfarmigen Kreuzung im Feierabendverkehr. Wie war das mit diesem Kanon? Da setzten doch verschiedene Stimmen nacheinander mit der gleichen Melodie ein. Ja natürlich: «Ein helleher Morgehen ohonehe Sorgen …», das klang doch gar nicht so übel. So gesehen wäre der Fächerkanon nicht das weit verbreitete Neben- und Gegeneinander, sondern recht eigentlich ein lockeres, harmonisches Zusammenklingen. Schulisches Lernen verlöre damit viel von seiner Verkrampfung.

Noch immer dominiert freilich die viel zitierte Weisheit, Lernen sei wie Rudern gegen den Strom; wer aufhöre, falle zurück. Damit wird zum Ausdruck gebracht, dass Lernen knüppelhart und schweisstreibend sein muss. Eben: ruheloses Rudern gegen den Strom. Das lässt keinen Moment Zeit, sich zu orientieren. Die Landschaft wird der Wahrnehmung quasi entzogen. Rudern ist angesagt, oder, übersetzt aus dem Arabischen, «dreschen» und «schlagen». Wahrlich, der Weg zum «Büffeln» und «Pauken» ist kurz. Wie anders das Gefühl, das Ruder in die Hand zu nehmen und das Boot stromabwärts zu steuern, sich der Vielfalt der Landschaften und den interessanten Menschen widmen zu können, Gemeinsamkeiten und Unterschiede wahrzunehmen, Neues zu entdecken, anzuhalten oder weiterzufahren. Kurz: Sich aktiv auseinanderzusetzen mit all dem, was ringsherum passiert. Wer flussaufwärts rudert, wird irgendeinmal bei der Quelle ankommen. Und dann? Dann ist die Reise zu Ende. Als ob auch das Lernen einmal zu Ende wäre. In der schulischen Sprachregelung: Als ob man es einmal «gehabt» und «erledigt» habe. Aber Lernen hat man nie «gehabt», und die Auseinandersetzung mit sich und der Umwelt ist nie «erledigt». Weshalb auch? Man will ja nur etwas hinter sich bringen, das unangenehm ist.

Die sprichwörtliche Erledigungsmentalität ist kontextabhängig, ist offensichtlich impliziter Teil des Arrangements. Wer ein anderes Lernverhalten wünscht, kann sich mit dem Klonen der Schülerinnen und Schüler also noch Zeit lassen. Es reicht, das Lernumfeld anders zu gestalten. Lern- und Leistungsfreude, konstruktives Engagement, forschende Neugier und was der Dinge mehr sind, entwickeln sich auf Dauer nur in jenem Kontext, der dies zulässt. Wie Palmen, die in südlichen Gefilden besser gedeihen als in Grönland. Und Badehosen, die am Strand lieber gesehen werden als an Beerdigungen.

Das Tisch-Prinzip

An ihn setzt man sich. Fünf Buchstaben! Klar: Tisch! An den Tisch setzt man sich. Nicht nur im Kreuzworträtsel. Das ist üblich. Genau deshalb hat Robin Williams seine Schüler auf die Tische raufstehen lassen. Weil es eben nicht üblich ist. Der Lehrer, den er im Film *«Der Club der toten Dichter»* mimt, ist kein Lehrer von der Stange. Genauso unkonventionell interpretiert er seine Rolle. Aber nicht etwa einfach zum Gaudi fordert er die Schüler auf, die Tische zu erklimmen, sich auf sie zu stellen. Nein, er versetzt sie damit in die Lage, die Welt aus einer anderen Perspektive wahrzunehmen. Ihre Sicht der Dinge verändert sich und die Welt erscheint in einem anderen Lichte. Und gleichzeitig nehmen sie sich selber anders wahr. Die Position ist ungewohnt, das verunsichert. Sie fühlen sich auf eine Art auch ausgestellt. Doch die anfängliche Zurückhaltung weicht der wohltuenden Erkenntnis, dass die Welt von da oben tatsächlich eine andere ist. Robin Williams wirkt entsprechend glaubhaft, wenn er das schulische Prinzip des einzig richtigen Weges zur einzig richtigen Antwort in Zweifel zieht: «Gerade wenn man glaubt, etwas zu wissen, muss man es aus anderer Perspektive ansehen.» Und er macht den jungen Menschen Mut, ihren eigenen Weg zu suchen. Aber eben: Das ist ja nur ein Film.

Da konnte Henry Ford schon einiges mehr an praktischer Erfahrung in die Waagschale werfen. Seine Erkenntnis: «Wer immer tut, was er schon kann, bleibt immer das,

was er schon ist.» Also: Wer im schicken Restaurant, im trauten Familienkreise oder im Lehrerzimmer locker zum Höhenflug aufs Tischblatt ansetzt und nach einem doppelten Rittberger sauber zwischen den Gläsern landet, kann für sich in Anspruch nehmen, die Welt verändert zu haben. Nur ein bisschen zwar, dafür gleich in mehrerlei Hinsicht. Nicht nur tut sich ihm selber eine völlig neue Welt auf, auch jene der leicht indignierten Gäste, des entsetzten Erbonkels und der staunenden Kolleginnen und Kollegen ist nicht mehr dieselbe, wie sie war. Sogar die Welt der Möbel ist aus dem Konzept geraten. Und das nur, weil jemand etwas tut, das nicht üblich ist. (Übrigens braucht es keinen Rittberger. Es reicht, einfach auf den Tisch zu steigen.) Die Devise heisst: Etwas anderes tun oder etwas anders tun. Dazu braucht es keine neurochirurgischen

Eingriffe, kein tibetanisches Kloster und keine Direttissima in der Eigernordwand. Schon kleine Änderungen (ein Tisch ist etwa 72 Zentimeter hoch) führen zu neuen Ansichten. Und da die ewige Tischkletterei es auf Dauer ja auch nicht sein kann, führt der Weg zu neuen Perspektiven über die innere Dislokation. Neue Perspektiven schaffen neue Möglichkeiten. Möglichkeiten heisst: Neue Optionen entwickeln, statt nach dem äusseren Massstab der optimalen Anpassung oder der vermeintlich richtigen Antwort zu suchen.

Der Entdecker des Vitamins C, Albert Szent-Györgi: «Genie bedeutet, dass man etwas sieht, was jeder andere schon gesehen hat, und dabei an etwas denkt, an das noch keiner gedacht hat.» Es geht also darum, im Bilde zu sein und trotzdem aus dem Rahmen zu fallen.

Welche Möglichkeiten gibt es sonst noch? Welche Lösungen finden sich sonst noch? Welche anderen Wege bieten sich sonst noch an? Entlang dieser und ähnlicher Fragen verläuft der persönliche Lernpfad in Richtung Kreativität. Immer vorausgesetzt natürlich, es handelt sich nicht um rhetorische Fragestellungen. Und immer vorausgesetzt, das System (also beispielsweise die Schule) ist auch wirklich interessiert an kreativen, unkonventionellen Menschen und damit an entsprechend nonkonformistischen Lösungsansätzen.
Der Wortlaut einer Prüfungsfrage in Physik: «Zeigen Sie, wie man die Höhe eines Bauwerkes mit Hilfe eines Barometers bestimmen kann.» Der Student gab zur Antwort: «Nehmen Sie das Barometer, steigen Sie damit aufs Dach des Bauwerkes, binden Sie das Barometer an ein langes Seil, lassen Sie es hinunter, ziehen Sie es wieder hinauf, und messen Sie dann die Länge des Seils. Sie entspricht der Höhe des Gebäudes.» Der Professor wollte die Antwort nicht gelten lassen. Man zog einen neutralen Experten bei und einigte sich darauf, dass der Student die Chance einer anderen Antwort erhalten solle, die zeige, dass er sich mit physikalischen Gesetzmässigkeiten auskenne. Er erhielt sechs Minuten Zeit. Nach mehr als der Hälfte der Zeit sass er immer noch vor dem leeren Blatt. Seine Erklärung: Es gebe so viele Möglichkeiten, dass er überlegen müsse, welche er aufschreiben solle. Er entschied sich dann für folgende Antwort: «Gehen Sie mit dem Barometer auf das Dach des Gebäudes und beugen Sie sich über das Geländer. Lassen Sie das Barometer fallen und messen Sie die Zeit, bis es unten aufschlägt mit der Stoppuhr. Berechnen Sie dann mit Hilfe der Formel $s = 1/2at^2$ (die Fallhöhe entspricht der Hälfte der Erdbeschleunigung mal dem Quadrat der Zeit) die Höhe des Gebäudes.»

Der Professor liess in Absprache mit dem Experten die Antwort gelten, war aber neugierig zu wissen, welche anderen Lösungen der Student denn noch in petto gehabt hätte. «Oh, ja», meinte er, «es gibt viele Möglichkeiten, mit Hilfe eines Barometers die Höhe eines Gebäudes zu berechnen. Beispielsweise können Sie an einem sonnigen Tag das Barometer mit rausnehmen, messen, wie hoch das Barometer, wie lange sein Schatten und wie lange der Schatten ist, den das Gebäude wirft. Mittels einer einfachen Verhältnisgleichung können Sie dann die Höhe des Bauwerkes bestimmen.» Als weitere Möglichkeit schlug er vor, beim Hinaufsteigen durch das Gebäude das Barometer als eine Art Messstab zu verwenden. Damit erhalte man die Höhe des Hauses in Barometereinheiten. «Wenn Sie allerdings eine raffinierte Methode vorziehen, dann befestigen Sie das Barometer an einer Schnur, schwingen es wie ein Pendel hin und her und bestimmen den Weg von g (Erdbeschleunigung) unten auf der Strasse und oben auf dem Dach des Gebäudes. Aus der Differenz zwischen den beiden Werten für g lässt sich, zumindest im Prinzip, die Höhe des Gebäudes berechnen. Allerdings gibt es noch viele andere Anworten, wenn Sie mich nicht auf physikalische Lösungen festlegen. Beispielsweise könnten Sie mit dem Barometer ins Erdgeschoss gehen und beim Hausverwalter klopfen. Wenn er Ihnen aufmacht, sagen Sie: Werter Herr Verwalter, ich habe hier ein sehr schönes Barometer. Es gehört Ihnen, wenn Sie mir sagen, wie hoch dieses Gebäude ist ...» (11)

Merke: Kreativität hat weniger mit dem Graffiti an der Hauswand oder dem röhrenden Hirsch über dem Bett zu tun, als mit der Bereitschaft, die Routine an der Garderobe abzugeben und sich auf gedankliche Experimente einzulassen. In schulischen Kontexten werden Phantasie und Kreativität gerne von den so genannten Hauptfächern ferngehalten, damit man nicht vom einzig richtigen Weg zur einzig richtigen Antwort abkommt. Sonst wird es schwierig mit den Punkten. Und mit den Noten. Und überhaupt. Für die Kreativität wurden deshalb spezielle Fächer geschaffen. Musische Erziehung nennt sich das Überbleibsel aus den Bestrebungen der Reformpädagogik um die Jahrhundertwende, gerichtet gegen den überbordenden Intellektualismus der damaligen Schulbildung. Allerdings ging es eher um eine integrale Einbeziehung schöpferischer Tätigkeiten und Prozesse in den schulischen Alltag, als um eine Aufteilung in wichtig (weil promotionsrelevant) und unwichtig. Die Trennung hat sich aber – wie so vieles – bis heute gehalten. Und je höher die Schulstufe, desto besser funktioniert sie.

Ein Blick zurück in die griechische Mythologie zeigt: Die neun Töchter des Zeus und der Mnemosyne, die so genannten Musen, waren göttliche Schützerinnen von Kunst und (wohlverstanden: und!) Wissenschaft. Keine Trennung! Übrigens: Ihre Mutter, die Göttin der Erinnerungsgabe, gab der Mnemotechnik, der «Gedächtniskunst» ihren Namen. Und auch sonst schmücken sich herausragende Leistungen – vom Kochen über das Fechten zum Verführen – gerne mit den Begriffen «Kunst» und «Künstler». Kein Wunder: Kunst ist etymologisch zurückzuführen auf Wissen, Weisheit, Kenntnis, Wissenschaft und wurde dann auch im Sinne von Können, Geschicklichkeit, Fertigkeit verwendet. Aber nicht nur der Blick zurück ins alte Griechenland macht deutlich, dass kreatives Denken und schöpferisches Gestalten mit herausragenden Leistungen in rational-intellektuellen Aktivitätsfeldern eng verbunden sind. Es reicht ein Blick zurück zur Zeitung von gestern. Kreativität hat Konjunktur. In Unternehmen, Fussballclubs, politischen Parteien, Familien, Kirchen, wohin man blickt, Leute mit Ideen und Esprit sind gefragt. Denn «das haben wir immer schon so gemacht» ist kein erfolgversprechender Slogan auf dem Prospekt für die Reise in die Zukunft.

Wer noch zu Lebzeiten Erfolg haben will, sucht und findet, wie Robin Williams seinen Schülern rät, den Mut zum eigenen Weg. Ungewöhnliche Perspektiven werden belohnt durch die Aussicht auf aussergewöhnliche Lebenswelten, auf Welten, die eben ausserhalb des Gewöhnlichen liegen, die nicht in ein vorgefertigtes Schema passen. Unorthodoxe Ideen entstehen, wenn der Mut zu divergentem Denken sich paart mit der Bereitschaft, Widerstände zu überwinden. Einer davon heisst: Sich nicht mit der erstbesten Lösung zufrieden geben. Es ist wie bei der Goldsuche. Man muss durchschnittlich fünf Tonnen Erz fördern, um eine einzige Unze Gold zu erhalten. Mit anderen Worten: Zu guten Ideen kommt, wer eine Menge Ideen hat. «Wenn man Leute bittet, ein paar Vögel zu nennen, fangen sie mit Sicherheit mit den bekannten Arten an – Spatzen, Tauben oder Amseln. Wenn man sie jedoch auffordert, eine bestimmte Menge zu finden – zum Beispiel dreissig – werden sie nach einer gewissen Zeit in Kategorien denken. Wenn ihnen dann der Truthahn einfällt, kommen sie automatisch auch auf andere einheimische Vögel, also zum Beispiel auf Hühner, Enten, Perlhühner und Fasane.» (31) Schöpferisches Denken, kreative Einfälle, ungewöhnliche Leistungen sind mithin das Resultat einer neugierigen Suche nach mehreren Lösungen.

Menschen, die in der Schule Erfolg hatten, sind auf ihrem späteren Lebensweg häufig nur dann erfolgreich, solange sie in einer Umgebung bleiben, die eine deutliche Ähnlichkeit mit der Schule aufweist. Und erfolgreich heisst in diesem Falle: Zufriedene Diener ihres Systems. Der dies sagt, ist Howard Gardner. Und er bezieht sich auf eine berühmte Längsschnittstudie von Lewis Terman. Ein Grund für diesen kreativen Tiefstand der Schulen mag darin zu suchen sein, dass immer flugs nach der richtigen Antwort gesucht wird. Nach einer einzigen, eben der richtigen. Schülerinnen und Schüler zeigen sich in ihrem Lösungsverhalten nur insofern kreativ, als sie zu erraten versuchen, was die Lehrenden wohl gerne hören möchten. Das ist punkte- und notenökonomisch verständlich. Aber es killt Ideenreichtum und Phantasie.

Hand aufs Herz: Kann ein System wie die Schule überhaupt ein Interesse haben an kreativen, originellen, ausserordentlichen

Ideen, an Lernenden, die selber denken – und damit anders denken? Kaum! Sie brächten sich in Schwierigkeiten. Und sie gefährdeten das System. Denn kurz nach dem Kindergarten beginnt das Prinzip zu greifen, dass Gleiches mit Gleichem zu vergleichen sei. Also muss Gleiches hergestellt werden. Zum Zwecke der punktemässigen Vergleichbarkeit.

Und dennoch: Kreativität lässt sich lernen und trainieren. Auch und gerade in der Schule. Dazu müsste sie aber den Spielraum für die schöpferische Entfaltung bieten. Und eben: nicht isoliert in den Randstunden, sondern als Quelle der Funktionslust quer durch den schulischen Gemüsegarten hindurch. Es beginnt damit, dass eine Lösung begleitet ist von der Standardfrage: Welche anderen Lösungsmöglichkeiten gibt es sonst noch? Nicht das Resultat steht im Vordergrund, sondern dessen Zustandekommen. Die gemeinsame Diskussion über die Gedanken, die sich die Lernenden bei der Arbeit gemacht haben, die gemeinsame Analyse von Lösungswegen auch, das sind Anfänge zu einer Kultur des Denkens in Alternativen und Optionen. In einer solchen Kultur macht es auch Sinn, kreative und transformative Arbeits- und Lernmethoden – vom Brainstorming zum Mindmapping – zu erproben. Denn Lerntechnik als Schulfach bringt wenig bis nichts. Das ist zwar gut gemeint. Aber man weiss ja: Gut gemeint ist das Gegenteil von gut. Die Erfahrung zeigt, dass kaum ein Transfer von isolierten lerntechnischen Übungen in den schulischen Alltag stattfindet. Das passiert allenfalls dann, wenn sich Funktionslust mit Nutzen zu Sinn verbindet. Voraussetzung dafür ist eben eine Kultur des Lernens und Arbeitens, in der die Wertschätzung nicht nur dem richtigen Resultat zuteil wird, sondern mindestens ebenso sehr dem originellen Weg zum «falschen». Dabei lohnt es sich, die Gedanken sichtbar zu machen. Damit ist wiederum nicht (nur) gemeint, dass die Lehrerin mit Projektor oder Beamer darlegt, wie «man» es macht. Gedanken optisch präsentieren geht vielmehr von der Idee aus, dass alle sich beteiligen an der Visualisierung von Lernprozessen. Moderationswände, Flipcharts und Scribbles legen sichtbar Zeugnis ab von der Vielfalt an Möglichkeiten lösungs- und entwicklungsorientierten Arbeitens. Die Musen aus der griechischen Mythologie hätten ihre helle Freude daran. Während sprachlichen Beschreibungen oder mathematischen Symbolen die Tendenz innewohnt, Gedanken und Vorstellungen zu kanalisieren, bieten die vielfältigen Formen der Visualisierung viel eher Anreiz und Impuls, sich auf gedankliche Experimentierfelder zu wagen, andere Ideen – und damit verbunden – andere Gefühle zuzulassen. Das Sichtbarmachen von Lern- und Denkprozessen ersetzt quasi den Tisch, der Robin Williams' Schülern den Blick erweitern liess und freigab auf neue Perspektiven.

Das Heuhaufen-Prinzip

Wenn ein Durchschnittsmensch nach einer Nadel im Heuhaufen suchen soll, dann hört er auf, sobald er eine Nadel gefunden hat. Ich aber würde weitersuchen, bis ich sämtliche möglichen Nadeln gefunden habe.» Das ist eine spezielle Auffassung. Es war auch ein spezieller Mensch, der das gesagt hat: Albert Einstein. Hätte der Physiker sich tatsächlich den Auftrag erteilt, nach den ominösen Nadeln im Heuhaufen zu suchen, er hätte eines mit Sicherheit nicht gemacht: einfach wild drauflos gestochert. Nein, wer alle Nadeln finden will, kommt nicht umhin, mit einem wirksamen System dem Heuhaufen zu Leibe zu rücken. Ähnliches lässt sich über Papierstösse, Aufgabenberge und den ganzen übrigen Haufen von Arbeit sagen: Kopfvoran wie ein «Muni in den Chrishaufen» ist nur eine Strategie unter vielen – und wahrscheinlich die falsche. Oder anders gesagt: Wer Ergebnisse erzielen will, tut gut daran, sich mit System und einem Repertoire an geeigneten Methoden an die Arbeit zu machen. Jede Aufgabe verlangt nach einer angemessenen Systematik des Vorgehens.

Das ist manchmal einfacher gesagt als getan. Wir leben in einer ausserordentlich komplizierten Welt, zweifelsohne der schnelllebigsten und komplexesten, die es je gegeben hat. Damit sind wir ausserstande, alle Menschen, die uns über den Weg laufen, alle Ereignisse, Situationen, mit denen wir es auch nur an einem einzigen Tag zu tun haben, in allen Einzelheiten zu analysieren. Uns fehlt es an Zeit, Energie und Kapazität. Da die auf uns einströmenden Stimuli immer komplexer und variabler werden, stünden wir noch regungslos da – ordnend, abwägend, prüfend –, wenn die Zeit zu handeln längst verstrichen wäre. Stattdessen reagieren wir auf einzelne Schlüsselmerkmale und verlassen uns auf unsere Shortcuts. Bisweilen ist das Verhalten, das dann abläuft, der Situation nicht angemessen. Denn die Flucht in die Gewohnheit, mechanisch in festen Handlungsmustern (fixed-action patterns) auf bestimmte Stimuli zu reagieren, birgt die Gefahr, unvermittelt neben den Schuhen zu stehen. Schüsse aus der Hüfte waren schon im Wilden Westen nur bei Typen vom Kaliber eines John Wayne einigermassen erfolgversprechend. Die gewöhnlichen Helden mussten in der Regel zielen, um zu treffen. Immerhin: Zumindest in den

Zelluloid-Versionen des Wilden Westens war die Welt sauber geordnet in Gut und Böse.

Die Schule hat mit ihrer ebenso sauberen Einteilung in richtig und falsch die Prinzipien der Cowboyromantik in die heutige Zeit hinüberretten können. Auch hier führen Hüftschüsse in bester Wildwestmanier manchmal zu überraschenden Treffern. Auch hier er-zielen die gewöhnlichen Helden ihre Resultate. Und auch hier gibt es eine Menge mehr oder weniger unbeteiligter Komparsen – von den Verlierern, die den Weg säumen, gar nicht zu reden. Schulischen Kontexten mit ihren vorhersehbaren Abläufen wohnt daher die Tendenz inne, automatische Verhaltensmuster (automatic responding) zu fördern. Wer jeden Morgen seine Schüler fragt: «How are you today?» und sie stereotyp mit «oh fine, thank you» antworten lässt, wird die gleiche Platte auch abgespielt erhalten, wenn er einmal fragt: «Would you stay longer today?» Nun, jede Dressur hat eben ihre Tücken. Und ihre Grenzen: Der kürzeste Abstand zwischen zwei Punkten ist eine gerade Linie. Das mag in der Geometriestunde richtig sein. Wer aber im zweiten Stock wohnt, wird auf diese Weise den Gang zum Bäcker nicht überleben.

Ausserhalb der Schule, dort wo die Welt stattfindet, taugen die Schwarz-Weiss-, die Gut-Böse-, die Richtig-Falsch-Muster bestenfalls zum Stimmenfang im engeren oder weiteren Dunstkreis des Stammtisches. Wer sich darüber hinauswagt, tut gut daran, der Komplexität einigermassen Rechnung zu tragen. Undifferenziertheit wird der heutigen Lebenswelt nicht gerecht. Entweder wir nehmen diese Unzulänglichkeiten und die sich daraus ergebenden Schwierigkeiten hin oder wir erweitern und optimieren laufend unser Wahrnehmungs- und Verhaltensrepertoire. Wer dem täglichen Heuhaufen mit allen verfügbaren Informationen begegnet, wird zu einem kontrollierten Verhalten (controlled responding) neigen und damit die Wahrscheinlichkeit erhöhen, mehr als nur die eine Nadel zu finden.

Heinz Klippert bezieht sich auf die Delphi-Studie des deutschen Bundesbildungsministeriums, derzufolge die moderne Wissensgesellschaft ein hohes Mass an Mündigkeit des lernenden Individuums verlangt. «Dabei kommt es, wie die befragten Experten konstatieren, zunehmend darauf an, das Lernen zu lernen und nicht nur irgendwelche Fachinhalte zu erwerben. Immer wichtiger werde es, eigenständig Zugänge zu relevantem Wissen zu erschliessen, Informationen zu selektieren, zu verarbeiten und problemorientiert zu bewerten, entscheidungsfähig zu sein, eigene Urteile zu fällen, in Gruppen zu arbeiten und soziale Prozesse konstruktiv mitzugestalten.» (16)

Diese Art des Lebens und Lernens verlangt nach bewussten Momenten des Innehaltens. Moment mal! Sich Klarheit verschaffen. Ein Bild dazu: Die vier Enkel spielen draussen im Garten. Sie bekommen Durst, und der Grossvater schenkt jedem ein Glas mit frisch gepresstem Apfelsaft ein. Im letzten Glas finden sich vom Grunde der Flasche viele Partikel des Fruchtfleisches. Das entsprechende Kind verzieht das Gesicht und lässt den trüben Apfelsaft stehen.

«Manchmal ist es wichtig, dass die Dinge sich setzen können, damit man klar sieht.»

Es kommt aber nach einer Weile zurück, um Wasser zu trinken. Das Glas mit dem Apfelsaft steht noch da. Und jetzt ist er klar. Manchmal ist es eben wichtig, dass die Dinge sich setzen können, damit man klar sieht. Innehalten ist also die eine Seite, sich selber (und anderen) die richtigen Fragen stellen können die andere.

Schulische Settings haben demnach auch die Aufgabe, die Welt so abzubilden, dass Lernende sich herausgefordert fühlen, den Colt abzulegen, um zu adäquateren Strategien und Handlungsweisen zu gelangen. Sie sind so zu gestalten, dass Schülerinnen und Schüler sich aktiv-produktiv auf Anforderungen einlassen, mitdenken, nachfragen – also lernen. Dazu gehört die sinnstiftende Vertrautheit mit wirkungsvollen Methoden und Werkzeugen. Und die stünden eigentlich reichlich zur Verfügung, denn an hilfreichen Tipps zum Thema Lern- und Arbeitstechnik fehlt es wirklich nicht. Und sie finden Eingang in die Lehrerbibliotheken, in ein eigenes Fach oder sogar in den normalen Unterricht. Entscheidend aber ist die Frage: Was machen Schülerinnen und Schüler damit? Wie übertragen Lernende solche Tools in ihr schulisches Handeln? Sicher findet sich ein handverlesener Kreis von Lernenden, die auf der Klaviatur der Lernmethoden virtuos zu spielen vermögen. Aber die meisten: Wenig bis nichts. Und es ist unschwer zu erraten weshalb: Kein Bedarf! Weshalb auch? Alles kommt in mundgerechten Portionen daher, durchstrukturiert von Aufgabe zu Aufgabe, von Seite zu Seite, von Kapitel zu Kapitel, von Klasse zu Klasse. Selbstorganisation ist in einem solchen Kontext kein Thema. Von der Pilotstudie der Gymnasialrektoren bei Studenten, über Untersuchungen zum Transfer von Lerntechniken bis zum beobachtbaren Schülerverhalten präsentiert sich ein ähnliches Bild: Strategien, Methoden, Werkzeuge sind für Lernende eine Art Schulstoff, der behandelt und dann ad acta gelegt wird. Alles andere macht kaum Sinn. Denn das Ziel – sprich: Resultat – ist eh vorgezeichnet. Und der Weg dorthin auch. Fixed-action patterns. Das Einzige, was sich der Schüler notieren muss, ist vielleicht: «Aufg. 17–24». Und vielleicht noch: «S. 14». Und das lässt sich zur Not auch noch im Kopf behalten. Die Moral von der Geschicht': Planen müssen Schüler nicht. Einsteins Heuhaufen dagegen stand in seiner ganzen Komplexität in der Prärie herum. Für ihn hätte es sehr wohl Sinn gemacht, mindestens ein paar Gedanken an die Art und Weise des Nadelsuchens zu verschwenden, sich proaktiv mit seiner selbst gestellten Aufgabe auseinander zu setzen. In seinem eigenen Interesse. Und zu seinem eigenen Nutzen.

Vom Ordnen der Gedanken zum Ordnen der Werkzeuge und des Materials ist es ein kleiner Schritt. Handwerker, die mit ihren Werkzeugen respektvoll umgehen, die Sorge tragen zu den Sachen, die Ordnung halten auf der Baustelle oder am Arbeitsplatz, werden mit einer gewissen Wahrscheinlichkeit diese Haltung auch auf die Arbeit übertragen. Das heisst: Ordnung – im Kopf und am Arbeitsplatz – ist die halbe Arbeit. Andrew Matthews hat dazu eine klare Meinung: «Das erste Gesetz des Wachstums lautet: Ordnung. Damit etwas wachsen kann, braucht es ein System. Schauen Sie sich eine Blume an, schneiden Sie eine Orange auf, überprüfen Sie die Symmetrie eines Baumes oder eines Bienenstocks. Hier geht es nach System. Die Natur behält das Wesentliche bei und lässt das Überflüssige beiseite. Das nennt man Organisation. Wenn Sie wollen, dass Ihr Geschäft expandiert, brauchen Sie eine Methode. Wenn Sie wollen, dass Ihr Leben blüht, brauchen Sie eine gewisse Ordnung im Leben. Max sagt: ‚Mein Büro ist ein Schlamperladen, aber ein Schlamperladen mit System. Ich arbeite wirklich sehr effektiv!' Wirklich? Ich kann mir gut vorstellen, wie Max für eine Gehirnoperation in einen Operationssaal geschoben wird, wo er das Operationsteam zwischen Haufen von Nadeln, Verbandsmaterial und alten Flaschen vorfindet. Der Chirurg sagt: ‚Nur ruhig, Max. Es ist zwar ein Schlamperladen hier, aber wir haben alles unter Kontrolle!' Überall dort, wo es auf Effektivität ankommt, herrscht Ordnung. Feuerwehrleute wissen immer, wo ihr Helm ist; der Fahrer des Krankenwagens bewahrt seinen Autoschlüssel immer an einer ganz bestimmten Stelle auf! Wo Schlamperei herrscht, kommt nichts zum Blühen. Bringen Sie Ordnung in Ihre Unterlagen. Schaffen Sie den Müll weg. Sie werden noch etwas bemerken: ‚Innen wie aussen.' Ihr Umfeld ist ein Spiegelbild Ihres Denkens. Im Allgemeinen gilt, dass Ihr Leben in Unordnung ist, wenn in Ihrem Heim Unordnung herrscht.» (21)
Nicht von ungefähr ist Ordnung eine Quelle der Freude. Das zeigt sich doch immer dann, wenn dem Vorsatz, auf dem Schreibtisch, im Zimmer, im Auto, auf dem Estrich, in der Fotoschublade Ordnung zu schaffen, auch die entsprechenden Taten folgen. Männiglich ist hinterher stolz auf sich und auf das Vollbrachte. Genussvoll schweift der Blick über das Werk und die Freude verbindet sich mit der Absichtserklärung: So, von jetzt an bleibt es so! Nur eben: Ordnung hat viel zu tun mit diesem bekannten ersten Schritt. Weshalb lege ich das Blatt zuerst auf einen Stoss und nicht gleich in den Ordner? Keine Zeit! Wirklich und wahrhaftig? Diese paar Sekunden? Wohl kaum! Deshalb gibt es eigentlich nur drei Sorten von Papierblättern: Jene auf

«Die Seele jeder Ordnung ist ein guter Papierkorb.»

dem Schreibtisch, die gerade zur Arbeit herangezogen werden müssen. Jene im Papierkorb, denn, so Kurt Tucholsky: «Die Seele jeder Ordnung ist ein guter Papierkorb.» Und jene, die sich geordnet in einer Ablage befinden. Ordnung hat auch etwas mit Wertschätzung zu tun. Denn es sagt doch einiges aus über den Wert, den ich einer Arbeit beimesse, wenn die entsprechenden Blätter eselsohrig und achtlos irgendwo (da)zwischengelagert werden. Kurz: Ordnung wird dann zum lernrelevanten Thema, wenn die Arrangements es erfordern. Wer sich Inhalte erschliessen und mit Themen ernsthaft auseinandersetzen, wer Wichtiges von Unwichtigem unterscheiden, wer vergleichen und verbinden will, kommt irgendeinmal an einen Punkt, wo es sich nicht mehr von der Hand in den Mund leben lässt. Es ist der Scheidepunkt zwischen Fremd- und Selbstorganisation. Es ist jener Punkt, wo sich die Lernenden selber ans Steuer setzen. Organisieren geht über lamentieren, heisst fortan die Devise.

An dem Punkt, wo in irgendeiner Form Verantwortung ins Spiel kommt, wird auch die Qualität wie von selbst zum Thema. Jede Arbeit, die es verdient, getan zu werden, verdient es auch, richtig getan zu werden. Es ist jener Punkt, an dem Albert Einstein die erste gefundene Nadel fein säuberlich auf die Seite gelegt – und weitergesucht hätte. Die, die es wirklich wissen und den Dingen auf den Grund gehen wollen, trennen sich hier von jenen, die «es» nach der ersten Nadel bereits als erledigt betrachten. Die Erinnerung an eine schlechte Qualität währt länger als die kurze Freude am niedrigen Preis. Oder anders gesagt: Die Freude am eigenen Meisterstück wirkt wesentlich nachhaltiger als die kurze Lust zur Befriedigung der Unlust. «Es gibt nichts,» hat John Ruskin angemerkt, «das man nicht ein bisschen billiger und ein bisschen schlechter herstellen könnte.» Andersrum gesagt: Qualität entsteht meist aus der Bereitschaft heraus, ein bisschen mehr zu tun, als das, was gerade so verlangt wird. Und zwar entsteht Qualität gleich in zweierlei Hinsicht: Auf der einen Seite wird der Output – was immer es auch ist – mit einer gewissen Wahrscheinlichkeit höheren als den Minimalansprüchen genügen. Und zweitens trägt diese darauf fussende Zufriedenheit mit sich und seiner Leistung auch ihren Teil zur Lebensqualität bei. Es braucht eigentlich wenig: die Erkenntnis, dass im Heuhaufen mehr als nur eine Nadel zu finden ist. Die Bereitschaft, danach zu suchen. Und die Methoden, sie zu finden.

Sich ein Bild machen

Schulisches Lernen muss Sinn machen und einen Nutzen generieren. Logisch! Wer schlägt sich schon gerne mit sinnlosen, nutzlosen Dingen herum? Niemand! Und freiwillig schon gar nicht. Ein Aspekt in diesem komplexen Wirkungsgefüge heisst: Bedeutung. Alle Zahlen, Daten und Fakten, die den Lernenden um die Ohren gehauen werden, prallen bestenfalls an ihnen ab, wenn keine persönliche Bedeutung erkennbar ist. Bestenfalls. Denn je grösser die Menge irrelevanter Informationen, desto undifferenzierter wehrt sich der Mensch dagegen. Er kämpft sich quasi mit dem Zweihänder durch die Informationsdichte. Was hat das mit mir zu tun? Nichts! Also weiter! Umschalten! Und wenn das nicht geht: Abschalten!

Die Gegenstrategie kann heissen: Informationen umwandeln in Bedeutung, sie durch eigene Konstruktionen verstehen. Dadurch werden Lernende gleichsam zu Schöpfern von Erkenntnissen. Sie machen etwas aus dem Stoff, der ihnen vorgesetzt wird. Machen? Das Wort findet seine Wurzeln in der Bedeutung von «kneten». Aus der ursprünglichen Verwendung des Verbs im Sinne von «den Lehmbrei zum Hausbau kneten, die Flechtwand mit Lehm verstreichen, formen» entwickelte sich gemäss Duden im germanischen Sprachbereich die Bedeutung «bauen, errichten, zusammenfügen, zupassen, herstellen, bewerkstelligen, handeln, tun, bewirken.» So lässt sich auch lernen trefflich umschreiben. (23)

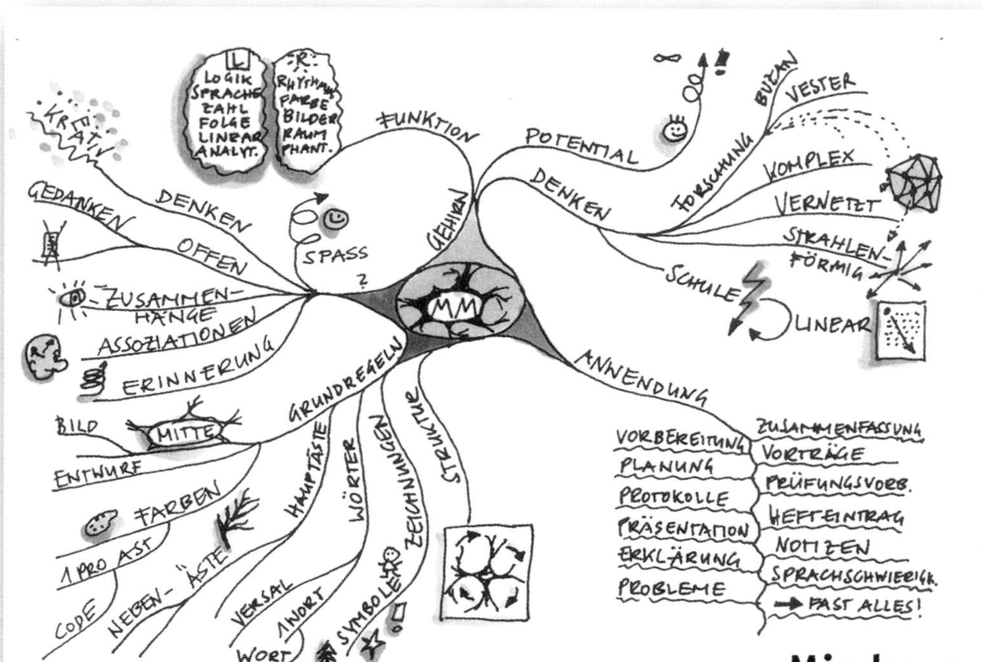

Mindmap

Wer Informationen umwandelt in Bedeutung, denkt und lernt. Oder wie Christian Morgenstern es formuliert hat: «Alles Denken ist zurecht machen.» Ergo: Lernen ist ein Transformationsprozess. Transformieren heisst: den Informationen eine äussere und innere Form geben, die sie begreifbar macht. (22) Das alles beginnt ganz einfach mit einem Blatt Papier. Wer seine Gedanken zu Papier bringt, verdinglicht sie. Wer Notizen macht, wählt aus, strukturiert, gewichtet, reduziert, setzt sich auseinander mit dem, was er sieht, hört, liest. Wer notiert, bringt Ordnung in seine Wahrnehmungsfülle. Die Versprachlichung der Gedanken zwingt zu Verbindlichkeit. Festhalten heisst das Stichwort. Das impliziert Aktivität. Kurz: Wer etwas notiert, tut etwas, ist dabei, ist innerlich präsent. Der Blick in Hörsäle, Seminarräume und Schulzimmer lässt die Vermutung aufkommen, dass es nichts festzuhalten gibt. Wie viele sitzen einfach da, langsam ab- oder umschaltend. Dabei liesse sich der Kampf gegen die Langeweile mit nichts als einem Blatt Papier und einem Stift bewaffnet austragen.

Im Grunde genommen ist die Sache ja ganz einfach: Man nehme die Informationen – und mache etwas mit ihnen. Das ist

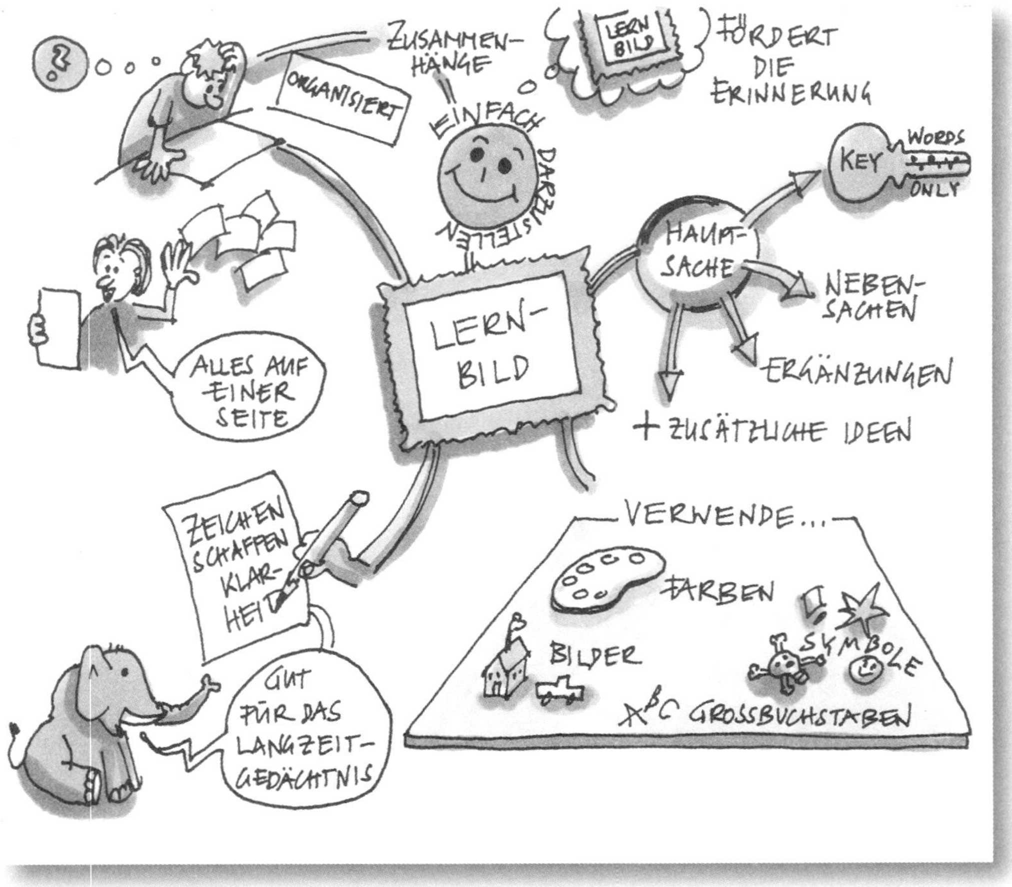

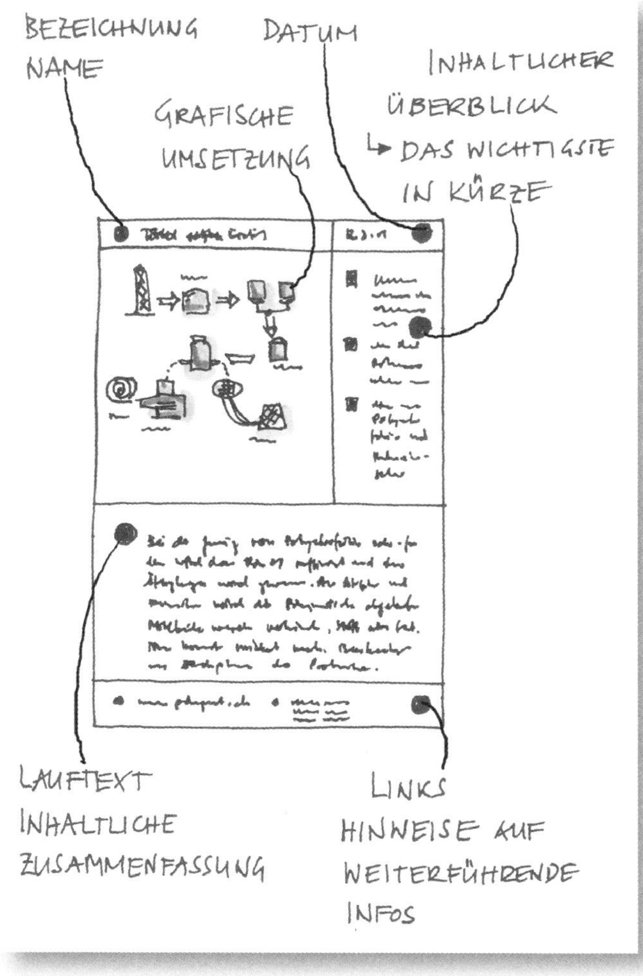

eigentlich schon alles. Nur eben: Machen! Verschiedene Methoden des «Machens» fördern den Prozess der Umwandlung von Informationen in Bedeutung. Ein Beispiel: Charts. Charts sind das sichtbare Ergebnis einer gestalterischen Auseinandersetzung mit Informationen. Charts sind versprachlichte und visualisierte Gedanken, sie sind das Bild, das man sich gemacht hat, damit man im Bilde ist. Der gestalterischen Vielfalt sind dabei kaum Grenzen gesetzt: Notiz, Graf-Iz, Diagramm, Skizze, Scribble, Hypertext, Mindmap, Cluster, um nur ein paar zu nennen.

Eine Art Synthese aus all den Möglichkeiten bilden die Graf-Iz. Sie verstehen sich als Verbindung von grafischer Gestaltung und Notiz.Normalerweise werden zuerst die Gedanken und Erkenntnisse ins dafür vorgesehene Feld notiert. Es geht darum, in sprachlich möglichst präziser Form die Informationen zusammenzufassen und aufs Wesentliche zu reduzieren. In einem zweiten Schritt wird aus diesen Notizen «etwas gemacht»: In drei Kernaussagen werden die inhaltlichen Big Points zu Papier gebracht. Und in einem dritten Schritt gilt es, die sprachlich festgehaltenen Informationen zu visualisieren, umzuwandeln in eine grafische Form (z.B. Mindmap, Cluster, Skizze). Die Lernenden geben damit den Inhalten Gestalt, sie machen sich ein Bild.

Noch einmal: Damit Verstehen entstehen kann, muss der Mensch aktiv werden. Er muss auswählen, gewichten, vergleichen, bewerten, verknüpfen, sichtbar machen, Transparenz schaffen. Der Prozess der Auseinandersetzung mit den Dingen, das «Kneten», aber auch das Jonglieren mit Gedanken, das Bilden von Bezugspunkten, das kreative Spielen mit möglichen Verbindungen entspricht dem Grundprinzip des Lernens: einer Spur folgen. Damit haben sowohl der Prozess per se als auch die entsprechenden Ergebnisse das Potenzial, Sinn und Nutzen zu stiften.

Play to the individual,
not to the crowd.
Bruce Springsteen

Eines Tages beschlossen die Tiere, dass sie etwas Bedeutendes tun wollten, um die Probleme der neuen Welt zu lösen. Deshalb gründeten sie eine Schule. Es gab Unterrichtsfächer wie Laufen, Klettern, Schwimmen und Fliegen. Um die Schule einfacher organisieren zu können, sollten alle Tiere an allen Fächern teilnehmen.

Die Ente zeigte im Schwimmunterricht eine ausserordentliche Begabung, ja sie war zu ihrer Freude sogar besser als ihr Schwimmlehrer. Beim Fliegen machte sie aber nur langsame Fortschritte und im Lauftraining konnte sie nicht mithalten. Da sie beim Laufen so schlecht war, musste sie das Schwimmen aufgeben und nachmittags länger in der Schule bleiben, um Wettlaufen zu trainieren. Dabei wurden ihre Schwimmhäute so stark beansprucht, dass sie beim Schwimmen nur noch durchschnittliche Resultate erzielte. Aber durchschnittliche Leistungen waren immer noch akzeptabel, und so machte sich niemand Sorgen darüber – ausser der Ente.

12

Eine kopernikanische Wende

kurz & bündig

- *Lernen heisst nicht, Vorgegebenes abbilden. Wiederkäuen ist keine Gehirntätigkeit. Lernen heisst vielmehr, Eigenes gestalten. Lernen ist ein aktiver, konstruktiver Prozess. Über Lernumgebungen werden Impulse und Inspirationen vermittelt.*

- *Aktivierende Lernwelten schaffen die Voraussetzungen für angeregtes Lernen und Arbeiten. Lernberater und Coaches leisten Hilfe zur Selbsthilfe.*

- *Das Selbstbild der Lernenden definiert die Beziehung zur Arbeit. Lernen wird zur persönlichen Chefsache. Commitment lässt Menschen anders, zuversichtlicher an die Dinge herangehen. Erfolgszuversicht erhöht die Erfolgswahrscheinlichkeit.*

Es hörte sich logisch und vernünftig an: Die Erde steht im Mittelpunkt. Und der Rest des Universums kreist um sie herum. Aristoteles und später Ptolemäus hatten damit ein Weltbild entworfen, das sich trefflich mit den Interessen der Kirche vertrug. Man war sich einig: So ist es und nicht anders. Und alle hatten sich daran gewöhnt. Weit und breit war also kein Grund in Sicht, andere Gedanken aufkommen zu lassen. Diese überlieferte Weltsicht gegenüber etwelchen Ungläubigen als ein heiliges Relikt zu verteidigen, war denn eigentlich auch kein Problem. Bis 1543 Nicolaus Kopernikus auf den Plan trat. Und mit einem Mal war's aus und vorbei mit der behaglichen Ruhe. Seinen Erkenntnissen zufolge stand nicht die Erde im Zentrum, sondern die Sonne. Dieses heliozentrische Weltbild stellte die bisherige Ordnung auf den Kopf. Immanuel Kant bezeichnete denn auch diese Umkehrung der Sichtweise als kopernikanische Wende. Doch die klerikale Lobby wusste ihre Weltanschauung zu verteidigen. Zudem war das Werk von Kopernikus der breiten Bevölkerung nicht zugänglich. Es brauchte im Gefolge gute Argumente von Galileo Galilei über Johannes Kepler bis zu Isaak Newton, um dem erbitterten Widerstand der kirchlichen Würdenträger den rhetorischen Wind aus den Segeln zu nehmen.

Der Vergleich ist augenfällig. Denn auch das hört sich logisch und vernünftig an: Die Kinder werden jahrgangsweise eingeteilt in Klassen. Der Lehrer bringt ihnen bei, was es über die Welt an Wichtigem zu wissen gilt. Er ist der Dreh- und Angelpunkt, der die Lernenden auf ihrer Umlaufbahn um den Schulstoff beobachtet.

Sprachlicher Rückstand

Immer noch
sagen wir dem
was am Morgen geschieht

die Sonne geht auf

obwohl seit Kopernikus klar ist
die Sonne bleibt stehn
und
die Welt geht unter

Franz Hohler

Diese alte schulische Weltordnung geht von Stoff aus. Dieser Stoff ist aufgeteilt in Fächer und festgeschrieben in einem Lehrplan. Der Lehrplan besagt, zu welcher Zeit welcher Stoff auf welcher Stufe zu thematisieren ist. Für die sachgerechte Vermittlung sind dann in einer Art Sender-Empfänger-Modell die Lehrpersonen verantwortlich. Zu Vergleichszwecken wird periodisch geprüft, welche Bruchstücke die Schülerinnen und Schüler noch zu reproduzieren imstande sind. Man ist sich einig: So ist es und nicht anders. Alle haben sich daran gewöhnt. Das System weiss sich gegen allfällige Störefriede in sicherer Deckung.

WENN DU ENTDECKST, DASS DU EIN TOTES PFERD REITEST, STEIG AB.

Weisheit der Dakota-Indianer

STRATEGIEN DER BERUFSWELT	BEISPIELE AUS DER SCHULE
1. Wir besorgen uns eine stärkere Peitsche	1. Wir führen eine neue Rechtschreibung ein.
2. Wir wechseln die Reiter	2. Wir reduzieren die Lektionen von 45 auf 40 Minuten.
3. Wir sagen: „Wir haben das Pferd doch immer so geritten."	3. Wir erhöhen die Lektionen von 45 auf 50 Minuten.
4. Wir setzen eine Arbeitsgruppe ein, um das Pferd zu analysieren.	4. Wir verschieben das Französisch vom Morgen auf den Nachmittag.
5. Wir besuchen andere Orte, um zu sehen, wie man tote Pferde reitet.	5. Wir ändern das Reglement für die Anzahl Prüfungen pro Semester.
6. Wir erhöhen die Qualitätsstandards für das Reiten toter Pferde.	6. Wir ersetzen den Maibummel durch einen Projekttag.
7. Wir stellen Vergleiche unterschiedlicher toter Pferde an.	7. Wir bleiben nach langer Diskussion bei 45 Minuten pro Lektion.
8. Wir ändern die Kriterien, die besagen, ob ein Pferd tot ist.	8. Wir setzen eine Arbeitsgruppe ein, um die Parkplatzfrage beim Schulhaus zu klären.
9. Wir schirren mehrere tote Pferde zusammen, damit sie schneller werden.	9. Wir ersetzen die dunkelbraunen Tische durch hellbraune.
10. Wir sagen: „Kein Pferd kann so tot sein, dass man es nicht noch schlagen könnte."	10. Wir erhöhen die Zahl der Lehrerkonferenzen von zwei auf drei pro Jahr.
11. Wer sagt, dass man tot Pferde nicht reiten kann?	11. Wir reduzieren dafür die Anzahl Pflichtlektionen.
12. Die Leistung des toten Pferdes wird zum Standard für alle Pferde festgeschrieben.	12. Wir sagen: „Schule ist halt so."

Und dennoch: Eine kopernikanische Wende steht ins Haus. Noch nie hatten die Menschen potenziell so vielfältige Gestaltungsmöglichkeiten. Aber ebenfalls noch nie waren die Abhängigkeiten dermassen vielfältig. Das manifestiert sich allerorts, ob beim Stelldichein der Zukunftsforscher oder beim Blick in die Kristallkugel. Deshalb ist klar: Die Globalisierung mit ihrer Öffnung sprachlicher und kultureller Grenzen, die virtuellen Räume der Informationsgesellschaft, der Abschied vom industriellen Massenmenschen und die zunehmende Komplexität in allen Lebensbereichen verlangen nach einer Kompetenzförderung in der Perspektive lebenslangen Lernens. In einer Delphi-Studie zur Zukunft des Lernens werden denn auch Lernkompetenzen postuliert, die zur Selbststeuerung des Lernens befähigen. Eine prioritäre Bedeutung kommt dabei den Kompetenzen zur Aneignung und Erschliessung von Wissen zu. Dabei ist unbestritten: Die Eigenverantwortung wird zu einem zentralen Erfolgsfaktor. Kein Wunder, dass die Experten einen erheblichen Veränderungsbedarf im Bildungswesen registrieren und gleichzeitig mutmassen, die Allianz der Systembewahrer werde alle Geschütze auffahren, um den Turnaround zu blockieren. Kopernikus lässt grüssen.

Die Idee, dass zwei Dutzend Leute gleichen Alters im gleichen Raum zur gleichen Zeit im gleichen Buch auf der gleichen Seite das Gleiche lernen und später zum gleichen Zeitpunkt die gleichen Fragen gleich beantworten – das kann schon vom Ansatz her keine besonders gute Idee sein. Heute schon gar nicht. Und morgen noch weniger. Denn Menschen werden als Originale geboren. Und sie sollen es bleiben. Das liegt in ihrem eigenen Interesse. Und es liegt im Interesse der Gemeinschaft. Menschliche Massenkopien haben noch selten zu konstruktiven Entwicklungen beigetragen. «Wo alle das Gleiche denken», ist Walter Lippmann überzeugt, «denkt niemand besonders viel.»

Die schulischen Lernarrangements nach der kopernikanischen Wende gehen deshalb vom Individuum aus. Die Richtung heisst: Empowerment. Das kann mit «Ermächtigung» übersetzt werden und steht «für einen Prozess, in dem Betroffene ihre Angelegenheiten selbst in die Hand nehmen, sich dabei ihrer eigenen Fähigkeiten bewusst werden, eigene Kräfte entwickeln und soziale Ressourcen nutzen. Leitperspektive ist die selbstbestimmte Bewältigung und Gestaltung des eigenen Lebens» (Theunissen/Plaute, 1995). Im Zentrum stehen also die Schülerinnen und Schüler. Als selbstwirksam Beteiligte konstruieren sie ihr eigenes Lernen, fördern ihre Stärken und entwickeln fortwährend ihre Kompetenzen. Die Energie generieren sie aus der Freude an den eigenen Leistungen. Sie gestalten supportive Lernumgebungen gemeinsam mit anderen (z.B. Lehrkräften), die ihnen auch als Sparringpartner zur Verfügung stehen.

Lernen heisst nicht, Vorgegebenes abbilden. Wiederkäuen ist schliesslich keine

Gehirntätigkeit, wie fälschlicherweise oft angenommen wird. Lernen heisst vielmehr, Eigenes gestalten. Es ist gleichsam ein aktiver, konstruktiver Prozess. Die Lernprozesse basieren auf dem Prinzip der Selbststeuerung und Selbstorganisation. Diese eigenen Initiativen und Aktivitäten kommen aber nicht nur den individuellen Bedürfnissen, sondern ebenso der Gestaltung der Settings zugute. Über diese Lernumgebungen werden wiederum Impulse und Inspirationen vermittelt. So entwickelt sich eine Dynamik der dauernden, aktiv gestalteten Neuorganisation der involvierten Systeme.

Aktivierende Lernwelten lassen die «Schulzimmer» vergessen. Eine Mischung aus Atelier und Grossraumbüro schafft die räumlichen Voraussetzungen für ein angeregtes Lernen und Arbeiten. Die funktionellen Arbeitsplätze unterscheiden sich durch die persönliche Note der Lernenden. Ein modernes Equipment und insbesondere eine netzwerkgestützte Technologie steht ausreichend zur Verfügung. Jeder Arbeitsraum verfügt aber auch über eine Mediothek, die inspirierende Lernmaterialien ansprechend präsentiert. Auf verschiedenen Visualisierungsflächen werden Prozesse und Erkenntnisse dargestellt. Besprechungsnischen bieten Rückzugsmöglichkeiten. Pflanzen, Bilder und Farben sorgen für ein angenehmes Ambiente. Einladend stehen Früchte und Getränke bereit. Ein solcher Arbeitsraum bildet freilich lediglich eine Art Homebase. Denn selbstverständlich finden viele Aktivitäten vor Ort statt. Mit anderen Worten: Lernende suchen bewusst den Kontakt mit der «Welt».

Die Schülerinnen und Schüler bilden altersdurchmischte Lernteams. Zwei Lernberater stehen dieser Gruppe vor. Alternierend und graduell ihren Fähigkeiten entsprechend übernehmen sie die Rolle eines Classroom Managers oder eines Coaches. Dieweil der Coach als Sparringpartner sich mit den Lernenden über ihre individuellen Verbindlichkeiten auseinandersetzt und damit Hilfe zur Selbsthilfe leistet, kümmert sich der Classroom Manager um die Gruppenprozesse und übernimmt die entsprechende Verantwortung in supportiv-organisatorischen Belangen. Zu dieser Aufgabe gehört auch, die Lernteams zu einem hohen Grad an Selbstorganisation zu führen. Das wird unter anderem erreicht durch gleitende Arbeitszeiten und durch ein Abmontieren sämtlicher Schulglocken. Denn weshalb sollen alle Schüler zur gleichen Zeit gleich lang Pause machen? Entweder warten sie über längere Zeit darauf, bis es endlich zur Pause läutet, oder sie werden mitten in der Arbeit unterbrochen. Kleine Arbeitsunterbrechungen sind eine individuelle Angelegenheit. Hingegen gehört täglich eine Stunde körperliche Ausgelassenheit zum Programm.

Regelmässig wird in Form von Intensivtrainings, Themenmeetings und einem vielfältigen Kursangebot Gelegenheit zur fachlichen Auseinandersetzung in verschiedenen Fachgebieten geboten. Auf dieser Basis stellen sich die Lernenden ihr Programm von Woche zu Woche selber zusammen. Die Vielfalt an Themen korrespondiert mit einer Vielfalt an Methoden. Zu diesem Zwecke arbeiten sie mit einem Tool, das nicht nur der Planung, sondern vor allem auch der dauernden Reflexion dient. Die Lernenden werden dabei gefordert und gefördert von ihrem Coach. Massgebend für die inhaltliche Gestaltung der Arbeit ist die individuelle Situation des Lernenden auf der einen und sind seine Zielsetzungen und Ambitionen auf der anderen Seite. Schliesslich muss der Wurm dem Fisch schmecken und nicht dem Fischer.

LERNUMGEBUNG

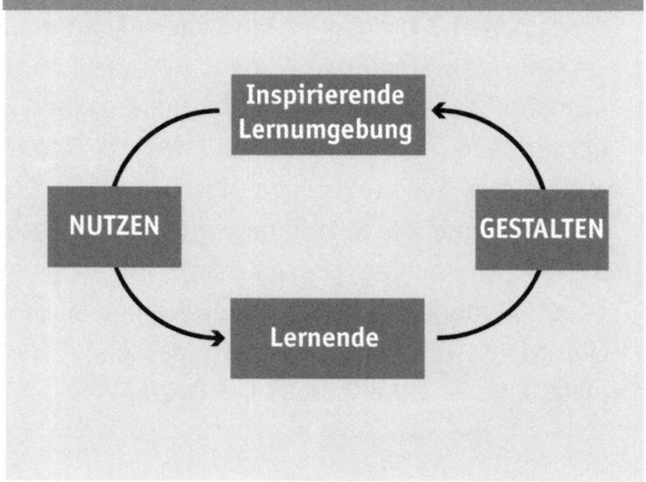

Die Lernteams bilden eine Plattform für alle möglichen Formen der Arbeit und der Zusammenarbeit. Zusammenarbeit besteht aus zwei Wörtern: Zusammen. Und: Arbeit. Individuelle Verbindlichkeiten und der motivationale Schub durch die Möglichkeit, seine eigene Schule zu gestalten, führen zu einem hohen Grad an Leistungsbereitschaft. Eine Flüsterkultur in den Arbeitsräumen macht es möglich, die Zusammenarbeit mit einem angenehmen Arbeitsklima zu kombinieren. Die Baustellen (siehe Seite 84) dienen als Informationsplattform. Die individuellen Stärken-Profile zeigen, wen man in welcher Frage um Rat bitten kann. Die Arbeit ist ein unerschöpflicher Sprachanlass. Deshalb wird grundsätzlich hochdeutsch, französisch oder englisch gesprochen. Diese Sprachenkultur trägt der Erkenntnis Rechnung, dass Sprachen dann gelernt werden, wenn sie zum Transport relevanter Informationen benützt werden. Und regelmässig finden Meetings statt, in deren Verlauf die Lernenden ihre wichtigsten Arbeiten präsentieren können. Bei diesen Tops of the Week geht es vor allem auch darum zu zeigen, wie die Schülerinnen und Schüler zu Ergebnissen und Erkenntnissen gelangt sind. Dadurch entwickelt sich eine eigentliche Auslegeordnung von Strategien und Lösungsansätzen. Und natürlich: Alle haben die Möglichkeit, Erfolge zu präsentieren. Das tut gut! Und es schafft ein konstruktives Klima.

Wunschträume? Nein, Wirklichkeit.

AUSDRUCKS-WAAGE

Soll die Schule als Lernort attraktiv sein, sind gegenseitiger Respekt, Achtung und Wertschätzung entscheidende Komponenten. Ein respektvolles und damit also förderliches Klima manifestiert sich nicht zuletzt in der Sprache. Welche Ausdrücke herrschen vor? Wird ein konstruktiver Umgang gepflegt, oder wimmelt es nur so von Arschlöchern? Um das festzustellen, kann man die Wörter in die Waagschale werfen. Im wahrsten Sinne des Wortes. An einem zentralen Punkt im Arbeitsraum steht eine altmodische Küchenwaage. Die eine Schale ist angeschrieben mit «konstruktiv, wertschätzend», die andere mit «destruktiv, geringschätzend». Für jedes Meckern, Fluchen, Verhöhnen wird eine rohe Erbse in die Negativ-Schale geschmissen, für jede anerkennende Bemerkung in die andere. Damit lässt sich der Unterrichts- und Umgangston veranschaulichen, thematisieren – und allenfalls korrigieren.

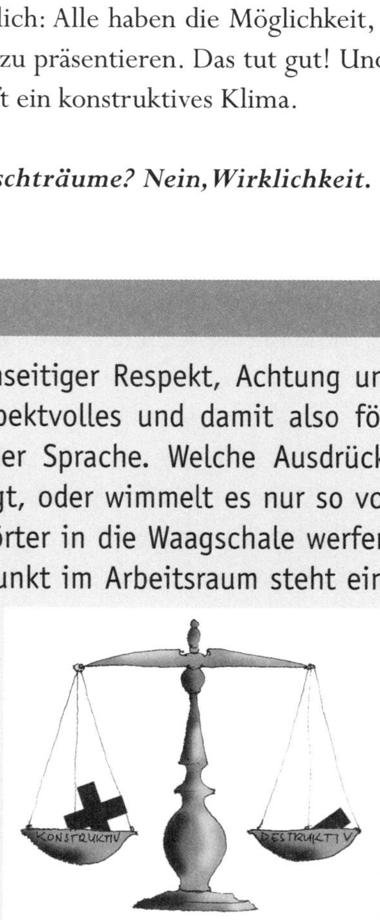

Commitment

Frage an die Schülerinnen und Schüler: Worum geht es eigentlich in Mathematik? Blöde Frage! Um Mathematik natürlich! Zusatzfrage: Wenn es um Mathematik geht, welchen Nutzen hat denn die Mathematik davon? Antwort: ?!?! Weitere Zusatzfrage: Wenn die Mathematik offensichtlich keinen Nutzen hat, wer

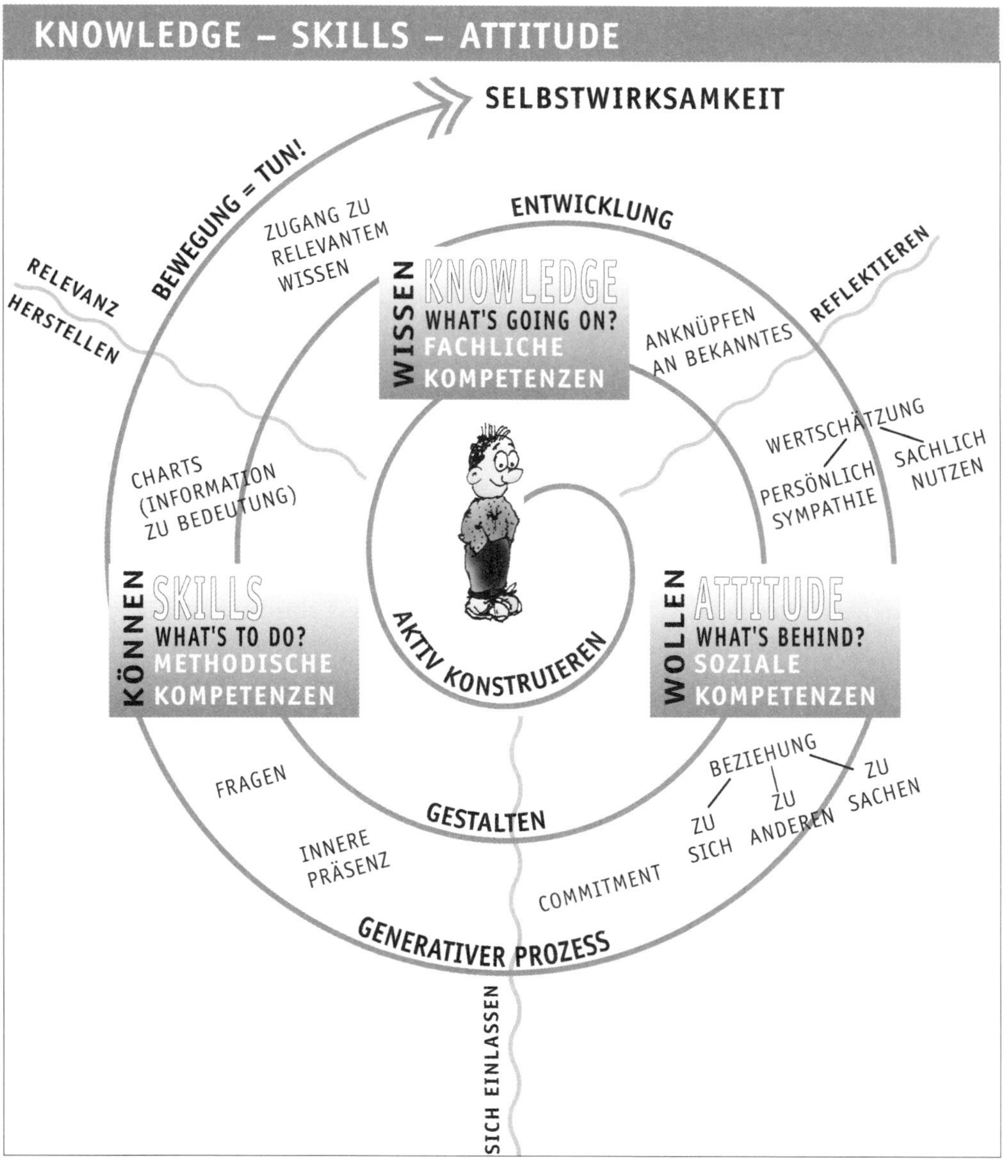

Die Entwicklung verläuft nicht linear, sondern eher spiralförmig. Wissen, Wollen und Können stehen dabei als komplementäre «Entwicklungshelfer». Die Ausrichtung auf Wissen allein genügt nicht. Weder kann Wissen per se entstehen, noch nützt es per se etwas. Wissen (knowledge) verbindet sich – zum Aufbau und zum Einsatz – mit Fähigkeiten (skills). Und alles ist nichts, wenn es an der Einstellung (attitude) fehlt. Einstellung fällt aber auch nicht einfach vom Himmel, sondern steht in wechselwirksamem Zusammenhang mit Wissen und Fähigkeiten.

hat ihn dann? Antwort: Die Schüler. Letzte Zusatzfrage: Wenn also nur die Schüler etwas davon haben, dann geht es ja eigentlich nicht um die Mathematik, sondern um die Schüler? Antwort: !?!? Anschlussfrage: Kann man überhaupt Mathematik lernen? Oder kann man nicht einfach immer nur etwas über sich selbst lernen – am Beispiel und mit Hilfe der Mathematik in ihrem jeweiligen Kontext?

Wie auch immer: Im Zentrum steht das Individuum. Die Schülerin. Der Schüler. Von diesem Punkt aus entwickeln sich die Prozesse, konstruiert der Mensch aktiv sein Lernen. Diese Position ist natürlich nicht statisch, sondern einer dauernden Dynamik ausgesetzt. Jede Stubenfliege kann mich gedanklich in eine andere Lage versetzen. Vom Lernenden und seiner jeweiligen Disposition gehen Aktivitäten aus, Dynamik und Bewegung, und es entwickelt sich spiralförmig ein generativer Prozess, der verschiedene Kompetenzbereiche rückkoppelnd miteinander verbindet. Die fachlichen Kompetenzen (knowledge) umfassen all das, was im weitesten Sinne mit lebendigem Wissen zu tun hat. Es gehört natürlich auch die Fähigkeit dazu, sich relevantes Wissen zu erschliessen, es aufzubauen, zu verbinden und zu vernetzen. Dazu sind methodische Kompetenzen (skills) erforderlich. Unter anderem geht es um die Fähigkeit, Relevanz herzustellen und die Informationsflut umzuwandeln in persönliche Bedeutung. Das alles steht in direkter Beziehung zu den personal-sozialen Kompetenzen, zur Haltung (attitude). Ein Stichwort dazu heisst: Beziehung – Beziehung zu sich, zu anderen und zu den Dingen. Beziehung verbindet sich mit Wertschätzung. Das ist der Humus, auf dem Commitment wächst.

Commitment ist ein Ausdruck für die persönliche, innere Entscheidung, etwas zu tun und zwar der Sache wegen, ohne Rücksicht auf äussere Faktoren. Wir fühlen uns dann innerlich für ein Verhalten verantwortlich, wenn wir überzeugt sind, ohne äusseren Druck zu handeln. Belohnungen sind nichts anderes als eine sozialverträgliche Variante äusseren Drucks. Sie bringen uns vielleicht dazu, bestimmte Dinge zu tun. Aber sie verhindern, dass wir auch innerlich die Verantwortung übernehmen. Die fehlende Selbstverpflichtung lässt kein Commitment entstehen. Das Gleiche gilt für alle Formen drohender Bestrafung. Sie mögen zu einem erwünschten Verhalten führen, an das aber in aller Regel keine dauerhafte Bindung entsteht. Und erstaunlicherweise funktioniert diese Form von Oberflächenbehandlung bis ins hohe Alter der Weiterbildung. Die Aussicht, früher das Führungsseminar verlassen und nach Hause gehen zu können, lässt selbst bestandene Manager zu Schülern werden, und der Hinweise auf eine Prüfung versetzt Lernende auf allen Stufen in höchste Alarmbereitschaft. Das hat Samuel Butler vor mehr als dreihundert Jahren zur Feststellung geführt: «He who agrees against his will, is of the same opinion still» – wer sich gegen seinen Willen zu etwas bereiterklärt, der ändert dadurch seine Überzeugung noch nicht.

Ein Beispiel: Jonathan Freedman liess Knaben im Grundschulalter einzeln zu sich in einen Raum kommen und zeigte ihnen eine Ansammlung von fünf Spielzeugen. Darunter befand sich ein sehr teurer Roboter, der alle anderen Spielzeuge in den Schatten stellte. Freedman liess den Jungen allein im Raum zurück mit den Worten: «Mit dem Roboter wird nicht gespielt. Wenn du mit dem Roboter spielst, werde ich sehr wütend und muss mir etwas einfallen lassen.» Ein Einwegspiegel gab die Möglichkeit zur heimlichen Beobachtung. Von 22 Jungen rührten 21 den Roboter nicht an. Das Interesse galt aber der langfristigen Wirkung der Drohung. Deshalb schickte Freedmann sechs Wochen später eine Frau in die Schule. Sie führte die Knaben einzeln in einen Raum und machte einen Zeichentest mit ihnen. Während sie den Test auswertete, erlaubte sie den Knaben jeweils, mit Spielzeugen zu spielen. Vier Fünftel entschieden sich für den Roboter, der ein paar Wochen zuvor noch verboten worden war. In der Folge organisierte Freedman eine zweite Stichprobe. Der einzige Unterschied: Beim Herausgehen aus dem Raum liess er die Drohung weg und sagte nur: «Mit dem Roboter wird nicht gespielt.» Ebenfalls nur einer von 22 Knaben griff trotzdem nach ihm. Der Unterschied zeigte sich sechs Wochen später. Als man ihnen erlaubte, sich irgendeine der Sachen zum Spielen zu nehmen, griff nur ein Drittel nach dem Roboter, obschon dieser bei weitem das attraktivste Spielzeug war.
Die Drohung (bei der ersten Gruppe) hatte offensichtlich nur die Wirkung, dass es unklug sei mit dem Roboter zu spielen, solange die Gefahr bestand, dafür bestraft zu werden. (5)

«Commitment ist die innere Entscheidung, etwas zu tun und zwar der Sache wegen.»

Nicht alle Commitments führen mit gleichem Erfolg zu konsistenten späteren Handlungen. Am effektivsten sind sie, wenn sie aktiv, öffentlich und mit Mühe verbunden sind und als internal motiviert (nicht erzwungen) betrachtet werden. Eine besondere Wirkung auf Commitments entsteht dann, wenn wir uns öffentlich und schriftlich festlegen. Dem Aufschreiben von Dingen wohnt quasi eine magische Wirkung inne. Was schwarz auf weiss deklariert worden ist, wird viel eher auch in die Realität umgesetzt. Ein kleines Beispiel aus dem Alltag: Zwei Kollegen treffen sich nach zehn Jahren zufälligerweise in der Stadt. Ein grosses Hallo. Man hat sich viel zu erzählen. Und man beschliesst, sich wieder einmal zu treffen. Was wird geschehen? Richtig! Nichts! Wenn aber beide ihre Agenda zücken und einen Termin notieren, steigt zumindest die Wahrscheinlichkeit, dass es zu einem neuerlichen Treffen kommt.

Hat man sich einmal aktiv auf etwas festgelegt, d.h., ist es zu einem Commitment gekommen, ist das Selbstbild von zwei Seiten einem Konsistenzdruck ausgesetzt. Von innen her gibt es einen Druck, das Selbstbild in Einklang mit der Handlung zu bringen. Von aussen her entsteht ein sensiblerer Druck – eine Tendenz, dieses Bild der Sicht anzupassen, die andere von uns haben. Das zeigte sich unter anderem, als Studenten die Länge von Strecken zu schätzen hatten. Ein Teil von ihnen musste sich öffentlich zu den Schätzungen bekennen, indem sie die Resultate auf ein Blatt Papier notierten, das sie dem Versuchsleiter überreichten. Eine zweite Gruppe legte sich ebenfalls fest, aber nur für sich persönlich: Sie schrieben ihre Ergebnisse auf eine Tafel und wischten sie gleich wieder aus, ohne sie jemandem gezeigt zu haben. Ein weiterer Teil der Studenten hatte sich nicht schriftlich festzulegen; sie behielten ihre Schätzungen nur im Kopf. Anschliessend wurden allen Versuchspersonen neue Informationen zugänglich gemacht, die nahe legten, dass ihre ursprünglichen Schätzungen möglicherweise falsch gewesen waren. Und sie bekamen die Möglichkeit, sich zu korrigieren. Jene Studenten, die ihre Resultate nicht aufgeschrieben hatten, liessen sich am meisten beeinflussen und korrigierten wild drauflos. Im Gegensatz dazu hielt die Gruppe, die ihre Schätzungen schriftlich dem Versuchsleiter überreicht hatte, sich selber und ihren Resultaten in hohem Masse die Treue. (5)

COMMITMENT

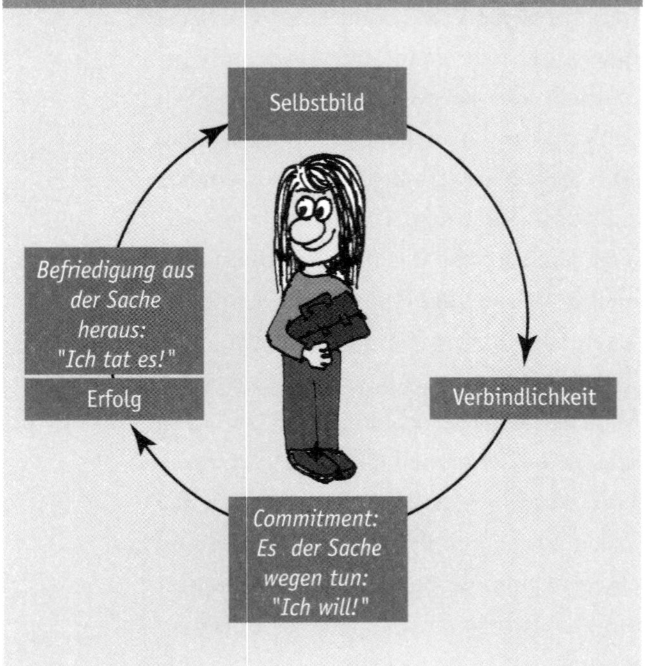

Für das Lernen in schulischen Kontexten haben solche Erkenntnisse weitreichende Konsequenzen. Oder besser: Sollten haben! All die in schöne Worte gekleideten und auf diese Weise subtil instrumentalisierten Belohnungs- und Bedrohungssysteme verhindern letztlich Commitment, Beziehung, Bindung, zu dem und an das, was getan wird. Doch genau das wäre wichtig. Denn: Commitments führen zu inneren Veränderungen, sie schlagen quasi Wurzeln. Es wäre nicht nötig, dass die Lehrkräfte als Belohnungs- oder Bestrafungslakaien ständig am Werke sein müssen, um die Lernenden bei der Stange zu halten. Menschlichem Verhalten wohnt die Tendenz inne, einmal gefällten Entscheidungen die Treue zu halten. «Seit längerem ist man sich in der Psychologie darüber im Klaren, dass die meisten Menschen ein Bedürfnis haben, in ihren Worten, Überzeugungen und Taten konsistent zu sein und zu erscheinen», stellt Robert Cialdini fest. (5)

Stellt sich also die Frage, welches Selbstbild Schülerinnen und Schüler in ihrem schulischen Dasein von sich zeichnen – und welches Verhalten sich folgerichtig daraus entwickeln muss. Empfinden sich Lernende tatsächlich – wie der Duden besagt – als unselbständig? Sehen sie das, was sie tun, als ihre eigene Entscheidung an? Oder passen sie ihre Handlungen äusseren Drucksituationen an? Sind sie es, die sich festlegen, oder werden sie quasi zwangsverpflichtet? Lassen schulische Kontexte ihnen immer eine Hintertüre offen, sich nicht verantwortlich fühlen zu können – oder zu müssen?

Das Selbstbild der Lernenden definiert die Beziehung zur Arbeit in der Schule. Lernen wird dann zur persönlichen Chefsache, wenn Schülerinnen und Schüler zu Aussagen kommen wie: «Ich lerne gerne». Oder: «Leistung macht Spass». Das setzt voraus, dass sie grundsätzlich ihrer Schul- und Lernsituation zustimmen können. (Worthülsen wirken in dieser Beziehung kontraproduktiv.) Auf der Basis einer grundsätzlichen Akzeptanz lassen sich – zum Beispiel in enger Zusammenarbeit mit einem Lerncoach als Sparringpartner – konsistente Verbindlichkeiten eingehen. Die Lernenden legen sich fest, etwas zu unternehmen, weil sie es wollen – sich und der Sache wegen. Das bedingt natürlich, dass der entsprechende Spielraum in inhaltlicher, zeitlicher und methodischer Hinsicht gegeben ist. Allerdings kommt es nicht so sehr auf die objektiven Möglichkeiten zur Selbstgestaltung an, als vielmehr darum, ob die einzelnen Schülerinnen und Schüler subjektiv das Gefühl empfinden, wählen und entscheiden zu können. Wer grundsätzlich seiner Situation zustimmen und Handlungsoptionen wahrnehmen kann, wird eine tendenziell höhere Bereitschaft bekunden, entsprechende Entscheide zu treffen und Verbindlichkeiten einzugehen.

«Commitment – Selbstverpflichtung und Identifikation aus Freude an der Sache.»

Dabei geht es nicht um Unverbindlichkeiten im Stile von «mehr Mathematik» oder «besser Französisch», sondern eben um Selbstverpflichtungen, die unmittelbar handlungsrelevant sind. Und eben: schriftlich!
«Schriftlich», darunter ist etwas gerade nicht zu verstehen: die Schülerreaktion auf den ausgesprochenen oder unausgesprochenen Befehl der Lehrkraft, irgendwelche Aufgaben, Seitenzahlen oder Termine in irgendein Aufgabenheft zu notieren, und mag das auch noch so trendig daherkommen. Vielmehr führt die Schriftlichkeit zu einer Art verbaler Strassenkarte durch die Commitments. Sie schafft für alle Beteilig-

ten (Lernende und Coaches) Transparenz und gegenseitiges Verpflichtet-Sein. Wege und Umwege werden sichtbar gemacht; die Verbindlichkeiten umfassen nicht nur das «Was?», sie schliessen auch und ganz besonders das «Wie?» mit ein. Wenn Strategien und Massnahmen wenigstens einigermassen zurechtgelegt und formuliert sind, werden Vorhaben fassbar und handhabbar.

Die Arbeit über den Geburtenrückgang der Waldameisen bleibt so lange eine reichlich nebulöse Angelegenheit, als ich mich nicht auch mit der Vorgehensweise auseinandergesetzt und ein paar Nägel mit Köpfen gemacht habe. Es sei denn, es reiche (mir), einfach oben links zu beginnen und zu schauen, was unten rechts herausgekommen ist. Aber das hat dann eben mehr mit schulischer Erledigungsmentalität als mit Commitment zu tun. Denn wer ein Vorhaben hat, wer sich mit seiner Situation und den entsprechenden Aktivitäten identifiziert, wird eine hohe Bereitschaft an den Tag legen, sich mit den Dingen auseinanderzusetzen, um die (sich) gegebenen Versprechen auch einlösen zu können. In diesen Prozess sind gezielt Checkpoints einzubauen – zum Beispiel Gespräche mit einem Sparringpartner – damit der zeitliche Bogen nicht zu weit gespannt ist und allfälliges Stolpern und Schwächeln durch entsprechende Anregungsbedingungen aufgefangen werden kann.

Commitment – Selbstverpflichtung und Identifikation aus Freude an der Sache – lässt die Menschen anders, zuversichtlicher an die Dinge herangehen. Die Erfolgszuversicht lässt die Erfolgswahrscheinlichkeit ansteigen. Aber Achtung: Erfolge haben nichts mit diesem Heischen nach Belohnung zu tun, mit diesem Angewiesensein auf den erhobenen Daumen der anderen. Erfolge sind Selbstbestärkung. Selbst! Erfolge sind die Erfahrungen von Kompetenz im Meistern von Herausforderungen – und eigener Schwächen. I did it! Dabei berechtigt nicht nur die Besteigung der Eigernordwand zum Eintrag in die persönliche Erfolgsbilanz, sondern zuerst und vor allem all die kleinen täglichen Momente des Gelingens. Apropos Bilanz: Schriftlich! Wer seine Erfolge formuliert – ihnen damit eine Form gibt – verschafft sich die Möglichkeit, die mit den Erfolgserlebnissen verbundenen Gefühle noch einmal zu empfinden. Deshalb gehört eine Art von Erfolgstagebuch (23) ins Marschgepäck für die Reise durch die Lernwelten. Eine positiv-emotionale Folge aufrichtiger Selbstbestärkung manifestiert sich in einer höheren Bereitschaft zu Leistung und Engagement. Das wiederum führt mit einer gewissen Wahrscheinlichkeit zu entsprechenden Kompetenzerfahrungen. Und so weiter. Und so fort.

Kohärenz

Lernen macht Spass – oder krank. Wer krank ist, ist nicht gesund. Gesundheit versteht sich – so gesehen – als die Abwesenheit von Krankheiten. So gesehen! Denn dieser pathogenetischen Betrachtungsweise steht ein Konzept der Salutogenese gegenüber. Dahinter stehen gegensätzliche Denkhaltungen. Der Unterschied manifestiert sich bereits in der Übersetzung: Genese heisst Entstehung, patho übersetzt sich als krank und salus bezeichnet das Wohlbefinden, die Gesundheit. Während also die Pathogenese die Krankheiten ins Visier nimmt und sie zu eliminieren trachtet, fragt die Salutogenese nach den gesundheitserzeugenden Ressourcen des Menschen.

Die lineare Kette von Ursache und Wirkung hat sich als das Prinzip erwiesen, auf dem sich die naturwissenschaftliche Forschung aufbauen liess. Solche Kausalgesetze treten beispielsweise folgendermassen in Erscheinung: «Wer tausend feine venezianische Glasvasen mit einer Endgeschwindigkeit von zehn Metern pro Sekunde gegen eine Betonwand wirft, wird tausend Mal erleben, wie die jeweilige Vase in Brüche geht. Man darf getrost damit rechnen, dass dies auch beim tausend und ersten Mal der Fall sein wird. Ursache und Wirkung stehen in einer strengen kausalen Beziehung zueinander.» In der schulmedizinischen Logik hat man sich an ähnliche Denkmuster gewöhnt (42). Aus diesem pathogenetischen Verständnis heraus betrachtet heisst folgerichtig das medizinische Behandlungsziel: Krankheiten beseitigen. Defekte beheben. Der Schritt von der Schulmedizin zur Schule ist ein kleiner. Schulisches Denken orientiert sich auch heute noch an einer pathogenetischen Betrachtungsweise. Ausgangspunkt ist ein Kollektiv von Menschen (beispielsweise eine Klasse), das gekennzeichnet ist durch verschiedenartige Defizite.
Es manifestieren sich also Krankheitsbilder, die aufgrund einer mehr oder weniger ausgeklügelten Fehlersuche diagnostiziert werden können. Weiss-nicht-wie-man-Brüche-kürzt, heisst ein solches Krankheitssymptom. Oder ein anderes: Kennt-nicht-den-lateinischen-Ausdruck-für-Hauptwort. So, und da setzt alsdann die Behandlung an. Die Schüler vertun ihre Zeit wie Patienten im Wartezimmer, bis sie an der Reihe sind. Notfälle werden bevorzugt behandelt. Das Behandlungsziel gilt dann als erreicht, wenn das erkannte Defizit fürs erste beseitigt ist. Vor diesem Hintergrund wird mit einem Mal klar, weshalb in der Schule Dinge «behandelt» werden ...

Eine prinzipielle Kritik am pathogenetischen Modell führte den amerikanisch-israelischen Medizinsoziologen Aaron Antonovsky zur Entwicklung seines Konzeptes der Salutogenese. Er fokussierte sein Interesse nicht auf die Krankheitsfaktoren, sondern fragte vielmehr nach den Ressourcen von Gesundheit. «In jedem Moment läuft unter den kybernetischen Gesetzmässigkeiten die Aufrechterhaltung oder Wiederherstellung des gesundheitlichen Gleichgewichtes (Homöostase) ab. Es gilt als selbstverständlich, dass die Gesundheit von heute nicht mehr diejenige von gestern ist. Heilung wird damit als alltägliche Aktualisierung der Gesundheit verstanden.» (42) Eine zentrale Rolle in diesem Gesundheits-Krankheits-Kontinuum spielt das Kohärenzgefühl (Sense of Coherence). Ein ausgeprägtes Kohärenzgefühl trägt wesentlich zur Förderung und Aufrechterhaltung der Gesundheit bei. Es setzt sich aus drei eng miteinander verbundenen Komponenten zusammen:

1. Gefühl der Verstehbarkeit (comprehensibility): Damit verbindet sich die Frage, in welchem Ausmass Reize, Ereignisse und Entwicklungen als strukturiert, geordnet und vorhersehbar wahrgenommen werden. Oder anders gesagt: Stimuli werden nicht als willkürlich, zufällig und chaotisch empfunden, sondern können eingeordnet

und erklärt – und damit eben verstanden – werden.
2. Gefühl von Bewältigbarkeit (manageability): Die Handhabbarkeit bezieht sich auf das Ausmass, in dem eine Person geeignete personale und soziale Ressourcen wahrnimmt, um interne und externe Anforderungen bewältigen zu können. Wer so empfindet, wird sich zu helfen wissen und sich nicht durch Ereignisse in die Opferrolle gedrängt oder vom Leben ungerecht behandelt fühlen.
3. Gefühl von Sinnhaftigkeit (meaningfulness): Bedeutsamkeit ergibt sich dann, wenn eine Person mindestens einige der vom Leben gestellten Anforderungen als Herausforderungen betrachtet, die Engagement und Investitionen wert sind. Sinn entwickelt sich namentlich dann, wenn Menschen sich selbstwirksam beteiligt fühlen und ihnen das, was sie tun, etwas bedeutet.

Kurz: Menschen mit Kohärenzgefühl interpretieren die innere und äussere Welt als einsichtig, die wahrgenommenen Probleme als handhabbar und die damit verbundenen Anforderungen als sinnvoll. Die Überzeugung, selbst über das erforderliche Verhaltensrepertoire zu verfügen, um sein Leben erfolgreich zu gestalten, basiert auf Vertrauen. Der Glaube an die eigene Wirksamkeit ist verbunden mit einem entsprechend hohen Selbstwertgefühl. Eine allgemein hohe Wertschätzung sich selbst und anderen gegenüber sowie die Akzeptanz eigener Stärken und Schwächen wirken sich positiv aus auf Selbsterleben und die sozialen Beziehungen. Daraus entwickeln sich die Voraussetzungen für eine gelingende Bewältigung von Alltagsbelastungen und Lebensereignissen. Wer Verstehbarkeit, Bewältigbarkeit und Sinnhaftigkeit erlebt, wer glaubt, sein Leben im Wesentlichen selbst beeinflussen zu können, wer sich nicht äusseren Kräften oder anderen Menschen ausgeliefert fühlt, bleibt gesünder an Leib und Seele. Und nun stellt sich natürlich die drängende Frage: Wie weit können die Menschen ein solches Kohärenzgefühl auch im Kontext schulischen Lernens entwickeln? Erfahren sie das Geschehen in der Schule als einsichtig, handhabbar und sinnvoll?

Eine Erklärung für das, was in der Schule läuft, liefert die Pädagogik. Und die Erklärung, was unter Pädagogik zu verstehen ist, liefert der Duden. Der Pädagoge – wörtlich Kinder-, Knabenführer – war ursprünglich ein Sklave, der die Kinder aus dem Hause der Eltern in die Schule und von dort wieder nach Hause zurückgeleitete. Im Übrigen weist der Duden darauf hin, dass die etymologische Wurzel der Pädagogik den Ausgangspunkt bildet für die Fremdwörter Pedant, pedantisch und Pedanterie. Nun, wie auch immer: Pädagogischen Konzepten und ihrer Umsetzung in den schulischen Alltag liegt ein pathogenetisches Denkmodell zu Grunde. Das bleibt nicht ohne Folgen, denn in der Schule werden nicht nur Formeln gebüffelt und Hefte gefüllt. Es werden auch Menschen geformt – und ihre Einstellung zum Lernen. Der lange Arm der Schule reicht weit über das letzte Zeugnis hinaus, bis zu jenen zwei Dritteln der Erwachsenen, die sich vom Lernen dispensiert haben. Der akribischen Suche nach messbaren Bildungslücken ist deshalb keine Zukunft beschieden. Oder besser gesagt: darf nicht!
Es ist höchste Zeit, einem salutogenetischen Denken die Schulhaustüren zu öffnen und die Pädagogik mit der Autagogik ins Streitgespräch kommen zu lassen. Autagogik (10) basiert auf Kompetenzentwicklung im Verbund mit dem Glauben an die eigene Wirksamkeit (self efficacy belief). Vorrangig geht damit die Suche nach Stärken und Ressourcen einher. Lernen ist folgerichtig nicht etwa ein Ziel, sondern ein Mittel, Menschen zu befähigen, ihr Leben positiv und erfolgreich zu gestalten. Stärken und Ressourcen dienen einer permanenten Aktualisierung des Kohärenzgefühls. Und damit letztlich dem Wohlbefinden.

«From cure to care» – der Aufruf der Weltgesundheitsorganisation (WHO) bringt es auf den Punkt: Es geht nicht darum, Krankheiten (oder eben Bildungslücken) zu kurieren. Es geht vielmehr darum, sich um die Gesundheit (oder eben um die Lern- und Leistungsfreude) zu sorgen. Und darum, Lebensqualität aufzubauen. Selbst und ständig. Denn Lernen ist – ebenso wie Gesundheit – kein Programm. Keine Symptombekämpfung. Keine Therapie. Wer lernt, erneuert sich selbst und freut sich seines eigenen Werdens. Eben: care! Not cure!

Quellenverzeichnis

1 Adorno, Theodor W. / Horkheimer, Max: Zur Genese der Dummheit. In: Gesammelte Schriften 3. 1981

2 Birkenbihl, Vera: StoryPower: Welchen Einfluss Stories auf unser Denken und Leben haben. mvg. Landsberg am Lech. 2001

3 Brandmeyer, Klaus: Die Macht und die Macher von Marken. Vortrag. Frankfurt. 1998.

4 Brockmeyer Rainer/Edelstein Wolfgang (Hrsg): Selbstwirksame Schulen. Wege pädagogischer Innovation. Verlag Karl Maria Laufen. Oberhausen. 1997

5 Cialdini, Robert B.: Die Psychologie des Überzeugens. Verlag Hans Huber. Bern. 2002

6 Der Spiegel. Was sollen Kinder lernen? Nr. 14/02.04.01

7 Dolderer, Mirjam: Ehrenamt: Nur etwas für Egoisten? Welche Motive haben Menschen, die sich für die Gemeinschaft engagieren? In: Psychologie heute. Mai 2002

8 Edelstein, Wolfang: in: Jugend übernimmt Verantwortung. Symposium Verantwortung lernen. Stiftung Brandenburger Tor. 2000

9 Fischer, Ernst Peter: Der Kolumbus der Physik. In: Weltwoche. Nr. 48/ 28.11.01

10 Fuchs, Carina: Selbstwirksam Lernen. Bedingungen und Kennzeichen. Dissertation. In press.

11 Gell-Mann, Murray: Das Quark und der Jaguar. Serie Piper. München. 1996

12 Gross, Peter: Das Ende monogamer Arbeit. In: Tages-Anzeiger. 05.01.02

13 Hurrelmann, Klaus: Die meisten Kinder sind heute «kleine Erwachsene». In:Neue Zürcher Zeitung. 25.01.97

14 llich, Ivan: Entschulung der Gesellschaft. Reinbek. 1973.

15 Jollien, Alexandre: Lob der Schwachheit. Pendo. Zürich. 2001

16 Klippert, Heinz: Eigenverantwortliches Arbeiten und Lernen. Bausteine für den Fachunterricht. Beltz. Weinheim und Basel. 2001

17 Langer, Ellen J.: Kluges Lernen. Sieben Kapitel über kreatives Denken und Handeln. Rororo. Reinbek. 2001

18 Lauener Christoph: Büffeln, büffeln – und durchfallen. In: SonntagsZeitung. 09.12.01

19 Lenzen, Dieter: Orientierung Erziehungswissenschaft. Reinbek. 1999

20 Malik, Fredmund: Malik on Management. 11/01

21 Matthews, Andrew: Follow your heart. Finding purpose in your life and work. Price Stern Sloan. New York. 1999

22 Müller, Andreas: Nachhaltiges Lernen. Oder: Was Schule mit Abnehmen zu tun hat. Pepp Medien. Beatenberg. 1999

23 Müller, Andreas: Lernen steckt an. hep-verlag. Bern. 2001
24 Müller, Hansruedi: Die Welt der Erlebnisse. In: Schweizer Gastronomie. 08.07.99
25 Oser, Fritz: in: Jugend übernimmt Verantwortung. Symposium Verantwortung lernen. Stiftung Brandenburger Tor. 2000
26 Peccei, Aurelio (Hrsg.): Das menschliche Dilemma. Zukunft und Lernen. Club of Rome. Bericht für die achtziger Jahre. Verlag Fritz Molden. München. 1979
27 Perleth, Christoph/Ziegler, Albert (Hrsg.): Pädagogische Psychologie. Grundlagen und Anwendungsfelder. Verlag Hans Huber. Bern. 1999
28 Piattelli-Palmarini Massimo: Lust am Lernen – Erfolg in der Schule. Wissenswertes für Eltern, Lehrer und Schüler. Campus. Frankfurt. 1994
29 Reusser, Kurt/Reusser-Weyeneth, Marianne: Verstehen. Psychologischer Prozess und didaktische Aufgabe. Verlag Hans Huber. Bern. 1994
30 Richter, Ingo: Die sieben Todsünden der Bildungspolitik. Beltz Verlag. Weinheim und Basel. 2001
31 Rose, Colin/Nicholl, Malcolm J.: Der totale Lernerfolg. Unsere wahren Lernpotentiale aktivieren. mvg-Verlag. Landsberg. 1998
32 Schräder-Naef, Regula: Warum Erwachsene (nicht) lernen. Zum Lern- und Weiterbildungsverhalten Erwachsener in der Schweiz. NFP 33. Verlag Rüegger. Chur/Zürich. 1997
33 Schreier, Helmut: Environmental Literacy: Die Umwelt lesen lernen. Kursmanuskript. 2001
34 Seligman, Martin E.P.: Erlernte Hilflosigkeit. Beltz Verlag. Weinheim und Basel. 1999
35 Sloterdijk, Peter. In: Lernen ist Vorfreude auf sich selbst. Peter Sloterdijk im Gespräch mit Reinhard Kahl über den Abschied vom Ernstfall und die Entprofessionalisierung der Schule
36 von Foerster, Heinz: Wahrheit ist die Erfindung eines Lügners. Gespräche für Skeptiker. Carl-Auer-Systeme-Verlag. Heidelberg. 1998
37 Watzlawick, Paul: Anleitung zum Unglücklichsein. Piper. München. 1997
38 www.emory.edu/education/mfp/efficacy2.html
39 www.forum-bildung.de/bib/material/ex-bericht-bq.pdf
40 www.paeps.psi.uni-heidelberg.de
41 www.pbs.ch/grundlagen/beziehungen/html
42 www.dr-walser.ch/salutogenese.htm (Luzi Dubs)

Bildnachweis

Seite 7
Frösche im Naturschutzgebiet Weissenau (Interlaken). März 2002
Seite 13
Elefant im Sonnenuntergang am Chobe-River (Botswana). Oktober 2001
Seite 33
Schneespuren auf Alp Chüematte (Beatenberg). Winter 2000
Seite 49
Leoparden-Schildkröte in der Kalahari-Wüste (Südafrika). November 2001
Seite 69
«Baustelle» in Namibia. März 2000
Seite 89
Junger Steinadler am Niederhorn-Grat (Beatenberg). September 2001
Seite 109
Elefanten nach dem Schlammbad am Chobe-River (Botswana). 2001
Seite 127
Schotterpiste in der Wüste Namibias. April 2000
Seite 147
Zebras im Etosha-Nationalpark (Namibia). Mai 2000
Seite 169
Köcherbaum im Süden Namibias (Juli 2000)
Seite 189
Alpendisteln am Oberberg (Beatenberg). Februar 2001
Seite 213
Steinbock am Burgfeldstand (Beatenberg). August 2000

Bildautor:
Dominic Müller, Naturfotografien, 3802 Beatenberg

Layout, Bildbearbeitung, Grafiken und Zeichnungen:
Roland Noirjean, 3803 Beatenberg, www.noirjean.ch

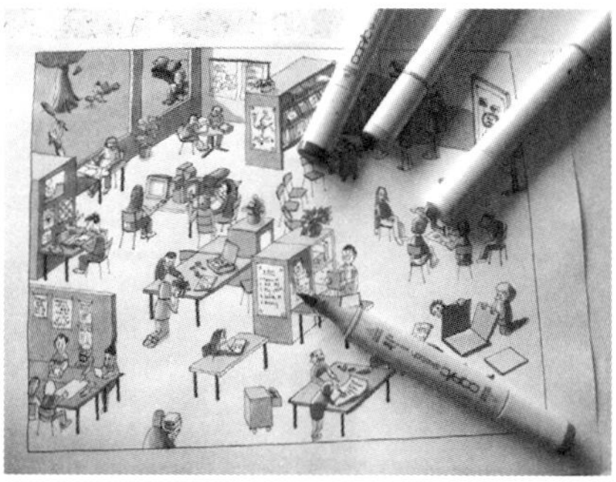

Bereits erschienen

Andreas Müller
Nachhaltiges Lernen
Oder: Was Schule mit Abnehmen zu tun hat

144 Seiten, broschiert
erschienen bei pepp.medien, Beatenberg

Lernen ist kein Ort, wo man ankommt. Lernen ist eine Art zu reisen. Mit dieser Philosophie im Marschgepäck machte sich Andreas Müller auf den Weg, neue Ideen zu einer Kultur des Lernens zu entwickeln und zu formulieren. Er tut dies salopp und provokativ, aber auch fundiert und überlegt. Das macht das Buch nicht nur zu einer vergnüglichen Lektüre, sondern auch zu einem inspirierenden Hilfsmittel. Wissenschaftliche Fakten, praktische Erfahrungen und innovative Ideen – spannend, anschaulich und humorvoll präsentiert.

Andreas Müller
Lernen steckt an

160 Seiten, broschiert
erschienen im h.e.p. verlag

In seinem würzigen und saloppen Stil nimmt Andreas Müller genüsslich die Vollkasko-Mentalität des Bildungssystems auseinander und stellt fest: die Schule schwänzt das Lernen. Der Autor, Direktor des Instituts Beatenberg, zeigt anschaulich, dass Schule auch anders sein könnte und liefert ein Kaleidoskop von neuen Denk- und Handlungsansätzen. Wiederum hat Roland Noirjean, Lehrer im Beatenberger Institut, die humorvollen Karikaturen beigesteuert. Das Buch macht Spass – zum Lesen und zum Betrachten.

> Institut Beatenberg   > www.institut-beatenberg.ch
> info@institut-beatenberg.ch

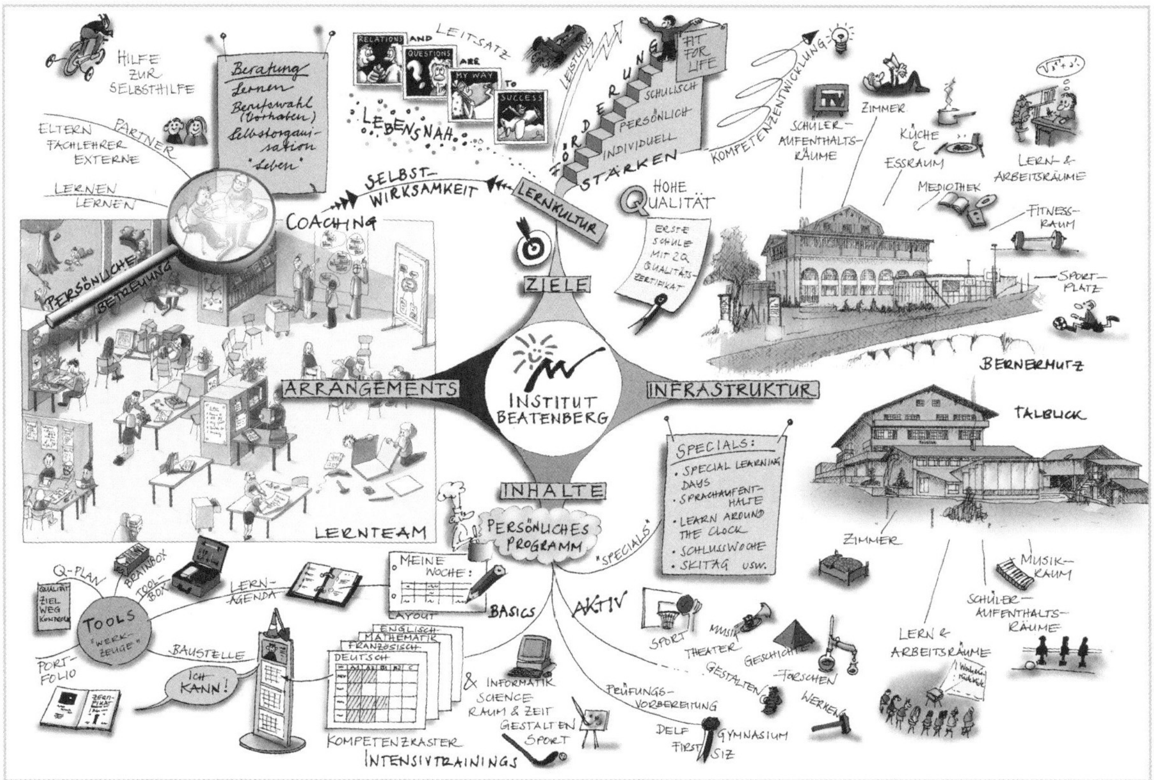

> Spirit of Learning   > mue@institut-beatenberg.ch

Der Autor organisiert zusammen mit kompetenten Partnerinnen und Partnern Workshops und Seminarien.

Links

> Andreas Müller > mue@institut-beatenberg.ch

Nach Aus- und Weiterbildung aktiv als Lehrer und Berufsberater. Wechsel in die Zeitungsbranche. Ein Jahrzehnt lang Redaktor und Chef vom Dienst. Dozent und Kursleiter. Seit fünfzehn Jahren Besitzer und Direktor des Instituts Beatenberg. Initiant und Mitgestalter verschiedener Institutionen im Bildungsbereich.

> Roland Noirjean > www.noirjean.ch > r@noirjean.ch

Hat seit 12 Jahren die Entwicklungen im Institut Beatenberg als Lehrer und Coach mitgestaltet. Kursleiter in Informatik. Weiterbildung an der Schule für Gestaltung Bern. Grafik und Webdesign als Passion: «Eine sehr spannende Arbeit, ein ganzes Buch gestalten zu können!»

> Dominic Müller > dm@institut-beatenberg.ch

Machte seine Naturverbundenheit zum Beruf: Landschaftsgärtner. Ist sehr oft mit dem Fotoapparat in der Natur unterwegs und fängt ihre Schönheiten ein.

Weitere Titel zum Thema

Geri Thomann
Ausbildung der Ausbildenden

352 Seiten, 18,5 x 27 cm, broschiert

Evi Schüpbach, Urs Guggenbühl, Cornelia Krehl, Heinz Siegenthaler und Ruth Kaufmann-Hayoz
Didaktischer Leitfaden für E-Learning
Didactic guidelines for e-learning

210 Seiten, 15,5 x 22,5 cm, broschiert

Peter Gasser
Lehrbuch Didaktik

272 Seiten, 18,5 x 27 cm, broschiert

Peter Gasser
Was lehrt uns die Neuropsychologie?

180 Seiten, 15,5 x 22,5 cm, broschiert

Weitere Titel zum Thema

SIBP, SGAB, wbz (Hrsg.)
Willy Obrist, Christoph Städeli
Wer lehrt, prüft
Aktuelle Prüfungsformen konkret

18,5 x 27 cm, broschiert

Elisabeth A. Schwarzenbach, Konrad Osterwalder
Fit für morgen
Kompetenztrainer für Lernende

313 Seiten, A4, broschiert

Hermann J. Forneck, Friederike Schriever
Die individualisierte Profession
Belastungen im Lehrberuf

320 Seiten, 15,5 x 22,5 cm, broschiert

Walter Goetze
Bildungsmarketing

80 Seiten, 15,5 x 22,5 cm, broschiert